Typologie des armatures lithiques gravettiennes de la grotte d'Isturitz (Pyrénées-Atlantiques, France)

Aurélien Simonet

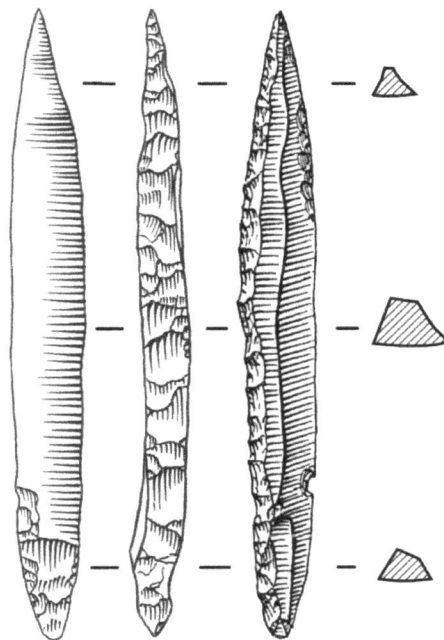

BAR International Series 2156
2010

Published in 2016 by
BAR Publishing, Oxford

BAR International Series 2156

Typologie des armatures lithiques gravettiennes de la grotte d'Isturitz (Pyrénées-Atlantiques, France)

ISBN 978 1 4073 0698 8

BAR Publishing is the trading name of British Archaeological Reports (Oxford) Ltd.
British Archaeological Reports was first incorporated in 1974 to publish the BAR
Series, International and British. In 1992 Hadrian Books Ltd became part of the BAR
group. This volume was originally published by Archaeopress in conjunction with
British Archaeological Reports (Oxford) Ltd / Hadrian Books Ltd, the Series principal
publisher, in 2010. This present volume is published by BAR Publishing, 2016.

Printed in England

BAR
PUBLISHING

BAR titles are available from:

BAR Publishing
122 Banbury Rd, Oxford, OX2 7BP, UK
EMAIL   info@barpublishing.com
PHONE   +44 (0)1865 310431
FAX   +44 (0)1865 316916
www.barpublishing.com

Résumé :

La grotte d'Isturitz (Pyrénées-Atlantiques, France) est un gisement préhistorique de référence dont la notoriété n'est plus à faire. Offrant l'une des séquences stratigraphiques les plus importantes d'Europe occidentale, du Paléolithique moyen à la fin du Paléolithique supérieur, elle fait partie de ces sites que l'on eût aimé connaître en l'état tant le potentiel scientifique y est important. Le Gravettien y tient une place centrale, à la fois par sa position stratigraphique au cœur du Paléolithique supérieur et par la densité inégalée de mobilier archéologique. Cette étude propose une réévaluation globale de l'industrie lithique du Gravettien de la grotte d'Isturitz prenant la forme d'une typologie des armatures lithiques.

Mais face à des fouilles anciennes qui ont probablement fusionné ce que des études modernes auraient distingué en autant d'occupations successives, se pose la question de la représentativité des assemblages. Entre 1996 et 1998, une opération de diagnostic archéologique, placée sous la co-responsabilité d'A. Turq et de C. Normand, fut lancée à la demande du Service régional de l'Archéologie d'Aquitaine afin d'évaluer le potentiel archéologique de la cavité. Concernant le Gravettien, il apparut rapidement que sur les 600 à 800 m² occupés à l'origine, il n'en subsistait qu'un témoin d'une dizaine de m² conservés dans la salle d'Isturitz, ainsi qu'une surface sensiblement comparable repérée dans un recoin de cette même salle mais contenant une industrie très pauvre. Demeurait néanmoins un dôme de déblais d'une centaine de m³ qui, d'après G. Laplace, correspondait à la fouille, en 1952, d'une banquette contenant exclusivement du Gravettien. Dès 1998, la mise en place de sondages et de plusieurs séries de tamisage de ces déblais permit rapidement de confirmer l'homogénéité du matériel archéologique et d'étoffer les séries des fouilles anciennes conservées au Musée d'Archéologie national de Saint-Germain-en-Laye.

Jusqu'à présent, les données sur l'industrie lithique gravettienne de la grotte d'Isturitz étaient essentiellement connues par la monographie des époux de Saint-Périer (1952). Les objets collectés lors des fouilles anciennes rassemblent 11 205 outils et 464 nucléus pour l'ensemble des deux niveaux IV des Saint-Périer et F3 de Passemard. Les outils sont largement dominés par les burins de Noailles, les burins sur troncature, les burins dièdres et les lames retouchées. Le niveau IV comprend la plus grande collection de pointes à dos rapportées au Gravettien à burins de Noailles avec 269 exemplaires.

Les premières séries de tamisage permettent de préciser ces données sur trois points. Premièrement, les nucléus et les macro-armatures à dos ont été collectés de manière assez exhaustive par les Saint-Périer. Deuxièmement, de nombreux types d'armatures microlithiques ont été alors oubliés. Le Gravettien de la grotte d'Isturitz serait notamment caractérisé par la présence de lamelles à retouche marginale, de lamelles à dos, de lamelles à dos tronquées et de micropointes à dos. La richesse et la diversité de ces armatures, dont certaines étaient jusqu'à présent inconnues dans le Gravettien, justifient l'élaboration de cette typologie qui représente une base documentaire de référence pour le Gravettien d'Europe occidental. Troisièmement, les burins de Noailles n'ont été que très partiellement recueillis. Leur proportion, pourtant déjà majoritaire, se trouve donc fortement augmentée. À titre purement illustratif, en s'appuyant sur les données des premières séries de tamisage et en partant du double postulat que les couches gravettiennes représentaient à l'origine un volume compris entre 600 et 800 m³ et que la densité en matériel y était voisine de celle des déblais tamisés, ces couches devaient contenir aux alentours de 500 000 outils.

Cette étude propose également de nouveaux critères permettant de redéfinir la pointe des Vachons. L'emploi d'une retouche inverse rasante au niveau des extrémités qui était à l'origine de la création du type, ne serait plus un critère de différentiation typologique. Ainsi, si toutes les pointes des Vachons ne portent pas de retouche inverse rasante, toutes les pointes à dos portant une retouche inverse rasante ne sont pas des pointes des Vachons. Ces dernières seraient davantage caractérisées par une forme canon qui correspondrait à une recherche de symétrie axiale, d'épaisseur et d'étroitesse.

À l'issue de cette étude, une question fondamentale reste en suspens : combien d'occupations gravettiennes se sont succédées dans le temps ? Si la diversité des armatures contraste avec l'identification exclusive du faciès gravettien à burins de Noailles dans les Pyrénées, l'unité des modalités opératoires perceptibles dans l'industrie en silex, en revanche, ne permet pas de fractionner l'image monolithique induite par l'ancienneté des fouilles et la densité des niveaux archéologiques.

Abstract:

Isturitz cave (Pyrénées-Atlantiques, France) is a famous prehistoric reference site. Offering one of the most important stratigraphic sequences of Western Europe dating from the Middle Palaeolithic to the end of the Upper Palaeolithic, the scientific potential is so important that we would like to have known the cave in its original untouched form. Gravettian holds a central place, both by its central stratigraphic position in the heart of the Upper Paleolithic and by the unequalled density of archaeological artefacts. This book intends to value the Gravettian lithic industry from Isturitz in its entirety in the form of a typological classification of lithic points.

But because the old excavations mixed what modern studies would have distinguished as many successive occupations, the problem of the representativeness of the assemblages arises. Between 1996 and 1998, an operation of archaeological survey, under the responsibility of A. Turq and C. Normand, was launched at the request of the regional Service of Archaeology from Aquitaine in order to evaluate the archaeological potential of the cave. Regarding the Gravettian, it quickly emerged that of 600 to 800 square metres that were originally occupied, only one control point of around ten square metres in the Hall of Isturitz remained, as well as roughly the same surface area located in a recess of this same hall but containing a very poor industry. Nevertheless, a spoil heap of about a hundred m^3 which, according to G. Laplace was found during the 1952 excavation remaned, and it forms part of a bank that prehistoric contained exclusively Gravettian. From 1998, drillings and sieving of the spoil quickly confirmed the homogeneity of the archeological material and increased collections from old excavations that are kept in the national Museum of Archaeology in Saint-Germain-en-Laye.

Until now, Gravettian lithic industry from Isturitz cave was mainly known through the Saint-Périer monograph (1952). Lithic artefacts collected during old excavations gathered 11205 tools and 464 cores for both Saint-Périer level IV and Passemard level F3. Tools were mainly made up of Noailles burins, burins on truncation, dihedral burins and retouched blades. With 269 specimen, level IV included the biggest collection of backed points related to the Gravettian with Noailles burins.

The first series of sieving helped to clarify the data in three ways. First, cores and backed points have been collected in a quite exhaustive way by the Saint-Périer. Secondly, many types of microlithic points were then left. The Isturitz Gravettian would notably be characterized by bladelets with marginal retouches, backed bladelets, bitruncated backed bladelets and backed micropoints. Richness and diversity of these points, some of which were unknown in the Gravettian until now, justify the making of a typology that represents a reference database for the Gravettian from Western Europe. Thirdly, Noailles burins have been very partially collected. Therefore, their proportion, though already dominant, sharply increases. As a rough guide, by relying on the data from the first sieving series and starting from the double premise that Gravettian levels originally represented a volume comprised between 600 and 800 m^3 and that the material density was similar to the one of the sieved spoil, these levels may have contained about 500000 tools.

This study also presents new indications for redefinition of Vachons point. The use of a low angle inverse retouch on the extremities, which was at the origin of the creation of the type, could not be a criterion of typological differentiation any more. So, if all Vachons points do not have a low angle inverse retouch, all backed points having a low angle inverse retouch are not Vachons points. The latter would be better characterized by a standard shape which would correspond to a search for axial symmetry, thickness and narrowness.

At the end of this study, a fundamental question remains unresolved: how many Gravettian occupations have followed one another? On the other hand, if the diversity of lithic points is contrasted with the exclusive identification of the Gravettian facies with Noailles burins in the Pyrenees, the uniformity of flint-knapping doesn't enable to split the monolithic picture given by old excavations and density of archaeological levels.

Remerciements

Ce livre est la publication d'un chapitre d'une thèse de doctorat intitulée « *Les gravettiens des Pyrénées. Des armes aux sociétés* ». Cette recherche a été soutenue le 16 janvier 2009 à l'Université de Toulouse II – Le Mirail devant un jury composé de Mmes N. Pigeot, D. Henry-Gambier, Mrs M. Barbaza (Directeur de thèse), I. Barandiarán, F. Bon, L. Klaric et P. Foucher.

Le texte a été peu modifié mais intègre les corrections alors suggérées par le jury que je remercie vivement. L'essentiel des modifications concerne les illustrations.

Je tiens à exprimer ma profonde reconnaissance à Mrs M. Barbaza et F. Bon pour avoir accepté de diriger et d'encadrer cette recherche.

Pour leur aide précieuse dans l'accès aux collections, je remercie Mr P. Périn, Directeur du Musée d'Archéologie Nationale de Saint-Germain-en-Laye et Mlles C. Schwab et M.-S. Largueze, conservatrice et assistante du Département Paléolithique pour m'avoir autorisé l'étude des séries gravettiennes de la grotte d'Isturitz. Mes remerciements vont aussi à J. Darricau, propriétaire de la grotte.

Une grande aide m'a été apportée par Mlles C. Butel et N. Goutas, Mme C. San Juan-Foucher, Mrs C. Normand, F. Bon, L. Klaric, J. Pelegrin, P. Foucher, A. Tarriño, O. Borel, O. Butel.

Que tous reçoivent ici mes grands remerciements.

Je dédie ce travail à mes parents et à mes grands-parents sans qui cette recherche n'aurait pu exister.

Introduction

Avec huit millénaires de développement entre 29 000 et 21 000 ans avant le présent, le Gravettien est la culture du Paléolithique supérieur qui couvre la plus grande fourchette chronologique. Mais elle se distingue également sur le plan géographique puisque l'Europe ne connut à aucun autre moment du Paléolithique supérieur un phénomène d'uniformisation aussi puissant. Peut-être cette uniformisation tient-elle son efficacité autant à la normalisation qu'à la souplesse avec laquelle de nouvelles normes furent appliquées. Manifestations artistiques, statuettes féminines, pratiques funéraires, parures, industrie lithique et osseuse, occupation du territoire, structure d'habitat, etc. : il n'est pas un domaine qui échappe à cet antagonisme fécond représenté par la constatation d'une forte unité européenne malgré l'existence de particularismes régionaux.

La richesse des différents types de modalités d'application de grands concepts généraux et l'ampleur de la chronologie justifient la nouvelle dynamique de recherche sur le phénomène gravettien en cours depuis le début des années 2000. Car pour ne pas s'enfermer dans une vision réductrice du Gravettien, il est primordial d'appréhender les expressions régionales et/ou chronologiques avec le plus de précision possible avant de les insérer dans une vision globale sous peine d'identifier des analogies inter-régionales factices.

Concernant le Gravettien français, un certain nombre d'études récentes s'évertuent ainsi à affiner la compréhension des systèmes techniques et des pratiques cynégétiques (Klaric, 2003, 2007 ; Goutas, 2004 ; Lucas, 2000 ; Foucher, 2004 ; Pottier, 2005 ; Digan, 2006 ; Pesesse, 2008 ; Lacarrière, 2008, en cours ; Guillermin, 2004, en cours ; Nespoulet, 1996).

Parmi les différentes expressions régionales du phénomène gravettien, le groupe pyrénéen est celui qui paraît le plus facile à individualiser. Il représente en effet la seule manifestation gravettienne dont l'unité contraste avec les séquences détaillées décrites dans les régions alentours.

Au cœur de cette unité pyrénéenne, le pôle d'attraction qu'a représenté la grotte d'Isturitz pour de nombreuses communautés humaines du Paléolithique supérieur est si dense qu'il serait velléitaire de ne pas s'y arrêter consciencieusement tout en prétendant maîtriser précisément les grands caractères généraux du Gravettien de la cavité. Malgré l'ancienneté et la rapidité des fouilles, il nous a paru important de présenter les vestiges avec rigueur, quitte à être un peu sec pour un premier ouvrage, de manière à ne pas négliger le moindre indice qui, lors d'une future approche globale du Gravettien, pourra alimenter de nouvelles discussions. Les assemblages archéologiques de certains grands centres gravettiens comme Isturitz, Brassempouy, Laussel, Pataud, les Balzi Rossi ou la Vigne-Brun sont en effet si riches qu'il importe avant tout de maîtriser leurs interprétations chronologiques et paléo-sociologiques propres à l'aide d'approches inter-disciplinaires avant de

s'interroger sur la signification de la variabilité inter-sites des vestiges archéologiques.

Car la grotte d'Isturitz fait partie de ces sites que l'on eût aimé connaître en l'état tant le potentiel scientifique y est important. Elle est l'une des seules grottes à livrer une stratigraphie complète du Paléolithique supérieur ce qui en fait un site majeur de la Préhistoire franco-cantabrique. D'autre part, l'ampleur des assemblages archéologiques issus de chaque niveau stratigraphique justifie l'attention constante qu'elle a suscité dans le domaine de la Préhistoire mais qui reste malgré tout sans commune mesure avec ce que l'exceptionnel intérêt du site aurait mérité.

L'importance des découvertes a suscité un très grand nombre d'études et de publications par les fouilleurs eux-même (Passemard, 1922, 1924, 1944 ; Saint-Périer R., 1920, 1929, 1930, 1932, 1934 a et b, 1935, 1936, 1947 ; Saint-Périer R. et S., 1952). Mais aussi par d'autres chercheurs : analyse palynologique (Leroi-Gourhan, 1959) ; faune (Bouchud, 1951 et 1952 ; de Beaufort, Jullien, 1973) ; vestiges humains (Gambier, 1990/1991) ; statuettes animalières (Mons, 1986, 1986/1987) ; flûtes (Buisson, 1990) ; industrie osseuse (Leroy-Prost, 1974 et 1978 ; Mujika, 1991) ; utilisation des galets (Beaune A. de et Buisson, 1996) ; industrie lithique (pour le Moustérien de la collection Passemard et les correspondances stratigraphiques des fouilles Passemard/Saint-Périer : Delporte, 1974 ; pour l'Aurignacien : Laplace, 1966 ; Barthélémy de Saizieu, 1981 ; Bicart-See, Moncel, 1984 et 1985 ; pour le Solutréen : Smith, 1966 ; Strauss, 1976 ; Chauchat, 1990 ; pour le Tardiglaciaire : Marsan, 1977 ; pour l'ensemble : Barandiaran J. M., 1953 ; Barandiaran I., 1967 ; Esparza San Juan, 1995).

À cela il est possible d'ajouter de nombreuses études, portant sur des ensembles de sites, dans lesquelles Isturitz occupe une place significative, entre autre : parure en coquillage (Taborin, 1993) ; harpons (Julien, 1982) ; contours découpés (Buisson et al., 1996) ; lampes et godets (Beaune, 1987) ; galets utilisés (Beaune, 1997).

Depuis les années 1990, essentiellement grâce au travail et sous l'impulsion de C. Normand, le site trouve progressivement le prestige qu'il mérite au sein de la préhistoire française pour la compréhension des différentes expressions culturelles de l'Homme moderne. Ceci se concrétise notamment par la participation de nombreux chercheurs à la mise en valeur du site et l'aboutissement de plusieurs travaux universitaires et articles scientifiques : industrie lithique aurignacienne (Normand, 2005-2006 ; Normand et Turq, 2006 ; Normand et al., 2008) ; industrie osseuse gravettienne (Goutas, 2004, 2008) ; industrie lithique gravettienne (Simonet, 2009) ; faune gravettienne (Lacarrière, 2008, en cours) ; industrie lithique solutréenne (Foucher et Normand, 2006) ; industrie osseuse magdalénienne (Pétillon, 2004 a et b ; 2006) ; industrie lithique magdalénienne (Langlais, 2007) ; faune du magdalénien supérieur (Pétillon *et al.*, sous presse) ; étude d'ensemble (Normand dir., sous presse).

Notre travail sur le Gravettien de la grotte d'Isturitz s'insère ainsi dans cette double dynamique actuelle de renouveau de l'étude du Gravettien et de mise en valeur du potentiel archéologique extraordinaire représenté par la grotte d'Isturitz.

L'étude que nous proposons se concentre sur l'industrie lithique et plus précisément sur les armatures lithiques pour la raison qu'elles sont l'une des pièces les plus polysémiques de la Préhistoire. Equipement central des peuples de chasseurs-cueilleurs, les armes sont en effet porteuses d'informations techniques, socio-économiques, symboliques et socio-politiques (Bleed, 1996 ; Bellier *et al.*, 2000 ; G.E.E.M., 1969, 1972 ; Geneste et Plisson, 1989 ; Hugot, 1957 ; Knecht dir., 1997 ; Lemonnier, 1987 ; Odell et Cowan, 1986 ; O'Farrell, 1996, 2000 ; Petrequin et Petrequin, 1990 ; Pope, 1918, 1923 ; Rozoy, 1978 ; Bon, 2005 ; Pétillon *et al.*, 2008 ; Valentin, 2008). Au travers de la question du sens de leur variabilité, nous nous sommes confronté à la question de l'homogénéité des assemblages lithiques des fouilles anciennes avec, pour la première fois, certaines orientations permises par une reprise des déblais des fouilles des époux Saint-Périer, auteurs de la majeure partie des travaux effectués dans la grotte.

Refusant une entreprise formaliste et fixiste et, par là même, une éventuelle connotation péjorative qui pourrait en découler, nous présentons notre travail sous la forme classique d'une typologie. Cette typologie englobe l'ensemble des outils d'analyse, morphométrique, technologique et lithologique utilisés dans une optique classificatrice. À l'instar de B. Valentin, nous pensons que « *certaines avancées permettent aujourd'hui de prétendre à des typologies plus efficaces* » (Valentin, 2008, p. 281).

L'ampleur du travail à effectuer sur les collections archéologiques de la grotte d'Isturitz et la nécessité d'une approche interdisciplinaire que nous avons amorcée (Goutas *et al.*, soumis) afin de tendre vers des hypothèses interprétatives visant à restituer aux faits leur place dans les systèmes techniques, sociaux, politiques, économiques, religieux, etc. nous a conduit à proposer, dans un premier temps, une typologie simplement descriptive.

Bien que certaines interprétations chrono-stratigraphiques et paléo-sociologiques soient tout de même proposées en conclusion, nous avons pris le parti devant la richesse décourageante des collections, la nécessité de présenter rapidement nos premiers résultats à la communauté scientifique et l'inégalité de l'avancée de nos travaux selon les étapes d'analyse, de scinder ces dernières en autant de publications qui, une fois réajustées et synthétisées, donneront une vision globale de notre démarche intellectuelle.

Car si le Gravettien est sans doute la culture du Paléolithique supérieur la plus facile à étiqueter de prime abord, notamment grâce aux célèbres statuettes féminines, elle demeure néanmoins la moins comprise du point de vue de ses industries lithiques. Dès les premiers temps du Gravettien, ce faciès présente un visage kaléidoscopique. Cette diversité des systèmes techniques rassemblés sous la dénomination gravettienne pose la question de la signification de l'identité d'une culture et incite à prendre beaucoup de précautions concernant l'étape de synthèse et de généralisation. C'est la raison pour laquelle nous préférons séparer les études de cas, comme l'illustre cette typologie, de la réflexion sur l'identité du phénomène gravettien qui exige à la fois un important bagage théorique sur la notion de culture et une connaissance approfondie d'un grand nombre de sites. Nous réservons donc ce travail pour un autre ouvrage.

Chapitre 1

Présentation du contexte archéologique gravettien des Pyrénées

I. Unité du Gravettien pyrénéen

À l'heure actuelle, le Gravettien des Pyrénées s'individualise par l'existence d'une seule tradition technique, symbolisée par l'omniprésence du burin de Noailles au sein des assemblages attribués au Gravettien (Barandiarán, 1967, 1980 ; David, 1985 ; Esparza San Juan et Mújika Alustiza, 1996 ; Ruiz Idarraga, 1990 ; Bernaldo de Quirós, 1982a, 1982b ; McCollough, 1971 ; Buisson et Delporte, 1989 ; Clottes, 1976 ; Foucher, 2004).

Rappelons que ce faciès à burins de Noailles apparaît limité à la France, la côte Cantabrique espagnole et la côte tyrrhénienne en Italie. Il représente le principal faciès du Gravettien moyen, actuellement calé entre 26 000 et 24 000 ans avant le présent à l'aide de datations essentiellement effectuées sur des sites périgourdins (Djindjian et al., 1999). Sa fourchette chronologique pourrait être plus dilatée dans les autres régions de France, d'Espagne et d'Italie.

Si l'hypothèse de l'existence de palimpsestes liés à l'ancienneté des fouilles peut être invoquée pour expliquer l'absence d'autres faciès gravettiens dans les Pyrénées, il est d'ores et déjà frappant de se trouver face à une écrasante majorité de sites à burins de Noailles qui incitent à décrédibiliser la seule explication taphonomique et/ou historiographique. Rares sont les sites gravettiens pyrénéens sans burin de Noailles potentiellement attribuables à un autre faciès du Gravettien.

Le site de Mugarduia Sur en Navarre (Espagne) offre un assemblage riche en pointes à dos et en grattoirs mais sans burin de Noailles (Barandiarán et al., 2007 ; Barandiarán, Cava, 2008). Néanmoins, nos premières analyses laissent envisager l'hypothèse d'un site spécialisé, notamment sur des activités d'exploitation du silex d'Urbasa, qui pourrait être rattaché à d'autres occupations de Gravettien à burins de Noailles (Simonet, 2009).

Le site de Zatoya offre une petite série sans burin de Noailles recueillie en 1997 par I. Barandiarán et A. Cava au sein du niveau IIb.am (Barandiarán et Cava, 2001). Avec 26 outils dont quatre lamelles à dos, cinq nucléus, une sagaie avec une base en biseau simple et quelques os incisés, l'assemblage est de petite dimension. Néanmoins, son homogénéité ne semble pas poser de problème. En conséquence, la date obtenue de 28 870 ± 760 est problématique. S'agit-il de la plus ancienne trace de Gravettien connue dans les Pyrénées ?

Enfin, le site de Tercis offrent plusieurs concentrations sans burin de Noailles qui présentent un ensemble d'indices d'ordre technologique et typologique permettant d'envisager une attribution à un faciès récent du Gravettien (Normand, 1987, 1993 ; Simonet, 2004).

Si l'omniprésence du burin de Noailles unifie le Gravettien pyrénéen, d'autres caractères lui sont propres comme la présence importante des pièces esquillées qui n'a pas d'équivalent dans le Périgord (Bernaldo de Quirós, 1982a, 1982b ; McCollough, 1971 ; Bricker dir.,

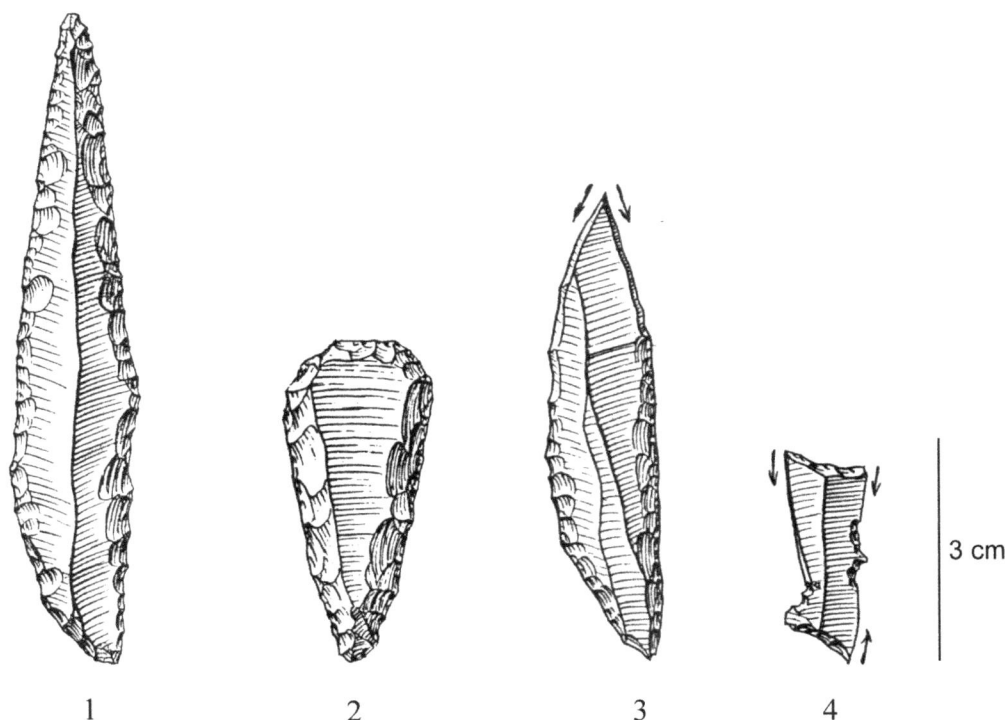

Figure 1 : éléments fédérateurs du Gravettien pyrénéen. Isturitz, collection Saint-Périer, niveau IV, M.A.N. N° 1 : lame retouchée, d'après Saint-Périer, 1952, fig. 37 – n° 3. N° 2 : grattoir en éventail, d'après Saint-Périer, 1952, fig. 45 – n° 3. N° 3 : burin sur lame appointée, d'après Saint-Périer, 1952, fig. 49 – n° 4. N° 4 : burin de Noailles, d'après Saint-Périer, 1952, fig. 46.

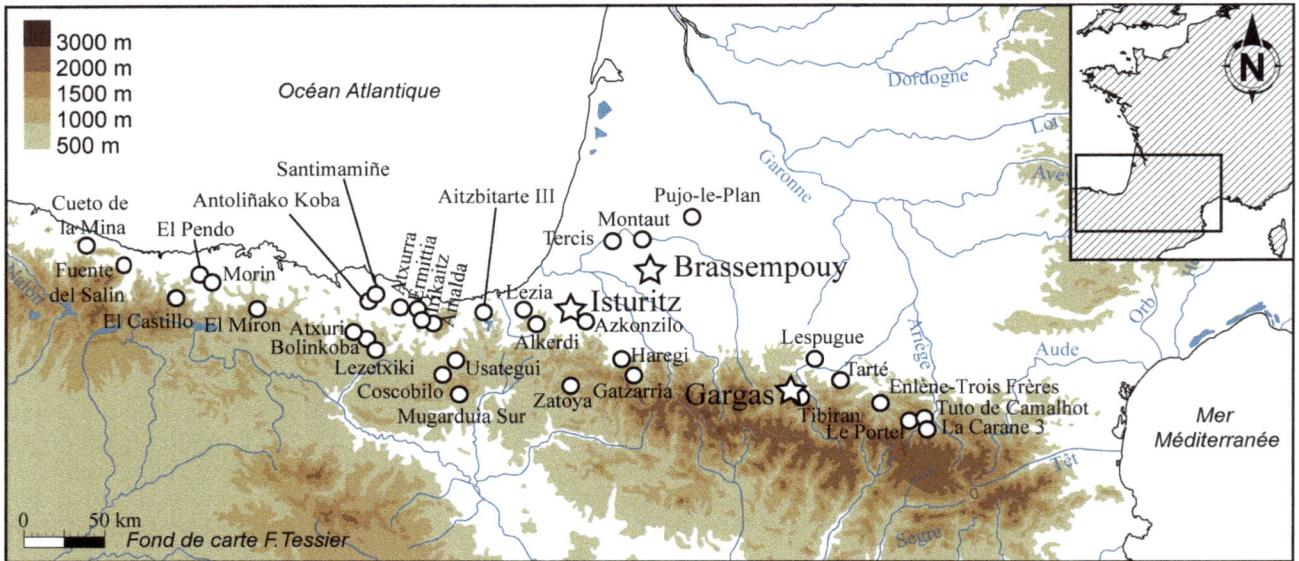

Figure 2 : carte de répartition des sites gravettiens de l'axe Pyrénées-Cantabres. Isturitz, Brassempouy et Gargas se démarquent nettement, à la fois par la richesse et la diversité du matériel récolté. Carte A. Simonet.

1995). D'autre part, le Gravettien à Noailles des Pyrénées se distingue pour l'instant du Gravettien à Noailles du Périgord par un assemblage lithique plus soigné. Les lames sont plus minces et plus régulières. Elles sont très souvent appointées et retouchées sur l'un ou les deux bords selon ce qui semble être une singularité pyrénéenne. Cette recherche de symétrie dans la morphologie de l'objet se retrouve d'ailleurs au sein de la population de grattoirs et de burins (fig. 1) qui voient fréquemment leur extrémité opposée à la partie active appointée (Barandiarán, 1967, 1980 ; David, 1985 ; Esparza San Juan et Mújika Alustiza, 1996 ; Ruiz Idarraga, 1990 ; Bernaldo de Quirós, 1982a, 1982b ; McCollough, 1971).

II. Centralisme du Gravettien pyrénéen

Au centre de cette forte unité technique pyrénéenne, les deux sites de Brassempouy et d'Isturitz sont, de loin, les deux plus grands gisements gravettiens de l'axe Pyrénées-Cantabres (fig. 2).

Par la quantité et la diversité du matériel récolté, aucun autre site ne leur est comparable. Nous estimons les décomptes des assemblages d'outils de ces deux grottes respectives à plusieurs centaines de milliers d'unité alors que les assemblages d'outils des autres sites alentours ne comptent que quelques centaines de pièces. D'autre part, Brassempouy et Isturitz s'individualisent également par un éventail complet des types de vestiges représentés (art, industrie lithique, industrie osseuse, faune).

À ces deux grands sites que représentent Isturitz et Brassempouy, nous pouvons également associer, bien que dans une moindre mesure, la grotte de Gargas qui se distinguerait quant à elle davantage par la richesse de son art pariétal que par celle de ses niveaux archéologiques (Breuil et Cheynier, 1958 ; Foucher, San Juan-Foucher, Rumeau, 2007). Les données des nouvelles fouilles permettront d'apporter d'importantes précisions.

La conjonction de ces deux caractéristiques – qualitative et quantitative – forme le critère fondamental permettant d'individualiser les grottes de Brassempouy, d'Isturitz et de Gargas comme les centres névralgiques du Gravettien des Pyrénées.

Chapitre 2

Présentation des occupations gravettiennes de la grotte d'Isturitz

Année 1952. Les dernières fouilles de grande ampleur de la grotte d'Isturitz, menées par le comte et la comtesse de Saint-Périer, se terminaient avec les niveaux gravettiens (Normand *et al.*, 2007).

Personne ne se doutait alors que ce qui aurait sans doute pu devenir la plus belle séquence stratigraphique du Paléolithique supérieur occidental venait d'être irrémédiablement détruite par des fouilles titanesques. Des centaines de m³ de déblais présents dans la salle d'Isturitz témoignent encore de l'ampleur des travaux dignes d'un site antique.

Curieusement, alors que les fouilles des époux Saint-Périer donnèrent rapidement naissance à de somptueuses publications (Saint-Périer, 1930, 1936, 1952), le site souffrit d'une méconnaissance certaine de la part des spécialistes. Il aura fallu attendre les années 2000 et le travail de C. Normand pour que le site trouve la place qui lui revient au sein de la discipline préhistorique à l'aide, notamment, de nouvelles fouilles des niveaux aurignaciens préservés.

I. Aperçu géologique

La grotte d'Isturitz, située dans une zone charnière des Pyrénées occidentales, en contact avec la plaine aquitaine, la corniche vasco-cantabrique et la vallée de l'Èbre, est une vaste cavité qui traverse la colline du Gaztelu. Cette colline (alt. : 209 m) doit sa dénomination à l'implantation à son sommet du château de Rocafort, château royal navarrais construit au XIIIᵉ siècle (Normand *et al.*, 2005), *Gaztelu* en basque signifiant château (fig. 3).

Ce paysage de collines et de vallée a été essentiellement façonné par l'Arberoue. Cette rivière a dû traverser à plusieurs reprises l'éperon rocheux de Gaztelu et y a creusé plusieurs étages de cavités. Trois sont connus ; de haut en bas, le réseau d'Isturitz (*Izturitze* en basque, c'est-à-dire probablement « lieu de la côte du rocher »), celui

d'Haristoya-Oxocelhaya (*Hariztoia* en basque c'est-à-dire « la chênaie » ; *Otsozelaia* en basque, c'est-à-dire « la plaine des loups ») et celui d'Erberua où circule encore la rivière (fig. 3).

Toutefois, deux porches colmatés, situés dans la partie supérieure de la colline, pourraient témoigner de l'existence d'autres réseaux totalement inédits (Normand *et al.*, 2005).

II. Aperçu topographique

La caverne d'Isturitz, d'environ 120 mètres de longueur et d'une cinquantaine de mètres de largeur, traverse entièrement la colline de Gaztelu à 200 mètres d'altitude.

La caverne est orientée globalement Nord-Ouest/Sud-Est. Elle était ouverte à ses deux extrémités mais des effondrements successifs ont progressivement colmaté l'entrée Sud-Est par où pénétrait l'Arberoue et très fortement réduit celle placée à l'opposé (fig. 3 et 4).

La grotte d'Isturitz couvre une surface de près de 2500 m² (fig. 4). Ce réseau est communément divisé en deux salles ne communiquant entre elles que par des passages relativement étroits : la salle Nord ou salle d'Isturitz et la salle Sud ou salle de Saint-Martin (fig. 3 et 4).

Les occupations gravettiennes sont concentrées dans la salle d'Isturitz. Cette dernière possède une surface de plus de 1500 m², soulignée par une hauteur de plafond atteignant localement 15 m (Normand *et al.*, 2005).

III. Aperçu historiographique

Bien que de nombreux témoignages d'art pariétal ont été récemment découverts dans les grottes d'Hariztoya-Oxocelhaya et d'Erberua (Larribau et Prudhomme, 1983), c'est la vaste cavité d'Isturitz qui a toujours été davantage connue et qui a donné lieu à d'importantes fouilles au XX° siècle.

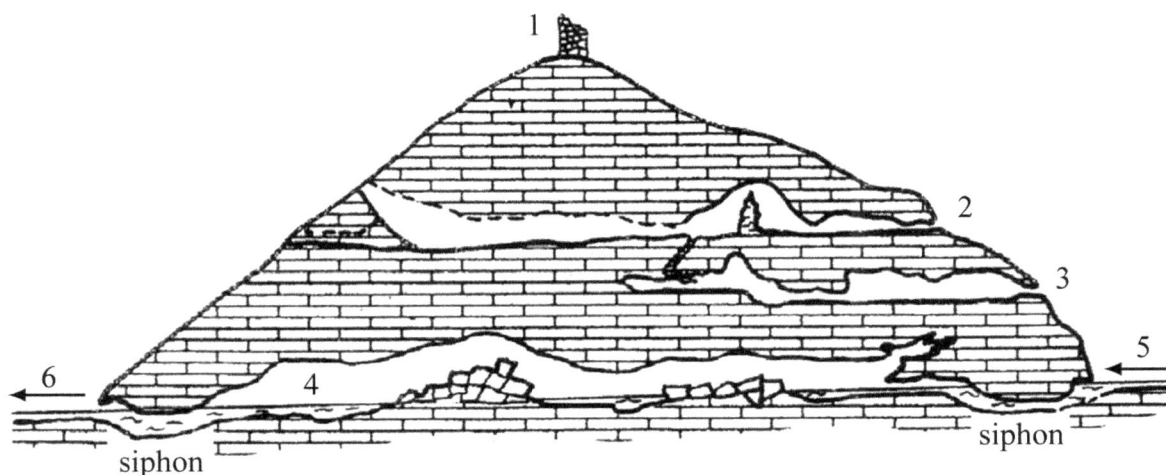

Figure 3 : coupe schématique de la colline du Gaztelu. N° 1 : château de Rocafort. N° 2 : réseau d'Isturitz. N° 3 : réseau d'Oxocelhaya. N° 4 : réseau d'Erberua. N° 5 : perte de l'Arberoue. N° 6 : résurgence de l'Arberoue. Topographie : J.D. Larribau (1980). D'après Larribau et Prudhomme, 1983, fig. 1, modifiée.

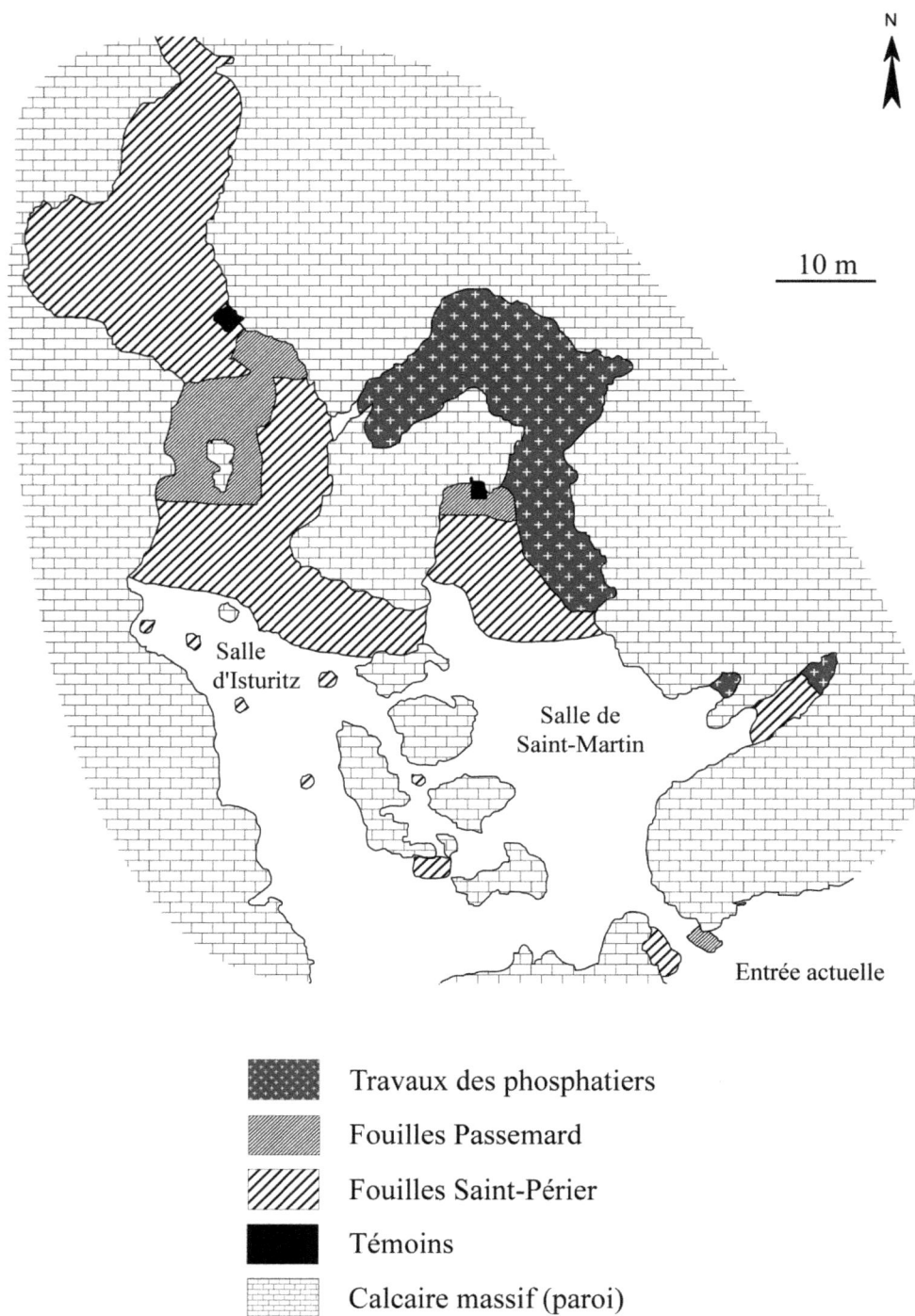

Figure 4 : plan de la grotte d'Isturitz et emplacement de l'exploitation des phosphates et des zones fouillées par Passemard et Saint-Périer. D'après Normand et al., 2005, fig. 10, modifiée.

Figure 5 : vue prise de la partie plane de la salle d'Isturitz avant les fouilles Saint-Périer. Au fond, on distingue le cône s'élevant vers la sortie ; au premier plan, le Decauville utilisé pour évacuer les déblais et l'emplacement des fouilles Passemard autour du pilier. D'après Saint-Périer, 1936, planche I-fig. 2.

Pendant plusieurs siècles, elle a surtout été un lieu inspirant légendes et attributions erronées (Normand *et al.,* 2005). Après une exploitation industrielle des phosphates de 1895 à 1898, deux grandes campagnes de fouilles y ont été menées.

Les fouilles d'E. Passemard se sont déroulées de 1912 à 1922 et ont porté sur une surface d'à peu près 300 m², répartie dans les deux salles. Les fouilles de René et Suzanne de Saint-Périer se sont déroulées de 1928 à 1952 et ont porté sur une surface d'à peu près 1000 m², répartie elle aussi dans les deux salles (fig. 3). En 1955 et 1956, J.M. de Barandiarán, G. Laplace et P. Boucher réalisent quelques sondages dans le porche d'entrée, côté Saint-Martin, sous la direction de S. de Saint-Périer. Les opérations de terrain se clôturent en 1959, date à laquelle Arl. Leroi-Gourhan procède à un échantillonnage palynologique dans le témoin des coupes. Près de 40 ans plus tard, des travaux conduits par A. Turq, I. Barandiarán et C. Normand sont repris en 1996 ainsi que des fouilles programmées depuis 1999 qui concernent des niveaux aurignaciens en place.

Les fouilles anciennes ont fait l'objet de nombreuses et d'excellentes publications, aussi bien de la part d'E. Passemard (Passemard, 1913, 1922, 1924, 1944) que du comte et de la comtesse de Saint-Périer dont les trois monographies (Saint-Périer, 1930, 1936 et 1952) amplement illustrées par J. Bouyssonie représentent les écrits fondateurs pour la connaissance des occupations préhistoriques d'Isturitz. Plus récemment, la publication de X. Esparza San Juan (1995) qui reprend en grande

partie son travail de thèse (1990) ainsi que les rapports de fouilles dirigées par C. Normand (Normand *et al.*, 2005, 2007) offrent les études historiographiques les plus détaillées du gisement. Les collections, quant à elles, ont été réunies au Musée d'Archéologie Nationale de Saint-Germain-en-Laye (M.A.N.) en 1981 (Delporte, 1981).

IV. Description stratigraphique

La principale difficulté posée par une reprise de collections anciennes réside dans la légitimité de corréler des artefacts provenant de fouilles d'ampleur et de rigueur différentes.

Dans la salle d'Isturitz, E. Passemard a fouillé autour du grand pilier stalagmitique, les Saint-Périer ayant développé leurs travaux autour du vide laissé par la fouille de E. Passemard (fig. 4 et 5).

Considérant les variations latérales importantes des remplissages en grottes, il paraît improbable que chaque fouilleur soit tombé exactement sur un remplissage de nature identique. On retrouve exactement le même cas de figure dans la salle de Saint-Martin. Par ailleurs, comme dans toute fouille ancienne, beaucoup de sous-niveaux, de lentilles intermédiaires, etc., ont dû forcément leur échapper. E. Passemard notait déjà en 1944 qu' « *il est très rare que des couches puissantes comme F3 et C ne montrent pas dans toute leur épaisseur des variations qui, même si elles ne sont pas absolues, constituent une transformation due à des besoins nouveaux et à nombre d'autres causes très diverses* » (Passemard, 1944, p. 35).

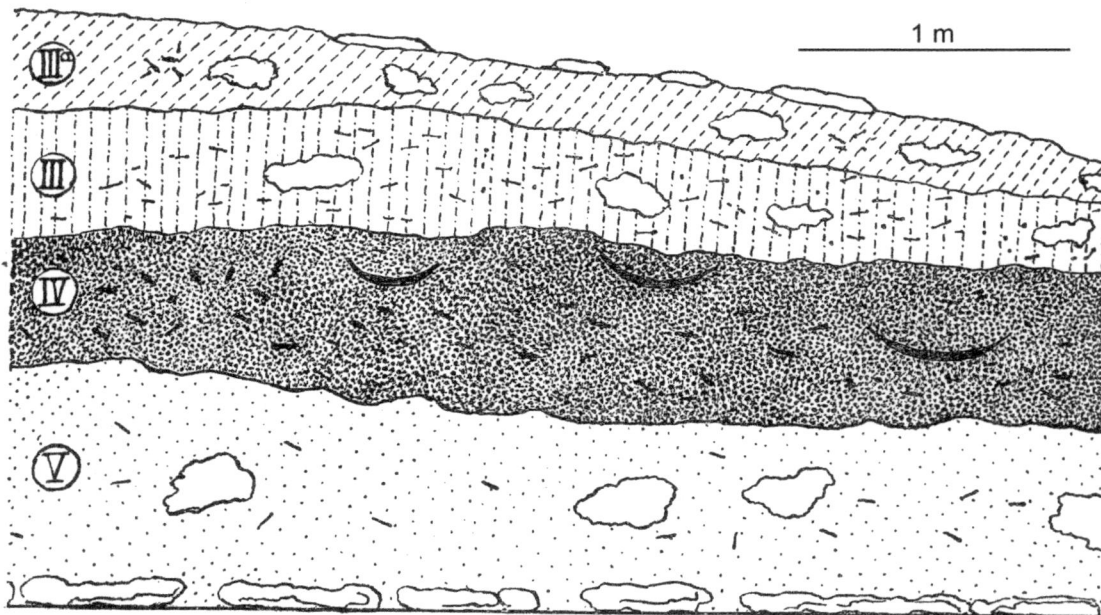

Figure 6 : coupe des niveaux inférieurs et moyens de la salle d'Isturitz fouillés par les Saint-Périer. IIIa : Solutréen. III et IV : Gravettien. V : Aurignacien. D'après Saint-Périer, 1952, fig. 36.

Dans la salle d'Isturitz, la corrélation des deux niveaux gravettiens IV/III des fouilles Saint-Périer aux deux niveaux gravettiens F3/C des fouilles Passemard paraît cependant assurée d'après les seules descriptions sédimentaires qu'ils en donnent (fig. 6 et 7). En effet, les deux fouilleurs ont relevé la même variation brusque du sédiment qui, d'un aspect clair et très argileux pour le niveau III/C, passe à un aspect noir et meuble dans le niveau IV/F3. Cette observation s'accompagne dans chacune des deux fouilles d'une description identique d'une incroyable richesse du niveau inférieur IV/F3 en matériel lithique, en débris osseux ainsi qu'en foyers.

Ainsi, le niveau inférieur (IV/F3) est à la fois plus épais et plus dense que le niveau supérieur (III/C). Son épaisseur moyenne varie de 50 à 60 cm (Saint-Périer, 1952, p. 81). Passemard et les Saint-Périer n'ont relevé aucune zone stérile. Les sédiments sont d'un aspect sec et noir. « *Les silex et les os apparaissaient au regard le moins averti avec une abondance saisissante, se touchant les uns aux autres sur des mètres d'étendue et formant çà et là des amas compacts au fond de la cuvette des foyers, marquée d'un arc plus noir encore ou soulignée par de gros galets rougis au feu* » (Saint-Périer, 1952, p. 80).

La couche est « *remarquablement développée ; on est frappé de sa puissance, du nombre des ossements qu'elle renferme. Les dépôts noirs qui la composent sont littéralement bourrés de gros fragments osseux au milieu desquels on est étonné de voir subsister de jolis foyers en forme de cuvettes, aux cendres légères et fines, qui semblent éteints de la veille ; ce sont des cendres de bois et pour qu'une pareille masse de dépôts cendreux ait pu* se former, il a fallu qu'une population dense ait disposé d'une grande quantité de bois pendant un long temps* » (Passemard, 1944, p. 31).

La comparant à la couche III sus-jacente, les Saint-Périer notaient que la couche IV, « *aussi sèche que la précédente était humide, composée plus de cendres noires que de terre, bourrée de débris osseux* », constitue une « *masse noire, ponctuée de rouge et de jaune* » (Saint-Périer, 1952, p. 80).

Inversement, la couche supérieure III/C « *argileuse, très humide, sur une puissance de 0,50m à 0,80m, présentait çà et là de faibles différences d'aspect. Bien qu'elle parût peu propres au séjour des hommes, le niveau archéologique s'y poursuivait assez régulièrement, montrant seulement des zones plus compactes et stériles qui correspondaient à des dépôts dans l'intervalle desquels l'Homme revenait toujours à son abri* » (Saint-Périer, 1952, p. 13).

En ce qui concerne le raccord entre les différents niveaux des deux salles, celui-ci paraît assez simple pour le Gravettien (fig. 8). Passemard signale en effet la découverte d'éléments d'allure gravettienne dans la partie haute de la couche X,Y qui correspondrait à la couche F3 de la salle d'Isturitz. Les Saint-Périer, quant à eux, n'ont pas identifié de couche qui correspondrait aux niveaux gravettiens.

Leur couche SII qui surmonte un premier niveau aurignacien SIII contient une industrie exclusivement attribuable à l'Aurignacien. Un unique artefact gravettien

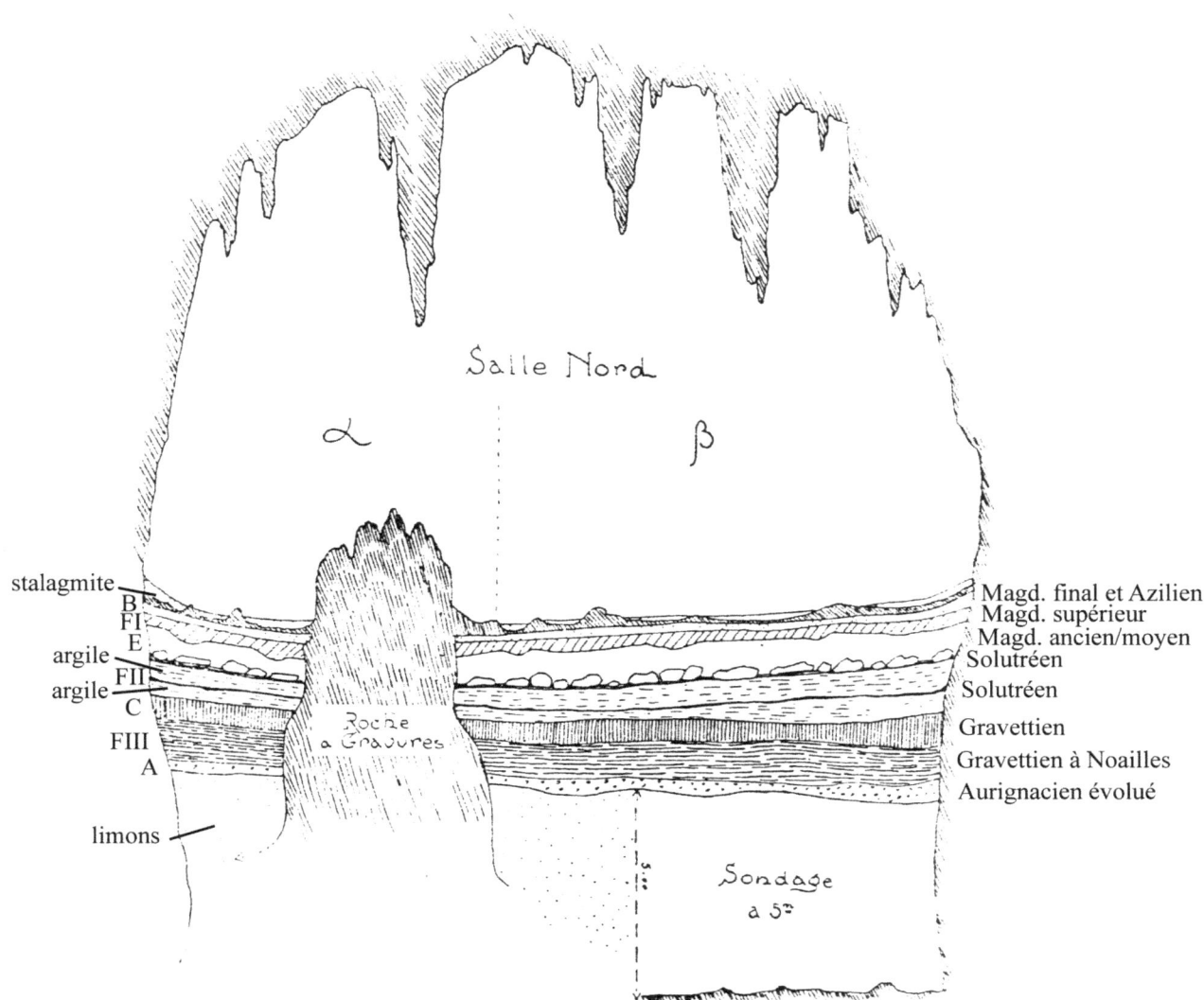

Figure 7 : la grotte d'Isturitz : coupe schématique transversale de la salle d'Isturitz. D'après Passemard, 1944, fig. 2, modifiée.

(une pointe à dos) a été découvert dans les collections provenant de la salle de Saint-Martin (com. pers. C. Normand). Par conséquent, il paraît peu probable que cette salle ait été occupée au Gravettien. Les niveaux X et Y seraient davantage un dépôt secondaire (donc un mélange), via un apport par l'eau en provenance de la salle d'Isturitz, plutôt qu'un niveau archéologique en place. En définitive, l'occupation gravettienne serait concentrée dans la salle d'Isturitz.

V. Analyse comparée des deux anciennes campagnes de fouilles

Les fouilles de Passemard ont été conduites selon un grand souci de rigueur scientifique comme en témoignent la division des deux galeries suivant des axes longitudinaux et la dénomination des secteurs fouillés par des lettres grecques (fig. 9).

Cette précocité est d'autant plus louable qu'une telle rigueur n'était ni forcément bien comprise ni même acceptée dans les années 1910-1920. D'où certaines justifications récurrentes et présentes dès sa thèse de doctorat : « *On pourrait me reprocher d'avoir distingué C de F3, car à première vue il paraît impossible de les séparer ; mais avec l'habitude que donne un long séjour dans la caverne on arrive à les différencier parfaitement. On constate alors que C est plus grise et moins riche en ossements. Il n'y a pas interruption d'habitat, et C est la suite de F3, mais je me félicite aujourd'hui de n'avoir pas hésité à pratiquer cette coupure, qui m'a permis d'assister à la disparition de certains types et à l'arrivée d'éléments nouveaux, qui auraient sans cela infailliblement échappé à notre examen, parce qu'ils se seraient trouvés réunis dans l'ensemble. Il est, en effet, rare qu'une couche puissante ne montre pas dans toute son épaisseur des variations de caractères et l'on abuse trop souvent de l'expression « même industrie dans toute*

	Salle d'Isturitz		Salle de Saint-Martin		
	Saint-Périer	Passemard	Passemard	Saint-Périer	
Magdalénien final/Azilien	Ia	B	‖‖‖‖‖‖‖	‖‖‖‖‖‖‖	
Magdalénien supérieur	I	F1	‖‖‖‖‖‖‖	‖‖‖‖‖‖‖	
Magdalénien moyen/ancien	II	E	E	S1	Magdalénien moyen/ancien
Solutréen supérieur	‖‖‖‖‖‖‖	base E	base S1	base S1	Solutréen supérieur
Solutréen	IIIa	F2	X		Solutréen/Gravettien (mélanges)
Gravettien	III	C		SII	
Gravettien	IV	F3	Y		Gravettien/Aurignacien (mélanges)
Aurignacien	V	A	‖‖‖‖‖‖‖		
			A	SIII	Aurignacien (sagaie base fendue)
			‖‖‖‖‖‖‖	base SIII	"Aurignacien initial"
			M	SIV	Moustérien
			P	SV	Prémoustérien

Figure 8 : interprétation de la séquence stratigraphique et chrono-culturelle de la grotte d'Isturitz. D'après Foucher et Normand, 2004, fig. 4.

la couche ». Il vaut mieux subdiviser d'abord pour réunir ensuite si cela est nécessaire que d'essayer de faire l'inverse » (Passemard, 1924, p. 134-135).

Le nombre important de cassons et de produits bruts informes au sein de la collection Passemard concourt, avec les informations distillées dans les publications, à mettre en avant la rigueur de ses fouilles.

Aux fouilles rigoureuses de Passemard succèdent celles, plus extensives, des Saint-Périer. Conséquence de l'ampleur démesurée de ces fouilles qui représentent sans doute l'un des plus gros chantiers qu'ai connue l'histoire de la recherche préhistorique française, la collecte fut plus sélective. En témoigne la richesse des premières séries issues du tamisage des déblais du niveau IV dirigé par C. Normand et la présence plus insistante de nucléus à éclats dans la collection Passemard que dans la collection Saint-Périer.

Le raccord entre des fragments de flûtes issus, d'une part du niveau F3, d'autre part du niveau III, ainsi que celui entre les fragments d'un galet gravé issu, d'une part du niveau solutréen IIIa, d'autre part du niveau gravettien IV mettent en avant des erreurs de lecture stratigraphiques (Buisson, 1990). L'étude des compresseurs, des restes humains et de l'industrie osseuse a également montré des raccords inter-couches (Beaune, 1997 ; Gambier, 1990-1991 ; Goutas, 2004 ; Petillon, 2004a, 2006). Mais si des éléments gravettiens du niveau IV peuvent se retrouver

dans d'autres couches, l'inverse est plus rare. Un rapide examen de l'assemblage lithique confirme que la contamination du niveau IV va dans le sens d'une perte d'une partie de la collection. Si l'on peut trouver des éléments à dos gravettiens dans le Solutréen, il ne semble pas exister de contamination solutréenne au sein du niveau IV. Il en ressort que le niveau inférieur de Gravettien paraît très homogène.

En revanche, le niveau supérieur est plus enclin aux contaminations inter-couches. Les raccords récents de fragments de pointes osseuses avec d'autres fragments issus du niveau solutréen a confirmé certains problèmes stratigraphiques concernant le niveau III alors que le niveau IV est très peu touché (Goutas, 2004).

Ces contaminations coïncident avec les difficultés des Saint-Périer à individualiser le niveau supérieur du Gravettien (III) du niveau Solutréen (IIIa). L'individualisation de deux « banquettes » a été davantage intuitive et systématique et confirmée a posteriori par l'observation de différences dans les assemblages. Les niveaux ont été anticipés de manière à trancher l'uniformité de la texture argileuse de la couche. Dans ses fouilles autour du pilier stalagmitique, Passemard note, par contre, qu' « une couche d'argile plastique, grise, sépare ce dernier d'un mince filet très noir de foyers solutréens » (Passemard, 1922, p. 4).

Par conséquent, nous privilégierons la collection moins

Figure 9 : plan de la salle d'Isturitz avec emplacement des secteurs fouillés par Passemard entre 1913 et 1922. D'après Passemard, 1944, fig. 10.

triée de Passemard dans le cadre de cette étude, notamment pour le niveau supérieur. Plus précisément, nous oscillerons entre les deux séries selon les informations désirées tout en prenant soin de distinguer l'anecdotique du général. En ce qui concerne le niveau inférieur, nous nous appuierons davantage sur la collection Saint-Périer pour l'étude des pointes à dos (la grande quantité de pointes permet de dégager plus rapidement une tendance) et sur la collection Passemard pour les produits bruts de débitage. Ceux de la collection Saint-Périer serviront alors de témoin ou de complément

d'analyse. L'exercice s'avèrera d'autant plus délicat qu'il faudra toujours garder à l'esprit l'ancienneté des fouilles : certains problèmes de contamination inter-couches liés aux fouilles anciennes, bien que réduits, peuvent expliquer certaines incohérences observées sur le matériel archéologique.

VI. Une nouveauté : le tamisage des déblais des fouilles Saint-Périer

Entre 1996 et 1998, une opération de diagnostic

Figure 10 : vue depuis le poste de tamisage devant l'entrée de la grotte d'Isturitz. Juillet 2005. Photographie A. Simonet.

archéologique placée sous la co-responsabilité d'Alain Turq et de Christian Normand, fut lancée à la demande du Service régional de l'Archéologie d'Aquitaine afin d'évaluer le potentiel archéologique de la cavité. À cette occasion, outre l'observation systématique de toutes les coupes anciennes, douze sondages furent ouverts dans les deux salles. Concernant le Gravettien, il apparut rapidement que sur les 600 à 800 m² occupés à l'origine, il n'en subsistait que la dizaine de m² conservés dans le témoin laissé par les Saint-Périer dans la salle d'Isturitz, ainsi qu'une surface sensiblement comparable repérée dans un recoin de cette même salle mais contenant une industrie très pauvre (Normand *et al.*, 2005).

Dans la salle d'Isturitz, un des sondages fut réalisé en partie centrale d'un dôme de déblais d'une centaine de m³ qui d'après G. Laplace correspondait à la fouille, en 1952, d'une banquette contenant exclusivement du Gravettien (fig. 10). Deux ensembles sédimentaires purent être individualisés très facilement. Ils semblaient restituer, quoique logiquement inversée, la stratigraphie gravettienne publiée par les anciens fouilleurs : une couche argileuse grasse et de couleur jaunâtre (C de Passemard et III des Saint-Périer) sous un ensemble plus léger et noir (F3 de Passemard et IV des Saint-Périer).

Le tamisage d'un peu plus d'un m³ de ce dernier permis

alors de constater trois éléments majeurs : une richesse assez exceptionnelle en matériel archéologique, une très forte homogénéité de celui-ci et, pour le lithique, de très forts déséquilibres avec les collections Passemard et Saint-Périer. Seule l'industrie osseuse paraissait avoir échappé à ces tris parfois drastiques.

Aussi, il est apparu évident que la poursuite de cette opération pouvait restituer une image beaucoup plus fiable de ce que contenait réellement la couche IV avant les sélections opérées par nos prédécesseurs. Demeure néanmoins le problème de la représentativité de la série recueillie. Concrètement, cela signifie principalement qu'il ne faut pas exclure que des types d'objets absents de ce premier échantillon ne puissent pas avoir été représentés originellement. Dans cette étude, nous veillerons à prendre systématiquement en compte cette donnée.

À ce jour, trois séries de tamisage concernant plus de 1 m³ de déblais ont été intégralement triées et décomptées. Selon l'année durant laquelle le tamisage fut effectué, les séries sont dénommées 1998, 2004 et 2005. Cette étude intègre également, bien que de manière ponctuelle, certaines données recueillies lors d'une quatrième série de tamisage qui n'a pas encore été intégralement étudiée : la série 2008. Il sera notamment fait appel à cette série pour des illustrations de pièces qui nous paraissent significatives.

Le tamisage a été réalisé de manière progressivement plus fine. En 1998, une première collecte a été effectuée à l'aide d'un tamisage à l'eau (mailles de 4 mm). Très peu d'armatures microlithiques ont été récupérées. Les tamisages à l'eau de 2004 et 2005 utilisant un maillage plus fin (1,5 mm) ont permis la collecte d'ensembles plus importants d'armatures microlithiques.

L'étude du matériel contenu dans ces déblais nous paraît donc bien, en l'état actuel des travaux, la seule solution à une réévaluation objective des collections anciennes.

Certes, les sub-divisions potentielles au sein de chacun des deux niveaux individualisés lors des fouilles anciennes sont malheureusement perdues par la destruction quasi-totale de la stratigraphie. Néanmoins, une dernière possibilité nous reste peut-être, à l'avenir, de reconstituer certains sous-ensembles du niveau IV par une étude spatiale et stratigraphique de la répartition des artefacts au sein des déblais en croisant ces résultats avec des données historiographiques concernant la manière dont les fouilles anciennes ont été menées.

Par exemple, afin de tester les limites de validité concernant l'homogénéité de la distribution des types de pièces lithiques au sein des déblais, il serait intéressant de mettre en place une session de tamisage qui se concentrerait sur une deuxième zone des déblais, éloignée du premier sondage d'où ont été extraites les quatre séries étudiées jusqu'à présent. Nous aurions alors un ensemble d'informations suffisamment solide pour proposer une estimation de la diversité et de la proportion réciproque des types de pièces lithiques présentes dans le Gravettien de la grotte d'Isturitz.

Quoi qu'il en soit, la période chronologique potentielle couverte par les artefacts découverts lors des fouilles anciennes et lors du tamisage des déblais est pour l'instant très large. Elle correspond à l'ensemble de la séquence gravettienne.

VII. Présentation synthétique des différents corpus

Le Gravettien d'Isturitz, en particulier celui du niveau inférieur, offre un des assemblages d'artefacts préhistoriques les plus riches du Paléolithique supérieur d'Europe occidentale.

VII.1. L'industrie osseuse

La grotte d'Isturitz est le site éponyme des « pointes d'Isturitz » qui sont jusqu'à présent les seuls éléments d'industrie osseuse reconnus comme caractéristiques du Gravettien dans le Sud-Ouest de la France (Sonneville-Bordes, 1971, 1972a, 1972b ; Movius, 1973 ; Goutas, 2004, 2008 ; San-Juan Foucher, Vercoutère, 2005).

Le niveau IV offre la collection la plus importante de cet objet généralement rare dans les gisements, avec plus de 150 exemplaires (fig. 11 et 12). Ces pièces se retrouvent dans le niveau supérieur III mais pourraient provenir d'une contamination avec le niveau sous-jacent.

De l'étude récente de N. Goutas sur les armatures de projectiles gravettiennes en matière osseuse, il ressort que les « pointes d'Isturitz », considérées comme « fossile directeur » du Gravettien moyen à burins de Noailles, sont en réalité également présentes dans le Gravettien moyen à burins du Raysse (Arcy-sur-Cure, N=9), et plus ponctuellement dans le Gravettien récent et final de Laugerie-Haute (Goutas, 2008, sous presse).

Dans l'exemple d'Isturitz, cette auteure divise ce type de pièces en deux groupes (Goutas, 2008) :

Le premier groupe (A) comprend des pointes pour lesquelles l'analyse morphologique et celle des macrotraces d'utilisation « confirment le caractère proximal de l'extrémité incisée (fig. 11 – n° 5). Celle-ci n'est pas toujours appointée et présente en outre différents caractères morphotechniques (encoches, déjet latéral, etc.). La variabilité morphologique des parties distales (spatuliforme, appointée et biseautée) et, dans une moindre mesure, celle des parties proximales (appointée, symétrique ou dissymétrique, avec ou sans encoches ; rectiligne massive ou étroite avec ou sans méplat latéral), ainsi que les différences observées en termes de macrotraces d'utilisation, révèlent une variabilité des modes d'action des pièces rattachées au groupe A. Le seul réel dénominateur commun à toutes ces pièces est donc la présence d'incisions en leur partie proximale. (…). Les pièces pourvues d'une extrémité distale appointée apparaissent cohérentes avec une fonction d'armature de projectile, tandis que les pièces à extrémité spatuliforme et biseautée appartiennent à la catégorie des outils de transformation. En outre, la morphologie distale des pièces spatulées et biseautées est majoritairement de première facture et traduit donc la recherche intentionnelle de parties actives non vulnérantes » (Goutas, 2008, p. 68-69).

Le deuxième groupe (B) comprend des pièces dont la partie striée correspond à l'extrémité distale. Cette dernière est soit biseautée, soit appointée, irrégulière et massive. Ces pièces n'ont pas pu servir d'armatures de projectiles étant donné qu'elles sont très épaisses, non perforantes et qu'il n'existe pas d'aménagement basaux permettant un emmanchement. D'autre part, ces pièces présentent « des stigmates de percussion indubitables » aux deux extrémités. « Le ou les fonctionnements de ces outils impliquaient de fait une préhension manuelle. » (op. cit., p. 69).

Nous manquons encore de données précises sur le reste des armatures en bois animal, en os ou en ivoire. Concernant le niveau inférieur, notons trois pointes à biseau simple facial en bois de Renne, sept pointes à biseau simple latérale, une pointe à biseau double, plusieurs double-pointes larges et de morphologie plus ou moins losangique ainsi que plusieurs pointes à rainures. S'y ajoutent de nombreux fragments appointés se

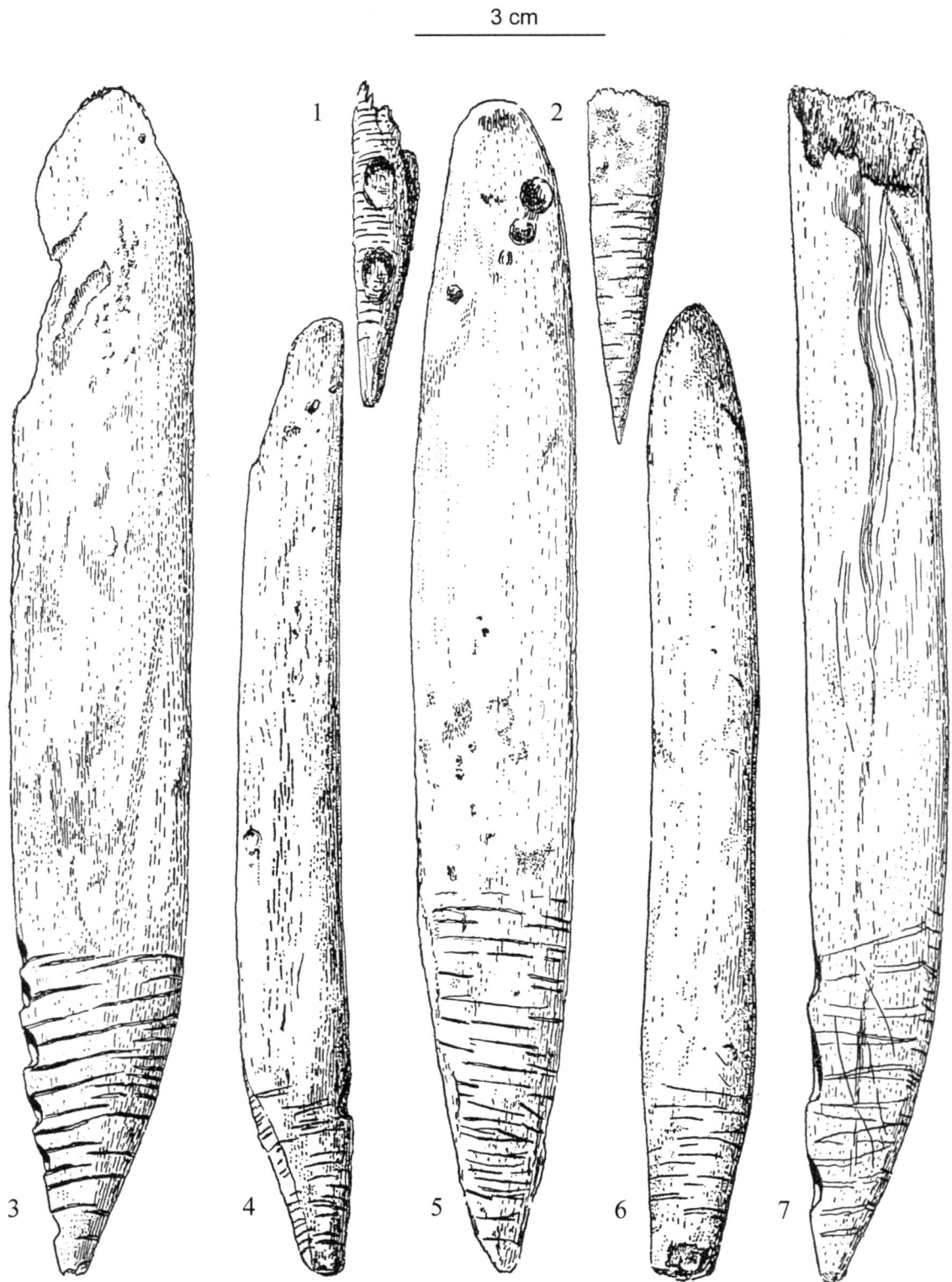

Figure 11 : pointes d'Isturitz en bois de Renne. Gravettien, collection Saint-Périer, niveau IV, M.A.N. D'après Saint-Périer, 1952, fig. 66.

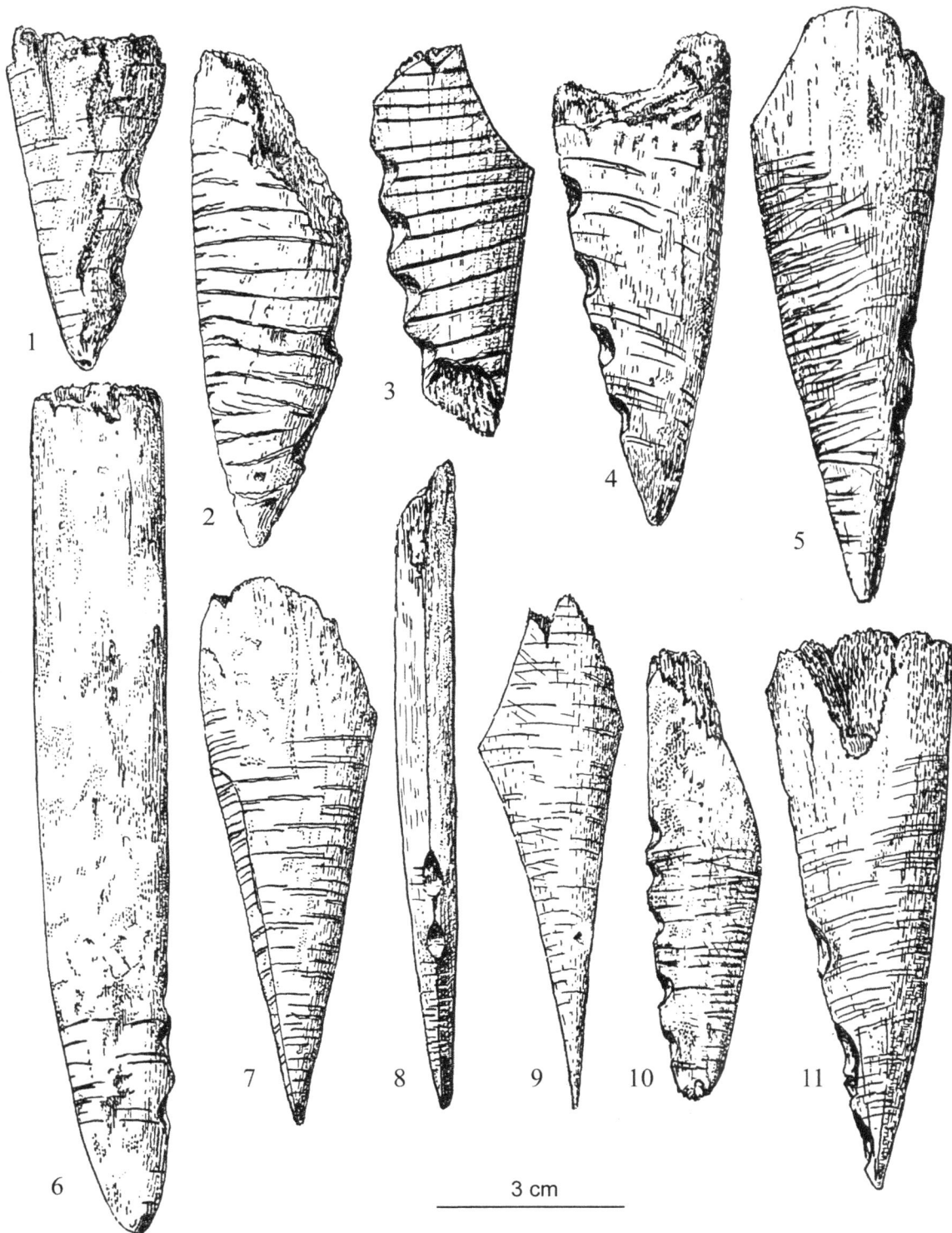

Figure 12 : pointes d'Isturitz en bois de Renne. Gravettien, collection Saint-Périer, niveau IV, M.A.N. D'après Saint-Périer, 1952, fig. 67.

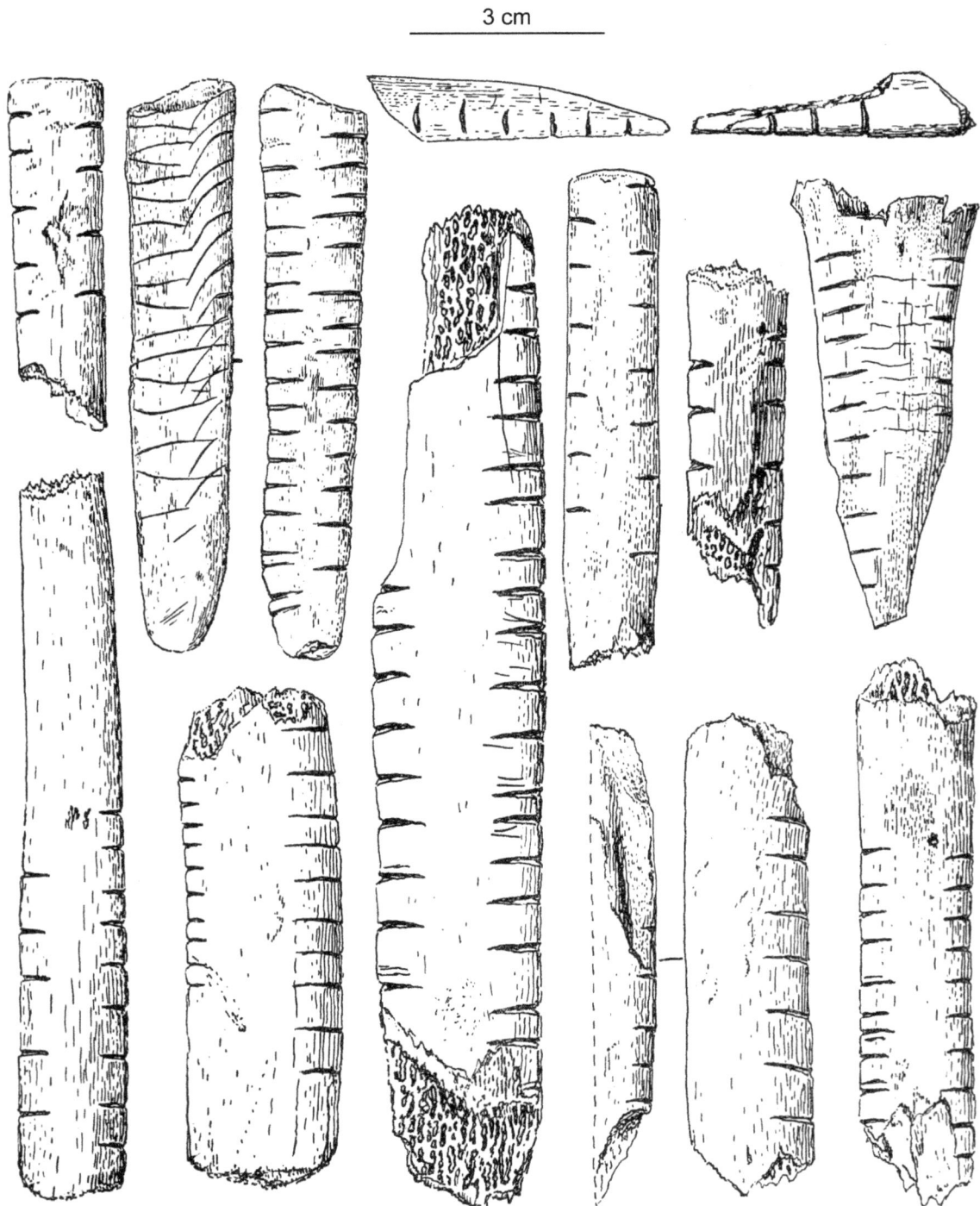

Figure 13 : os portant des séries d'encoches. Gravettien, collection Saint-Périer, niveau IV, M.A.N. D'après Saint-Périer, 1952, fig. 74.

3 cm

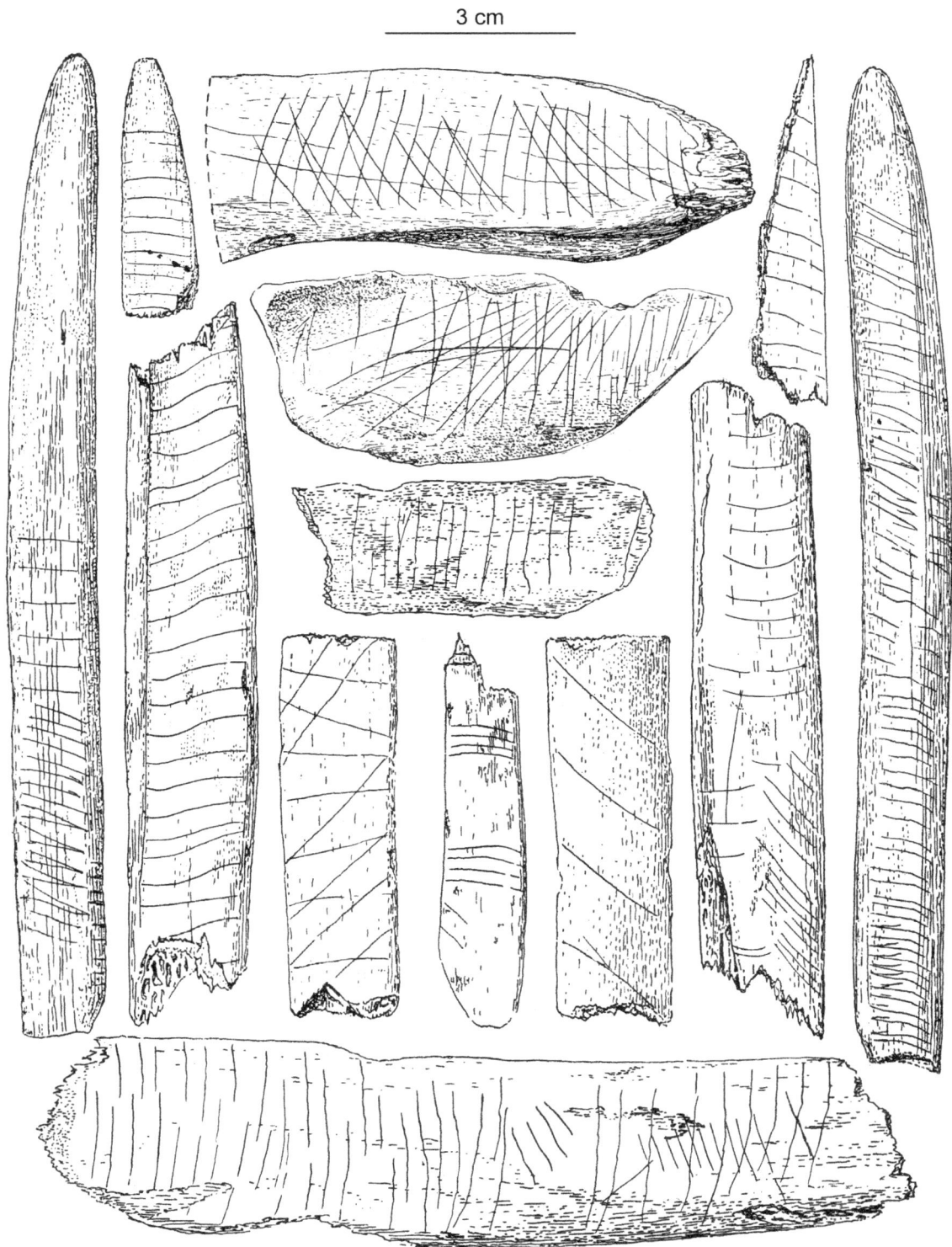

Figure 14 : os portant de fines incisions. Gravettien, collection Saint-Périer, niveau IV, M.A.N. D'après Saint-Périer, 1952, fig. 77.

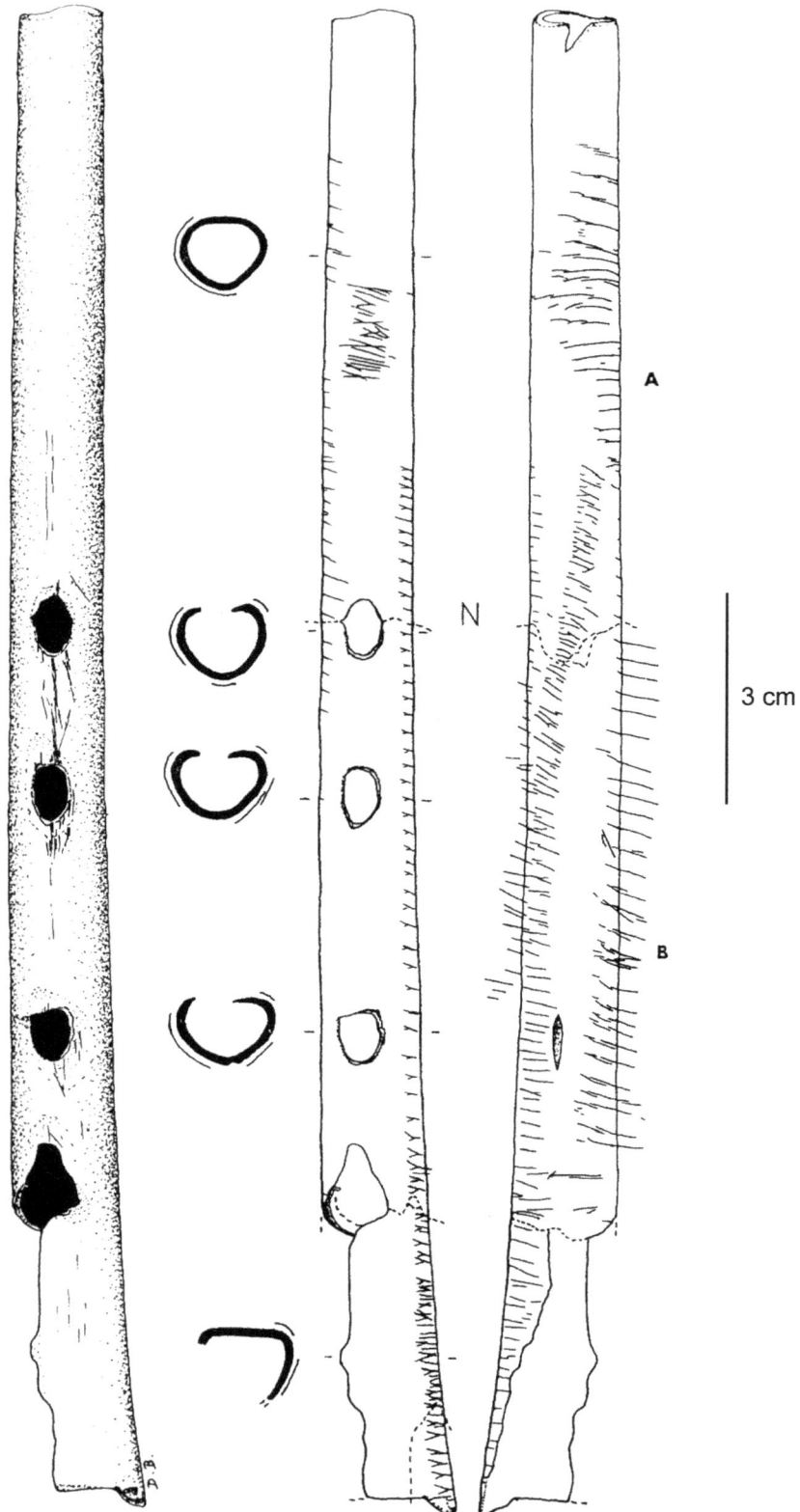

Figure 15 : flûte à quatre trous décorées d'incisions. Ce raccord entre deux fragments issus des couches gravettiennes F3 et III forme le plus long exemplaire connu du Paléolithique. D'après Buisson, 1990, fig. 2.

rapportant peut-être à la catégorie des pointes de projectiles (Goutas, 2004).

L'assemblage gravettien du niveau IV comprend également plus de 300 poinçons, 123 spatules, 287 ciseaux et coins qui sont une singularité de ce niveau, une trentaine d'hameçons droits, la plus grande collection gravettienne d'os ou de côtes encochés d'Europe occidentale avec une centaine d'exemplaires (fig. 13) ainsi qu'une centaine d'esquilles osseuses brutes portant de fines incisions parallèles, perpendiculaires, entre-croisées, sinueuses, en zigzag ou en forme de flèche (Saint-Périer, 1952 et fig. 14). Une quarantaine de retouchoirs sur éclats de diaphyses d'os longs qui auraient pu, d'après les expérimentations menées par C. Schwab, servir d'enclume pour confectionner des grattoirs épais sur lame, complètent le riche assemblage d'industrie osseuse (Saint-Périer, 1952 ; Schwab *in* : Normand *et al.*, 2007).

L'industrie osseuse du niveau supérieur est davantage soumise à une contamination des niveaux solutréen et magdalénien difficilement individualisable des éléments gravettiens par manque de connaissances sur les variabilités inter-culturelles. Il est néanmoins intéressant de remarquer que de longues double-pointes sont présentes dans le niveau supérieur III. Elles possèdent sur leur fût de fines incisions parallèles entre elles et transversales à l'axe de la pièce. Ces pointes se retrouvent dans le Gravettien récent de l'Abri Pataud (couche 3) et de Laugerie-Haute (c. 40, B), ainsi que dans le Gravettien final de ce second site (c. 36-38, F). En définitive, elles pourraient caractériser une phase récente du Gravettien (Goutas, 2004).

Avec 150 esquilles appointées, de nombreuses spatules, quelques os polis incisés et plusieurs esquilles brutes incisées, l'industrie osseuse du niveau III, bien que très riche, est tout de même beaucoup moins importante que celle du niveau sous-jacent. Seule la collection de retouchoirs dépasse celle du niveau IV avec une cinquantaine d'exemplaires (Saint-Périer, 1952).

VII.2. Les instruments de musique

La série de flûtes la plus importante de la Préhistoire provient de la grotte d'Isturitz avec 22 fragments identifiés (Buisson, 1990).

Bien que ces fragments n'aient pas tous été découverts au sein des niveaux gravettiens et qu'un exemplaire découvert par Passemard soit probablement aurignacien, les analogies de façonnage du corps de l'objet et des perforations ainsi que l'homogénéité du décor prouvent que la très grande majorité de ces flûtes sont certainement l'œuvre des seuls gravettiens. La flûte obtenue par le raccord d'une pièce provenant du niveau F3 de Passemard et de plusieurs fragments issus du niveau III des Saint-Périer est la plus longue connue actuellement dans le domaine de la Préhistoire (Buisson, 1990 et fig. 15).

VII.3. La parure

Chacun des deux niveaux gravettiens comporte plusieurs pièces en os et en bois animal perforées ainsi que des tubes en os d'Oiseaux incisés.

Dans leur monographie de 1952, les Saint-Périer signalent 42 dents perforées au sein du niveau IV, majoritairement des canines de Renard puis de Cerf, des incisives de Renne et enfin une canine *d'Ursus speleaus* (Saint-Périer, 1952 et fig. 16). L'étude technologique menée par Y. Huguet en 1999 révèle un nombre plus limité de pièces (Huguet, 1999). Au sein du niveau III, ce sont les incisives de Bovidés qui dominent largement l'effectif des dents percées avec 27 exemplaires. Des incisives percées de Cervidé, de Cheval, d'Hyène ainsi que des canines d'Hyène, de Renard, de Cerf et d'Ours des caverne complètent l'assemblage.

Des éléments de parure en coquillage sont également présents avec notamment 65 *Littorina obtusata* et dix *Nucella Lapilus* dans le niveau IV et sept *Littorina obtusata*, cinq *Littorina Littorea* et cinq fragments de valve de *Pecten maximus* dans le niveau III (Taborin, 1993).

Enfin, chacun des deux niveaux gravettiens a offert quelques perles de jais, d'ambre, de schistes, de grès et d'ocre (Saint-Périer, 1952 et fig. 16).

VII.4. L'art mobilier

Le niveau IV a offert plusieurs gravures sur pierre dont un bloc de grès portant ce qui peut être interprété comme la figuration schématique d'une vulve (fig. 17 – n° 5). Il existe également plusieurs phallus et testicules gravés (fig. 17 – n° 2) ainsi que des arrières-trains et des têtes d'animaux dont le schématisme et la finesse d'incision rend la lecture difficile (fig. 17 – n°s 3 et 4). Le Bison, le Cerf, le Cheval et le Bouquetin sont les espèces qui se devinent le plus souvent. De petites sculptures de pierre représentant notamment des têtes de Bison et de Cheval complètent ce petit assemblage d'art mobilier. Une pièce en ivoire de mammouth (fig. 17 – n° 1) porte un décor quadrillé qui évoque curieusement la coiffure de la « Dame à la capuche » de Brassempouy (Saint-Périer, 1952).

Au sein du niveau III, les gravures sur galets sont plus rares. Quatre sont d'une lecture facile, celle de l'avant-train d'un animal indéterminé, d'une tête d'ours ainsi que deux silhouettes humaines sommaires de profil. Sont également présentes trois sculptures en grès dont une tête humaine et une tête de cheval (Saint-Périer, 1952).

VII.5. Les vestiges fauniques

Les restes fauniques sont d'une richesse extraordinaire. Peu présents dans les collections anciennes, ils dominent le matériel récolté lors du tamisage des déblais. Deux principales études paléontologiques ont été réalisées sur la faune des niveaux gravettiens d'Isturitz.

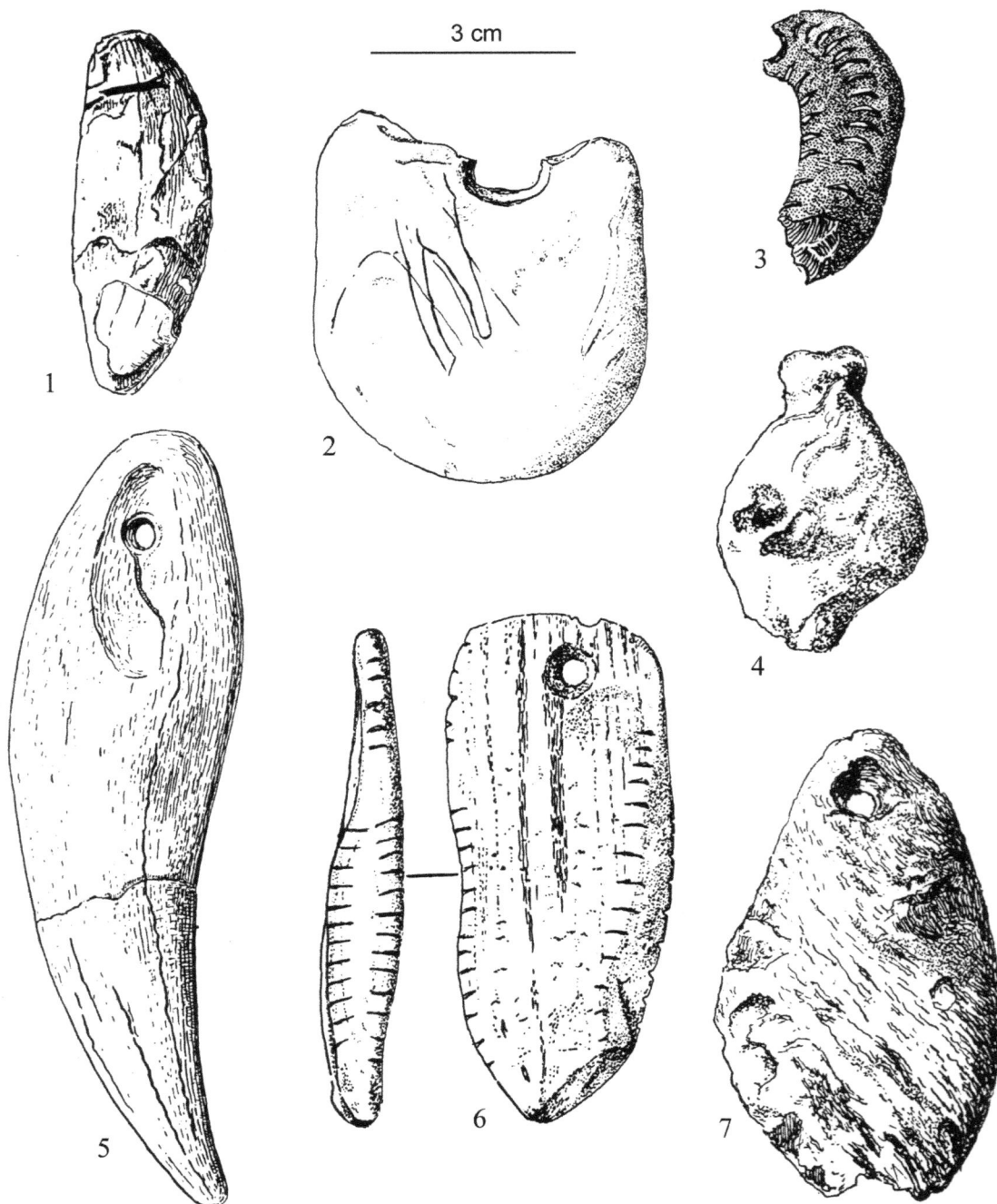

Figure 16 : éléments rainurés ou perforés. N° 1 : dent d'Hyène. N° 2 : galet gravé d'une silhouette humaine. N° 3 : perle de jais. N°s 4 et 7 : crayons d'ocre. N° 5 : canine d'Ursus spelaeus. N° 6 : galet encoché et perforé. Gravettien, collection Saint-Périer, niveau IV, M.A.N. D'après Saint-Périer, 1952, fig. 71.

3 cm

3 cm

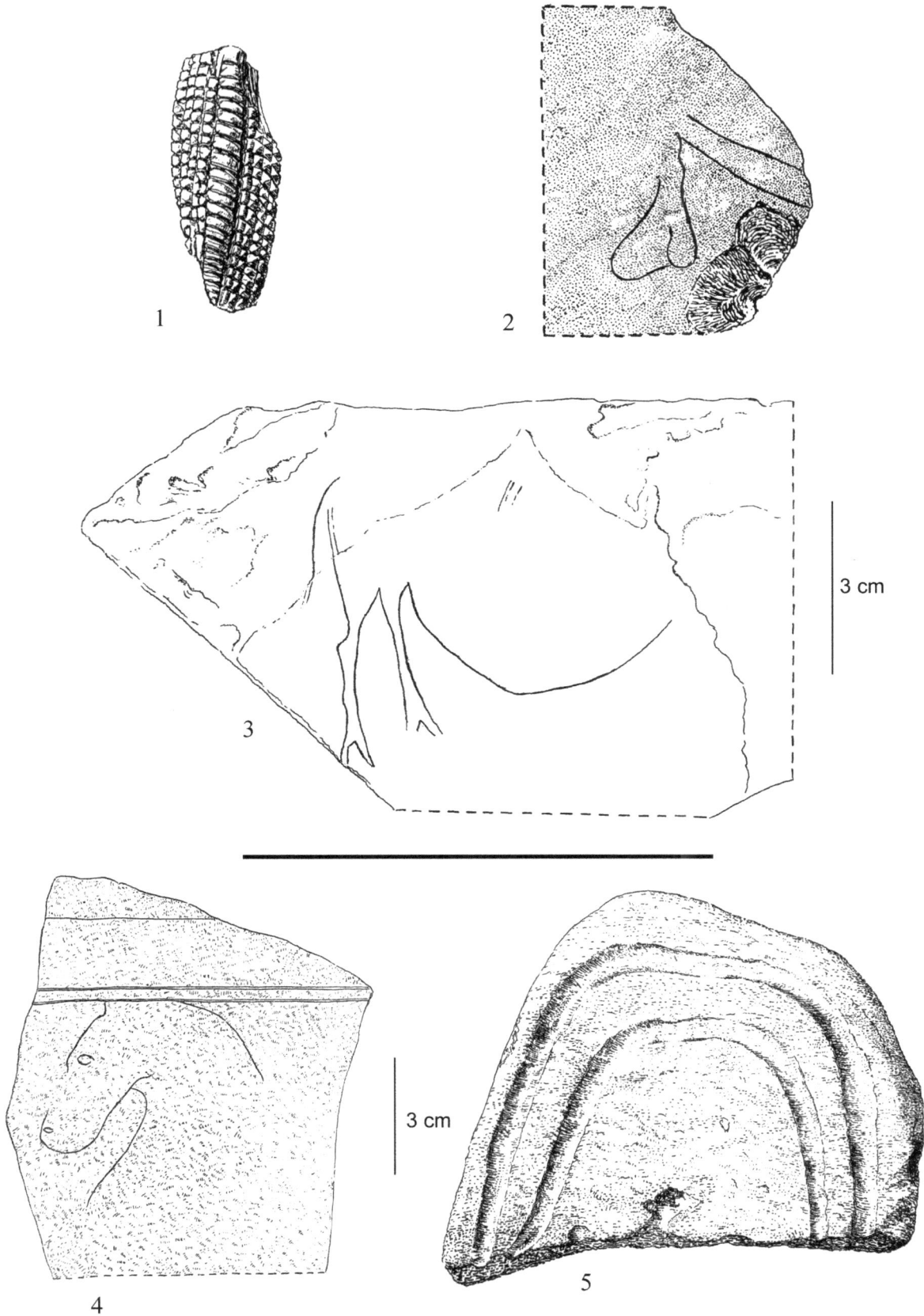

Figure 17 : art mobilier. N° 1 : pièce en ivoire quadrillée. N° 2 : phallus et testicules gravés sur pierre. N° 3 : femelle gravide gravée sur pierre. N° 4 : protomé de Cheval gravé sur pierre. N° 5 : probable vulve gravée sur grès. Gravettien, collection Saint-Périer, niveau IV, M.A.N. D'après Saint-Périer, 1952, fig. 80, fig. 81 – n° 2, fig. 83 – n° 1 et fig. 86 – n° 2.

Celle de Bouchud concerne la collection Saint-Périer. Son travail aboutit à la conclusion que le Cheval, le Renne puis le Bison forment, par ordre d'abondance, le triptyque de base des activités cynégétiques du niveau IV. Si le Cheval est l'espèce dominante du niveau IV, sa proportion par rapport au Renne et au Bison tend à s'égaliser dans le niveau III (Saint-Périer, 1952 ; Bouchud, 1951). Pour Bouchud, et d'après l'étude de la collection Saint-Périer, le Cheval est mieux représenté dans le Gravettien que dans les autres couches.

Inversement, dans l'étude de Beaufort et Julien qui concerne les niveaux F3 et C de la collection Passemard, les couches gravettiennes sont celles où le Cheval est le moins représenté. Le Bison est l'espèce dominante du niveau F3. Le Renne est également bien représenté et se raréfie dans le niveau C. Enfin, c'est dans le niveau F3 que se rencontre le plus grand nombre de restes de Cerf (Beaufort et Jullien, 1973).

À côté de ces trois espèces dominantes et dans chacune des deux collections, on retrouve entre autre des restes de Rhinocéros laineux, de Lynx, de Renard, de Lion, de Hyènes, d'Ours des cavernes, de Loups, d'Antilope saïga, d'Isards, de Chevreuil, de Mégacéros et d'Éléphant. Une grande variété de rongeurs et d'oiseaux (rapaces diurnes, rapaces nocturnes, passereaux, gallinacés, palmipèdes) ont également été découverts (Bouchud, 1952).

Le décalage dans la proportion entre les restes des Bisons et ceux des Chevaux issus de la collection Saint-Périer d'une part (Cheval dominant) et celle de la collection Passemard d'autre part (Bison dominant) pourrait être la conséquence d'un tri lors des fouilles.

L'étude récente de J. Lacarrière a montré qu'il existe cependant un autre décalage, cette fois-ci entre le matériel et les données bibliographiques publiées par Bouchud. Il est notamment impossible de retrouver la plus grande partie des os de Chevaux (Lacarrière, 2008 ; Goutas et al., sous presse).

Cette étude récente a également montré qu'il existe une grande similarité, en fin de compte, entre la composition actuelle des restes de la collection Saint-Périer, celle de la collection Passemard ainsi que celle issue du tamisage des déblais des fouilles Saint-Périer où ce sont les restes de Bovinés qui dominent le spectre faunique (Lacarrière, 2008). Cette constatation pose l'hypothèse que la collection étudiée par Bouchud ne concerne peut-être pas le niveau gravettien IV.

D'après la nouvelle étude de la faune mammalienne effectuée par J. Lacarrière et portant sur un total de 1331 restes osseux issus à la fois de la collection Saint-Périer IV et d'un échantillon des déblais, la liste faunique est dominée par le Bison mais le Renne, le Cheval et le Cerf sont également bien représentés (tabl. 1). L'Isard, l'Hydruntin et le Mammouth sont présents dans des proportions plus anecdotiques. Les Carnivores identifiés, le Renard, l'Ours, le Loup et l'Hyène, constituent une part minoritaire de l'assemblage (tabl. 1). Par ailleurs,

Taxon/classe de taille	Nombre de restes	% NRT
Vulpinae	87	8,64
Canis lupus	11	1,09
Canidae indét.	2	0,2
Crocuta spelaea	12	1,19
Ursus sp.	25	2,48
Carnivora indet.	5	0,25
TOTAL CARNIVORES	142	14,1
Bison priscus	592	58,79
Rupicapra rupicapra	14	1,39
Rangifer tarandus	142	14,1
Cervus elaphus	45	4,47
Cervidae indet.	3	0,3
Equus caballus	66	6,55
equus hydruntinus	1	0,1
Mammuthus primigenius	2	0,2
NRDt	1007	100
UNG2	10	
UNG2/3	13	
UNG3	142	
UNG3/4	48	
UNG4	107	
UNG5	4	
NRT	1331	

Tableau 1 : spectre faunique du niveau IV. D'après Lacarrière, 2008.

leur action limitée sur les restes fauniques démontre leur rôle mineur dans l'accumulation osseuse (Lacarrière, 2008 ; Goutas et al., sous presse).

Les premières données relatives aux saisons d'abattage documentent des chasses sur plusieurs mois, de façon pas forcément contiguës. Elles sont néanmoins plus particulièrement concentrées en automne et en hivers (Lacarrière, 2008 ; Goutas et al., sous presse).

VII.6. Les restes humains

L'étude récente de l'ensemble des restes humains retrouvés dans la grotte d'Isturitz par D. Gambier met en évidence une même tradition funéraire attribuée au Magdalénien moyen (Gambier, 1990-1991). Les restes humains découverts dans chacun des deux niveaux gravettiens résultent par conséquent de problèmes d'attribution stratigraphique ou de pollutions (Gambier, 1990-1991).

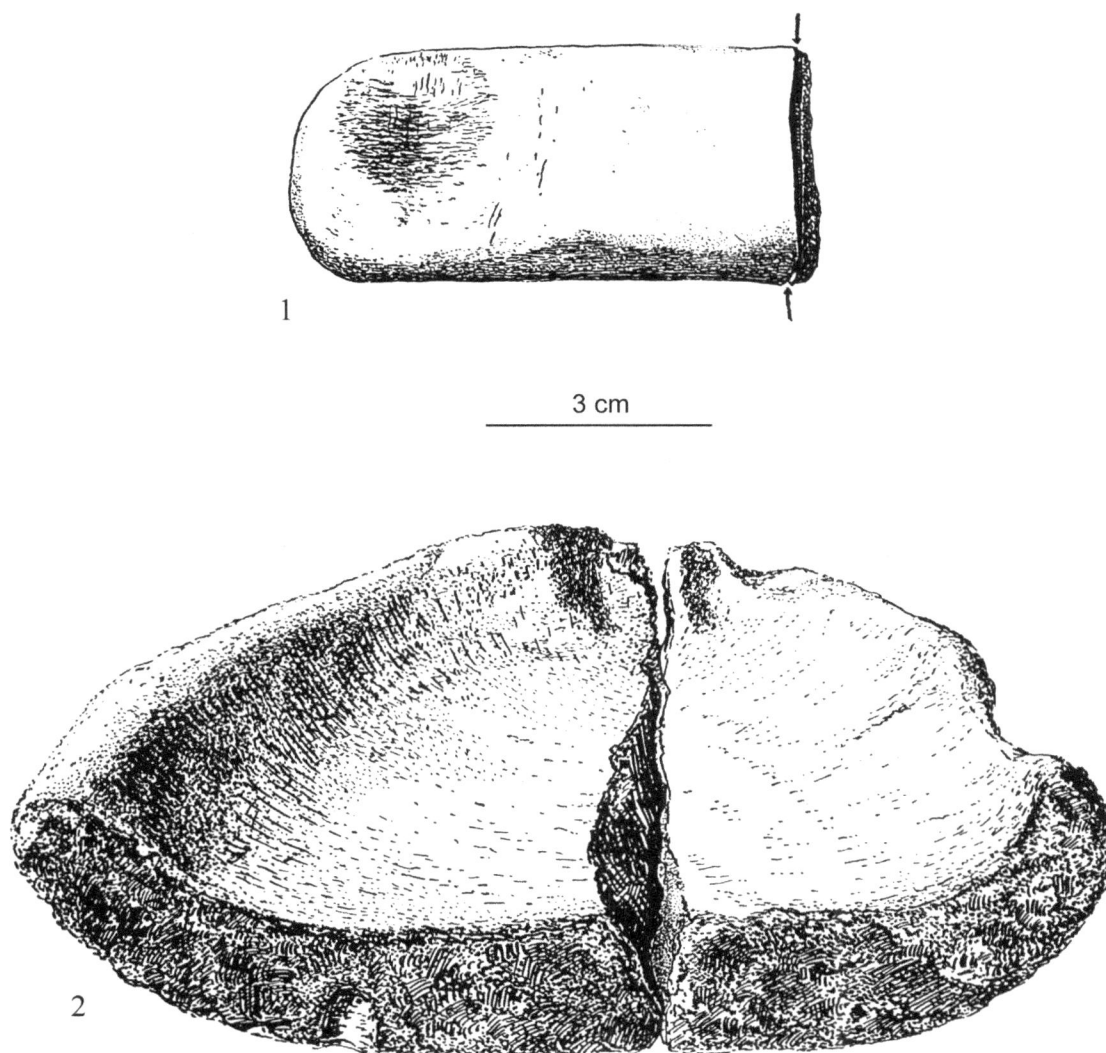

3 cm

Figure 18 : industrie lithique non taillée. N° 1 : galet avec traces d'utilisation. N° 2 : deux fragments brisés d'une cuvette confectionnée dans du grès local et qui a pu servir de lampe. Gravettien, collection Saint-Périer, niveau IV, M.A.N. D'après Saint-Périer, 1952, fig. 51 – n°s 5 et fig. 53 – n° 2.

VII.7. L'industrie lithique non taillée

Le Gravettien d'Isturitz a offert une des plus grandes collections de compresseurs du Paléolithique d'Europe occidentale dont certains sont décorés (Beaune, 1997). La grotte d'Isturitz contient en effet un ensemble de 158 compresseurs dont 84 sont issus des niveaux gravettiens. 67 proviennent du niveau inférieur et 16 du niveau supérieur. De nombreux percuteurs, des galets incisés, des godets ainsi que des lampes sont également présents dans chacun des deux niveaux bien que leur interprétation fonctionnelle précise reste encore à démontrer (Beaune, 1987 et fig. 18).

VII.8. L' industrie lithique

En ce qui concerne l'industrie lithique et comme nous allons le voir plus en détail dans les chapitres suivants, le niveau gravettien IV est d'une richesse extraordinaire. L'industrie lithique du Gravettien d'Isturitz représente ainsi une base documentaire de référence non seulement pour les Pyrénées mais pour le Gravettien de manière générale.

Isturitz offre notamment la collection la plus importante de pointes à dos rapportées au Gravettien à burins de Noailles. L'ensemble cumulé des outils des deux niveaux comprend plus de 13 000 spécimens d'après les décomptes anciens et probablement plusieurs centaines de milliers si l'on devait prendre en compte les outils laissés dans les déblais lors de la fouille.

Les décomptes cumulés des fouilles anciennes confirment la densité plus importante du matériel au sein du niveau inférieur qui rassemble 11205 outils et 464 nucléus contre

1966 outils et 164 nucléus pour le niveau supérieur (Esparza San Juan, 1995).

Au premier abord, les deux niveaux gravettiens présentent des assemblages extrêmement similaires. D'après les données publiées des fouilles anciennes et un rapide aperçu de la collection, la première différence que l'on peut relever entre les deux niveaux gravettiens concerne la composition des outils domestiques (Saint-Périer, 1952)

Dans le niveau inférieur, ces derniers sont largement dominés par les burins de Noailles malgré le tri important dont ils ont été victimes lors des fouilles anciennes (tabl. 2). Ils sont suivis, par ordre décroissant, des burins dièdres, des lames retouchées puis des grattoirs (majoritairement sur bout de lame à crête, les grattoirs carénés sont très rares). Les outils restants se distribuent entre les pièces esquillées, les perçoirs, les éclats retouchés et les pièces encochées (tabl. 2).

	IV/F3	III/C
Grattoir	356	535
Grattoir-Burin	467	123
Burin dièdre	1728	338
Burin sur troncature	1046	181
Burin de Noailles	1985	173
Lame retouchée	735	165
Pointe à dos	284	35
Total	**11205**	**1966**

Tableau 2 : présentation synthétique comparée des corpus des fouilles anciennes des deux niveaux. D'après Esparza San Juan, 1995.

Le niveau supérieur montre un équilibre entre la distribution des grattoirs et celle des burins (le nombre de burins de Noailles a bien diminué) qui dominent la composition de l'outillage (tabl. 2). Le problème reste désormais d'estimer la proportion potentielle de burins de

Noailles du niveau supérieur qui peuvent provenir d'une contamination du niveau inférieur.

Le deuxième élément de divergence entre les deux niveaux gravettiens concerne la qualité du débitage. Les deux fouilleurs constatent en effet les mêmes différences entre les deux assemblages gravettiens où l'on passe d'un niveau inférieur où le débitage est beaucoup moins soigné avec une large place aux éclats à un niveau supérieur à l'industrie plus « légère » et plus « affinée ». Dans le niveau supérieur III/C, « *les lames, en particulier, sont plus minces, la retouche plus soignée ; les grattoirs pris dans de larges lames sont plus élégants* » (Passemard, 1944, p. 35 ; voir aussi Passemard, 1922, p. 15 et Saint-Périer, 1952, p. 81).

Les premières séries de tamisage, dans l'ensemble, permettent de préciser la composition de l'assemblage du niveau gravettien IV sur trois points :

Premièrement, les nucléus et les macro-armatures à dos ont été collectés de manière assez exhaustive par les Saint-Périer puisque leur présence reste marginale au sein des assemblages collectés (tabl. 3 et 4). Deuxièmement, de nombreux types d'armatures microlithiques ont été oubliés (tabl. 3 et 4). Troisièmement, le burin de Noailles n'a été que très partiellement recueilli (tabl. 3). Sa proportion, pourtant déjà majoritaire, se trouve donc fortement augmentée.

Ces données confirment l'existence d'un tri sélectif réalisé par les Saint-Périer privilégiant les beaux objets et les pièces caractéristiques. Alors que les pointes à dos semblent avoir été quasi-systématiquement collectées, d'autres pièces moins intéressantes pour eux (les produits bruts de débitage), les objets passés inaperçus lors de la fouille (pièces microlithiques) ou ceux déjà retrouvés en grande quantité (les burins de Noailles), ont été laissés de côté. Les nucléus semblent avoir été collectés de manière assez rigoureuse. Seuls les nucléus les plus informes ont été écartés.

Concernant les fouilles anciennes, le potentiel scientifique des pointes à dos et des nucléus apparaît donc

	Fouilles anciennes Saint-Périer IV + Passemard F3		Tamisage 1998 maillage de 4 mm		Tamisage 2004 maillage de 1,5 mm		Tamisage 2005 maillage de 1,5 mm	
	N	%	N	%	N	%	N	%
Nucléus	464		25	0,7	14	0,3	27	0,3
Total debitage	Non compt.	Non compt.	3488	100	4945	100	10112	100
Burin de Noailles	1985	17,7	296	42,1	272	50,3	435	55
Pointe à dos	284	2,5	5	0,7	6	1,1	8	1
Total armature	368	3,3	20	2,8	56	10,4	95	12
Total Outil	**11205**	**100**	**703**	**100**	**541**	**100**	**795**	**100**

Tableau 3 : décompte comparatif synthétique de l'industrie lithique gravettienne d'Isturitz, entre les fouilles anciennes (niveaux IV/F3) et la reprise des déblais des fouilles Saint-Périer (niveau IV) sous la direction de C. Normand.

	1998		2004		2005	
	Nombre	%	Nombre	%	Nombre	%
Eclat et esquille	2865	68,2	3766	68,5	9003	81,7
dont éclat à crête	*58*	*1,4*	*25*	*0,5*	*76*	*0,7*
Produit lamino-lamellaire	497	11,8	925	16,8	809	7,3
dont produit laminaire à crête (néo-crête, crête d'entame, sous-crête)	*47*	*1,1*	*39*	*0,7*	*50*	*0,45*
Chute de burin	95	2,3	220	4	250	2,3
Tablette de ravivage	0	0	14	0,3	3	0,03
Nucléus	25	0,6	14	0,3	27	0,2
Casson	6	0,1	6	0,1	12	0,1
Percuteur entier	0	0	0	0	2	0,02
Percuteur fragment	0	0	0	0	5	0,05
Débris	0	0	0	0	1	0,01
Total Débitage	**3488**	83	**4945**	89,9	**10112**	91,8
Grattoir simple	34	0,8	18	0,3	14	0,1
Grattoir ogival	0	0	0	0	1	0,01
Grattoir sur lame retouchée	0	0	0	0	7	0,06
Grattoir caréné atypique	0	0	1	0,01	0	0
Grattoir-burin	3	0,07	0	0	0	0
Burin dièdre droit	12	0,3	12	0,2	5	0,05
Burin dièdre déjeté	2	0,05	0	0	2	0,02
Burin dièdre d'angle	7	0,2	6	0,1	0	0
Burin d'angle sur cassure	16	0,4	12	0,2	3	0,03
Burin multiple dièdre	0	0	0	0	1	0,01
Burin sur troncature	44	1	11	0,2	8	0,07
Burin sur retouche latérale	0	0	0	0	1	0,01
Burin multiple mixte	4	0,1	0	0	4	0,04
Burin de Noailles	296	7	272	5	435	3,9
Burin nucléiforme	2	0,05	0	0	1	0,01
Burin plan	4	0,1	0	0	11	0,1
Burin divers	0	0	0	0	2	0,02
Elément tronqué	18	0,4	30	0,5	35	0,3
Pièce à encoche	17	0,4	5	0,09	14	0,1
Pièce esquillée	47	1,1	37	0,7	29	0,3
Racloir	0	0	0	0	1	0,01
Eclat retouché	79	2	46	0,8	79	0,7
Produit laminaire retouché	95	2,3	36	0,7	46	0,4
Lame appointée	1	0,02	0	0	1	0,01
Total Outil domestique	**683**	16,3	**485**	8,8	**700**	6,4
Pointe à dos	5	0,1	6	0,1	8	0,07
Micro-pointe à dos	0	0	13	0,2	6	0,05
Lamelle à dos (extrémité)	0	0	2	0,04	3	0,03
Lamelle à dos (fragment mésial)	5	0,1	8	0,1	10	0,09
Lamelle à dos et une extrémité tronquée	0	0	3	0,05	2	0,02
Lamelle à dos et deux extrémités tronquées	0	0	2	0,04	3	0,03
Lamelle à retouche marginale	10	0,2	17	0,3	54	0,5
Lamelle à dos semi-abrupte	0	0	0	0	5	0,05
Pièce à dos partiel ou gibbeux	0	0	3	0,05	1	0,01
Divers	0	0	2	0,04	3	0,03
Total Armature	**20**	0,5	**56**	1	**95**	**0,9**
Divers	10	0,2	14	0,2	105	1
Total	**4201**	**100%**	**5500**	**100%**	**11012**	**100%**

Tableau 4 : décompte comparatif détaillé de l'industrie lithique recueillie dans les séries de tamisage 1998-2004-2005 des déblais des fouilles Saint-Périer effectuées sous la direction de C. Normand.

intéressant et c'est essentiellement sur l'étude de ces exemplaires que notre travail s'appuie. Les burins de Noailles, quant à eux, ont subi un tri à la fois d'ordre quantitatif et qualitatif puisque les nombreux exemplaires retrouvés dans les déblais sont aménagés sur des supports beaucoup moins normés que ceux présents dans les collections anciennes. Enfin, l'identification et la caractérisation des armatures microlithiques effectuées dans les chapitres suivants sont entièrement permises par le tamisage d'une partie pourtant infime des déblais.

Chapitre 3

Les armatures lithiques

I. Présentation du corpus d'armatures

Conséquence du tri lors de la fouille, les 342 armatures ou fragments d'armatures présents dans la collection Saint-Périer (niveau IV) sont dominés par les pointes à dos (N=269) au détriment des microlithes qui représentent en revanche la quasi-totalité des armatures découvertes lors du tamisage des déblais (tabl. 5).

La collection Passemard qui concerne une zone de fouille plus localisée contient très peu d'armatures au sein du petit assemblage provenant du niveau F3 (tabl. 5). Ces dernières, à l'instar de la collection Saint-Périer, sont dominées par les pointes à dos (N=15).

Un premier aperçu des pointes à dos montre une grande unité morphotechnique malgré la diversité des modalités de retouche (fig. 21 et 22). Or, la distinction classique opérée entre les pointes de la Gravette et les pointes des Vachons a été effectuée sur la base de l'existence d'une retouche inverse rasante sur la surface inférieure de ces dernières (Sonneville-Bordes et Perrot, 1956). D'autre part, rappelons que dans le site éponyme, des pointes des Vachons ont été identifiées au sein d'un assemblage de Gravettien à burins de Noailles (Bouyssonie, 1948) et que le niveau inférieur IV de Gravettien à Noailles de la grotte d'Isturitz offre la collection la plus importante de ces pointes des Vachons. De la conjonction de ces trois spécificités, il s'ensuit que nous utiliserons une dénomination unique « pointe des Vachons » pour l'ensemble des pointes à dos. Cette terminologie d'attente sera testée, d'une part, dans le cadre de cet ouvrage à partir de l'étude des exemplaires de la grotte d'Isturitz, d'autre part, dans le cadre d'un article à l'aide d'une confrontation entre ces données et celles d'autres sites gravettiens (Simonet, soumis).

L'assemblage du niveau supérieur, beaucoup moins riche, est dominé par les pointes à dos (N=35). Au sein de la collection Passemard, certaines armatures microlithiques du niveau inférieur se retrouvent au sein du niveau supérieur sous la forme d'une lamelle à retouche marginale, d'un fragment mésial de lamelle à dos et de deux micro-pointes à dos (tabl. 5).

Pour l'instant, nous ne disposons pas d'une reprise des déblais du niveau supérieur III qui pourrait nous guider afin de tester la proportion réelle de ces armatures microlithiques par rapport aux pointes à dos.

II. Les pointes à dos

Les quelques pointes entières ou sub-entières de la collection Passemard ou des tamisages (fig. 19) n'apportent aucune information supplémentaire en ce qui concerne les caractéristiques morpho-dimensionnelles établies d'après les exemplaires de la collection Saint-Périer (fig. 20, 21, 22, 23). Par conséquent, nous concentrons notre étude sur cette seule collection (niveau IV) qui contient, pour du Gravettien à burins de Noailles, un nombre de pointes exceptionnel.

Étant donné les problèmes de contaminations concernant les fouilles Saint-Périer, les pointes à dos du niveau supérieur seront davantage étudiées d'après les exemplaires de la collection Passemard.

Parmi les 269 exemplaires du niveau IV, 99 pièces sont entières ou presque entières soit plus du tiers. La proportion de pointes entières pourrait avoir été majorée par le tri sélectif des Saint-Périer bien que les pointes retrouvées dans les déblais confirment, pour l'instant, cette proportion (sept pointes des Vachons entières ou

	Fouilles anciennes		Données récentes : tamisage		
	Saint-Périer (IV)	Passemard (F3)	1998	2004	2005
Pointe à dos	269	15	5	6	8
Micro-pointe à dos	18	2	0	13	6
Lamelle à dos (fragment mésial)	0	0	5	8	10
Lamelle à dos (extrémité)	0	0	0	2	3
Lamelle à retouche marginale	3	1	10	17	54
Lamelle à dos et une extrémité tronquée	0	0	0	3	2
Lamelle à dos et deux extrémités tronquées	0	0	0	2	3
Fléchette	1	0	0	0	0
Pointe à dos marginal	2	0	0	0	0
"Feuille de charme"	0	2	0	0	0
Lamelle à dos semi-abrupte	0	0	0	0	5
Ebauche probable ou possible de pièce à dos	35	2	0	0	0
Pièce à dos partiel ou gibbeux	14	4	0	3	1
Divers	0	0	0	2	3
Total armatures	342	26	20	56	95

Tableau 5 : décompte 2008 des armatures des fouilles anciennes du niveau inférieur IV/F3 du Gravettien d'Isturitz et du tamisage d'1,5 m^3 des déblais des fouilles Saint-Périer sous la direction de C. Normand.

	Fouilles anciennes		
	Saint-Périer (III)	Passemard (C)	Total
Pointe à dos	17	18	35
Micro-pointe à dos	3	0	3
Micro-pointe à dos ou lamelle à dos ?	0	2	2
Lamelle à dos (fragment mésial)	1	1	2
Lamelle à dos (extrémité)	1	0	1
Lamelle à retouche marginale	0	1	1
Lame à dos et une extrémité tronquée	2	0	2
Ebauche de lamelle à dos tronquée	1	0	1
Ebauche probable ou possible de (micro)pointe à dos	13	8	21
Total armature	**38**	**30**	**68**

Tableau 6 : décompte 2008 des armatures des fouilles anciennes d'Isturitz. Collections Saint-Périer et Passemard, niveaux supérieurs III/C, M.A.N.

presque entières pour 22 fragments pour l'ensemble des trois séries de tamisage). Les bases sont deux fois plus nombreuses que les fragments apicaux (tabl. 7). La proportion importante des fragments indéterminés résulte de la tendance très développée à la symétrie longitudinale voire à la bisymétrie de la pointe.

	N	%
Pointe des Vachons entière ou presqu'entière	99	38
Base	76	28
fragment mésial	33	12
fragment apical	35	13
fragment indéterminé	26	9
Total	**269**	**1**

Tableau 7 : distribution des pointes des Vachons d'Isturitz. Collection Saint-Périer, niveau IV, M.A.N.

Le faible corpus du niveau supérieur limite considérablement la portée de l'étude. La collection Passemard contient onze pointes à dos entières ou presqu'entières, une grande pointe à dos sur laquelle est aménagé un burin sur troncature et six fragments de pointe à dos (deux bases, un fragment mésial, un fragment apical et deux extrémités indéterminées).

II.1. Dimension

Les longueurs des pointes des Vachons entières du niveau inférieur oscillent entre 35 et 96,5 mm tandis que celles des pointes à dos du niveau supérieur oscillent entre 37 et 81 mm (fig. 26).

En ce qui concerne le niveau inférieur, on observe un continuum dans la distribution des longueurs bien qu'il existe des exemplaires de taille très différente. Deux pics s'observe néanmoins : l'un, plus élevé, entre 70 et 75 mm, l'autre, plus faible, entre 50 et 55 mm (fig. 25 et 26).

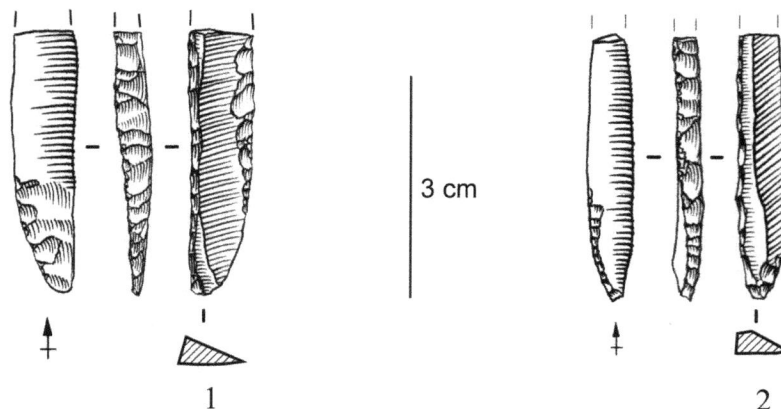

Figure 19 : pointes des Vachons d'Isturitz. Niveau IV, tamisage 2005. Dessins A. Simonet.

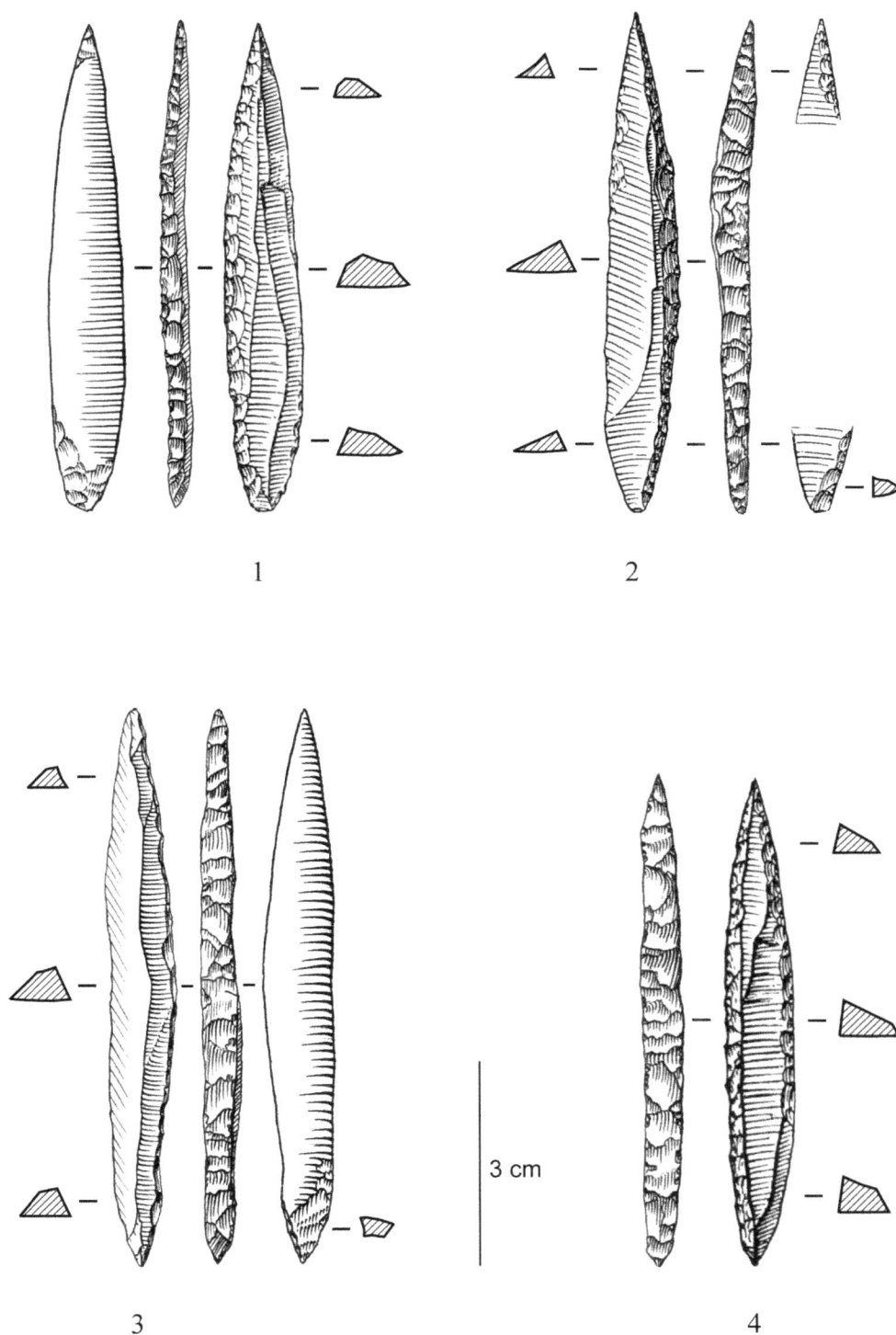

Figure 20 : pointes des Vachons d'Isturitz. Collection Saint-Périer, niveau IV, M.A.N. N°s 1, 2 et 4 : d'après Saint-Périer, 1952, fig. 40 - n° 5 et fig. 42 – n°s 8 et 1, modifiés. N° 3 : dessin A. Simonet.

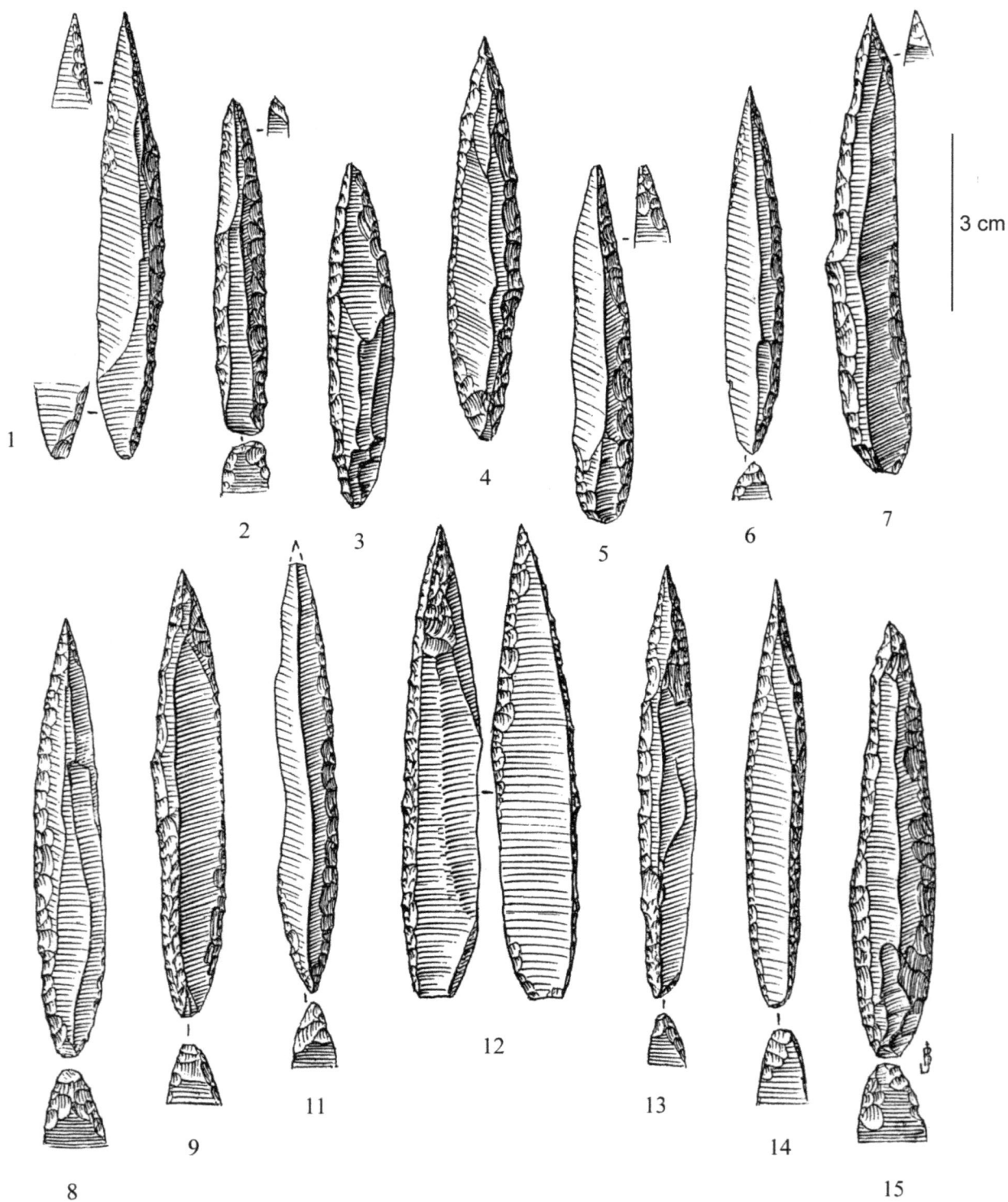

Figure 21 : pointes des Vachons d'Isturitz. Collection Saint-Périer, niveau IV, M.A.N. D'après Saint-Périer, 1952, fig. 42.

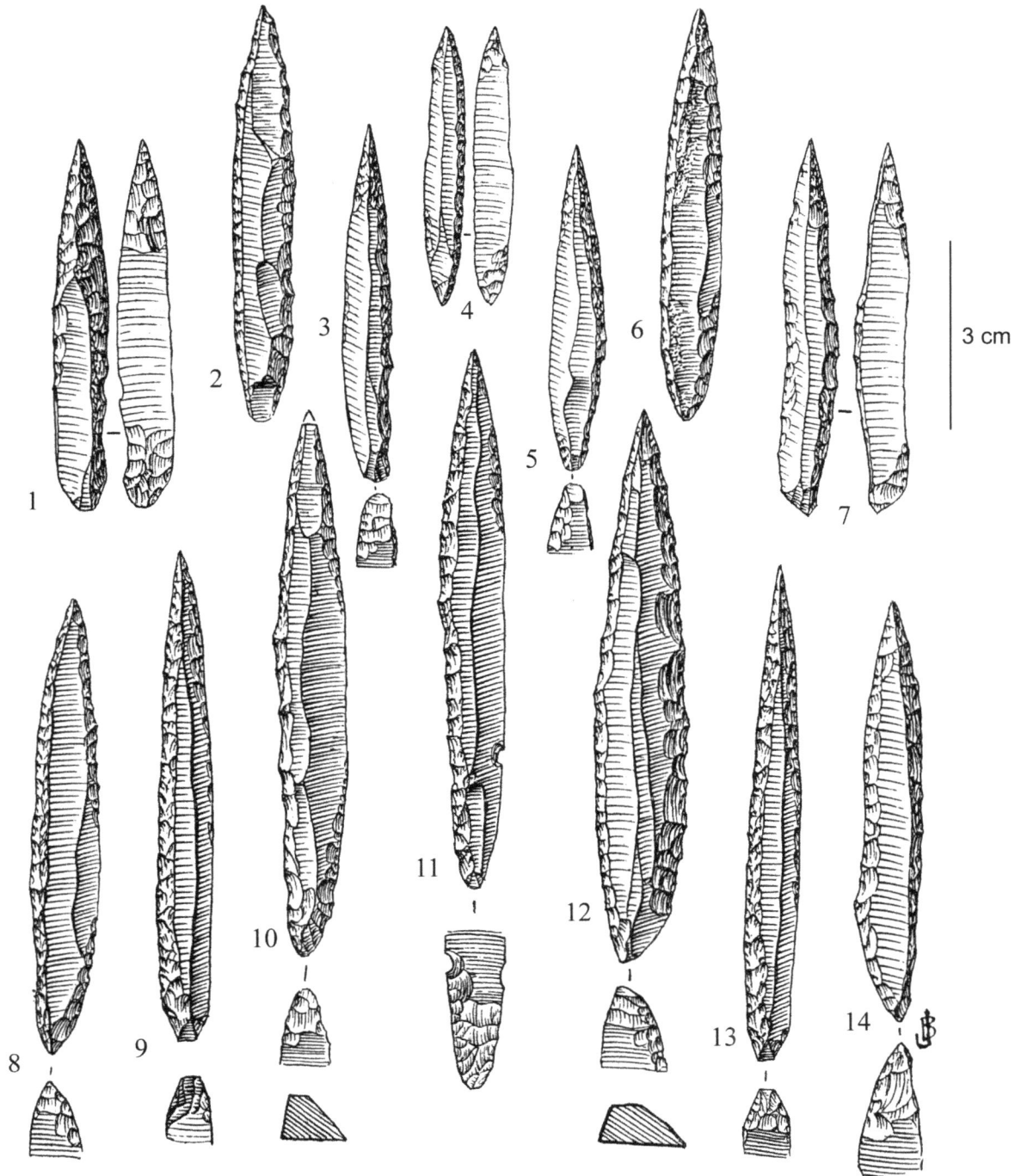

Figure 22 : pointes des Vachons d'Isturitz. Collection Saint-Périer, niveau IV, M.A.N. D'après Saint-Périer, 1952, fig. 43.

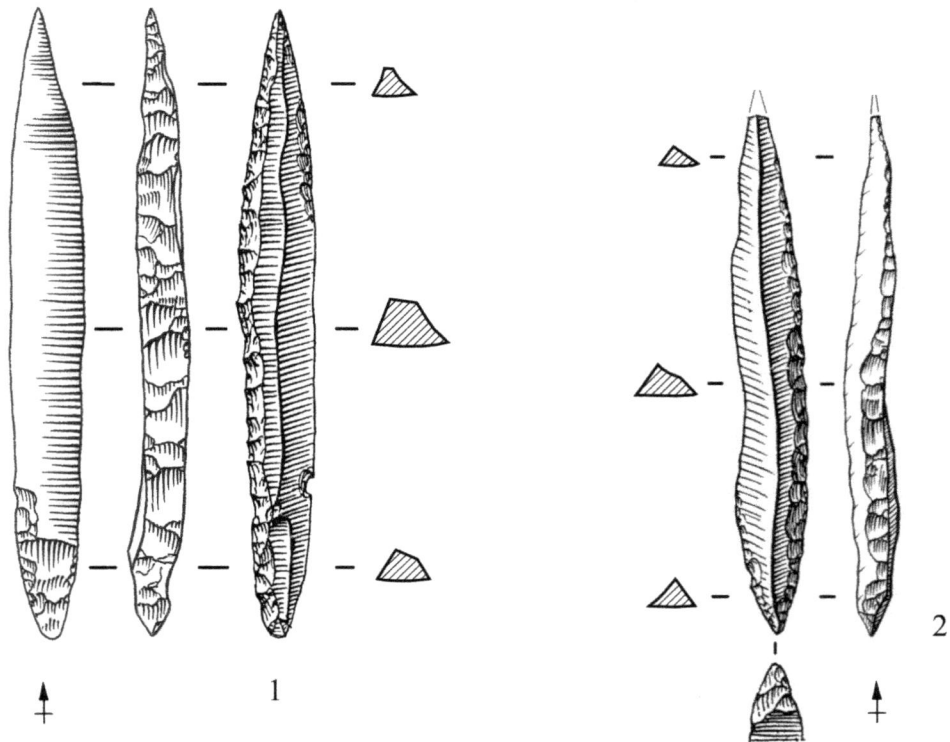

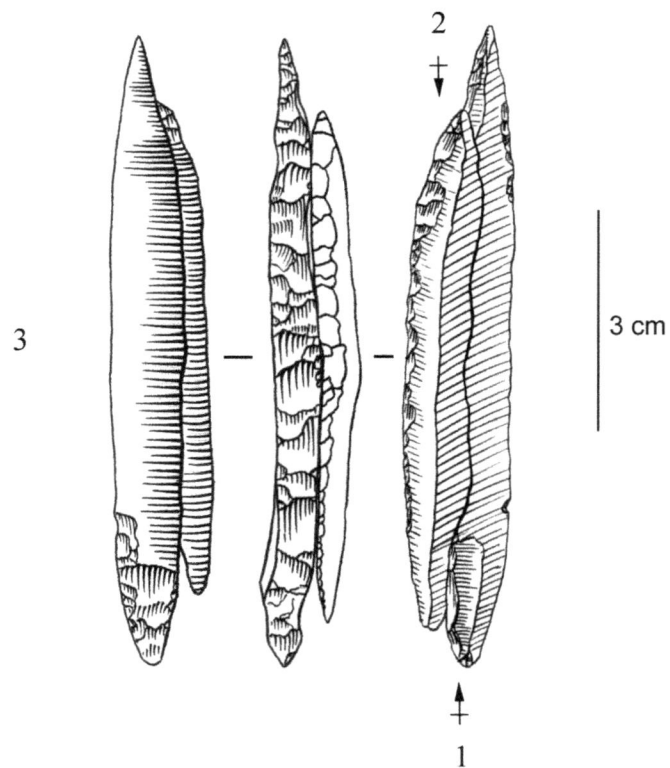

Figure 23 : remontage de deux pointes des Vachons d'Isturitz. Collection Saint-Périer, niveau IV, M.A.N. N°s 1 et 2 : d'après Saint-Périer, 1952, fig. 43 - n° 10 et fig. 42 - n° 10, modifiées. N° 3 : dessin A. Simonet.

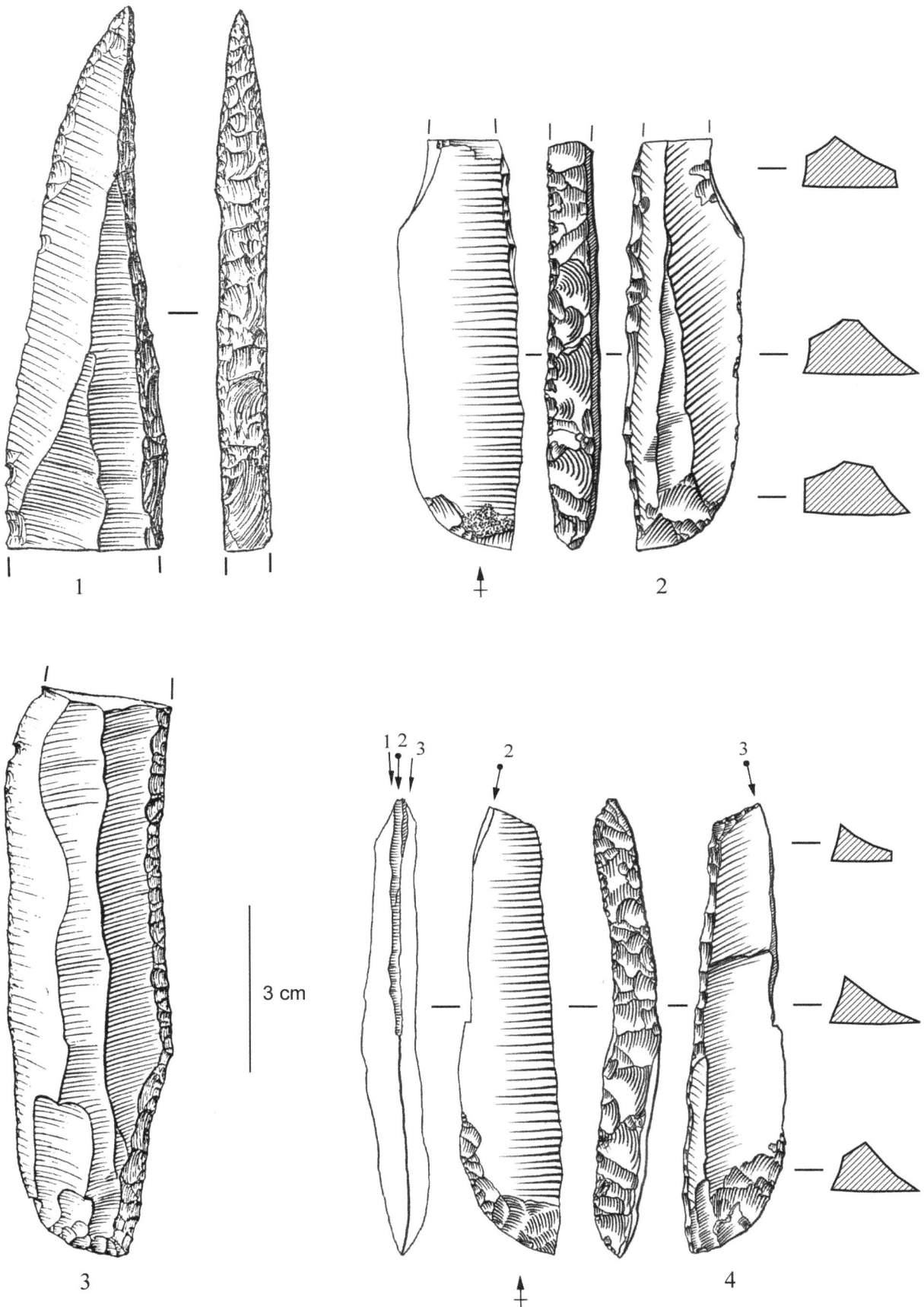

Figure 24 : grandes lames à dos du niveau supérieur du Gravettien d'Isturitz. N° 1 : collection Saint-Périer, niveau III, d'après Saint-Périer, 1952, fig. 16 - n° 7. N° 3 : collection Saint-Périer, niveau IV, contamination du niveau III ?, d'après Saint-Périer, 1952, fig. 39 - n°10. N°ˢ 2 et 4 : collection Passemard, niveau C, dessins A. Simonet.

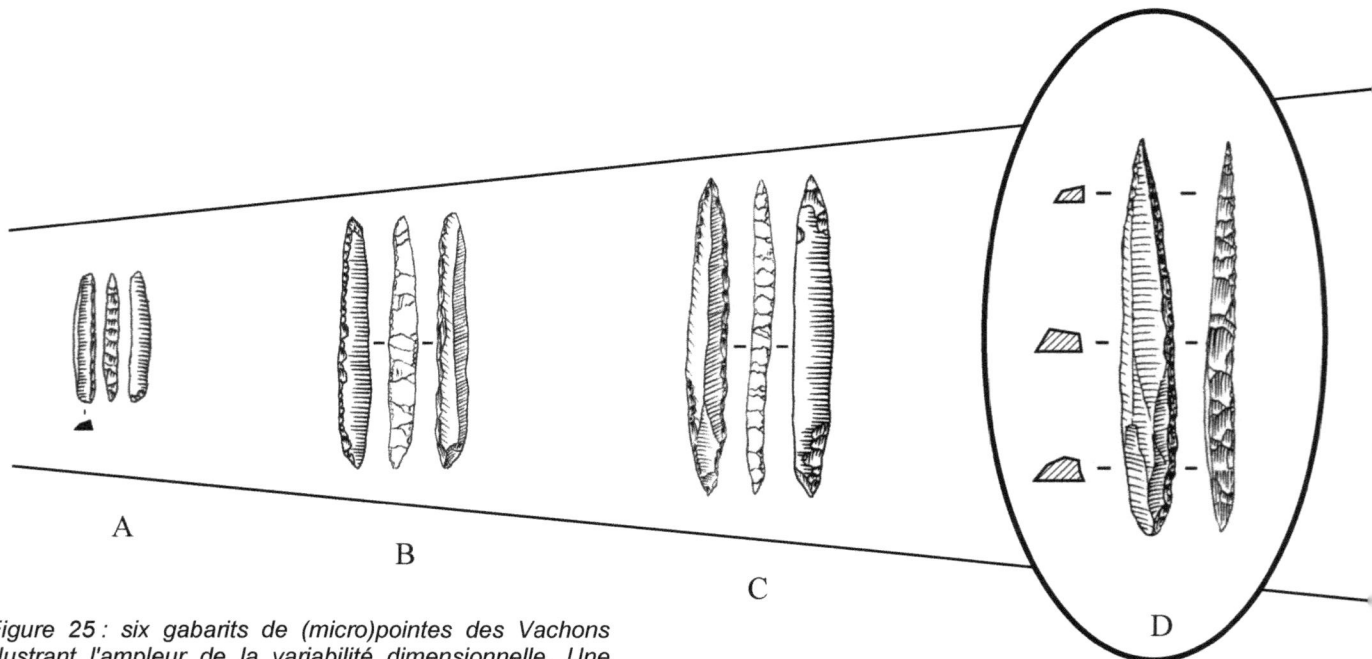

Figure 25 : six gabarits de (micro)pointes des Vachons illustrant l'ampleur de la variabilité dimensionnelle. Une grande partie des pointes macrolithiques (gabarits C à F) tend néanmoins vers le gabarit D. La proportion et l'articulation de la composante microlithique par rapport à la composante macrolithique est encore imprécise. Collection Saint-Périer, niveau IV, M.A.N. A, B et C : dessins A. Simonet. D, E et F : d'après Saint-Périer, 1952, fig. 41 – n° 11, fig. 21 – n° 8 et fig. 22 – n° 11, modifiées.

Que représentent ces deux gabarits de pointes des Vachons ? Une intention des tailleurs ou un artifice de nos recherches ? La longueur de la majorité des pointes oscille cependant entre 50 et 60 mm, avec une moyenne et une médiane, respectivement de 59 et de 58 mm pour le niveau inférieur. Un gabarit particulier entre 50 et 60 mm pourrait être recherché avec une marge de manœuvre importante en ce qui concerne la longueur (fig. 25 – D).

À l'inverse, la largeur, l'épaisseur et le poids des pointes des Vachons du niveau inférieur suivent une distribution unimodale.

Les largeurs sont concentrées entre 8 et 9 mm, avec une moyenne et une médiane de 10 mm (fig. 27).

Les épaisseurs sont concentrées entre 4 et 5 mm, avec une moyenne et une médiane de 5 mm (fig. 28).

Le poids est donné à titre indicatif, sachant que l'altération du silex peut réduire les valeurs. Néanmoins, le silex des pointes d'Isturitz ne semble pas ou très peu altéré. Ces données doivent donc être très proches des valeurs pondérales originales. Les poids sont concentrés entre 1 et 4 g, avec une moyenne à 2,9 g et une médiane à 2,5 g (fig. 29).

Les exemplaires du niveau supérieur ne sont pas assez nombreux pour tirer des conclusions. Constatons malgré tout l'existence d'un continuum et d'une répartition des longueurs identiques à celles des pointes du niveau inférieur.

La largeur et l'épaisseur des pointes à dos du niveau supérieur suivent également une distribution unimodale, très proche de celle du niveau inférieur, avec une largeur comprise entre 9 et 11 mm et une épaisseur entre 5 et 6 mm (fig. 27 et 28).

Le niveau supérieur se singularise par la présence de lames à dos de gabarit particulièrement large et épais. Trois pièces à dos de la collection Passemard possèdent en effet une largeur supérieure à 15 mm et une épaisseur supérieure à 8 mm qui les distinguent nettement des pointes à dos, plus minces et plus légères (fig. 24, 27 et 28).

II.2. Caractères morphotechniques

La répartition des pointes du niveau inférieur selon leur latéralisation est parfaitement équitable. Le dos des pointes est en effet aussi bien dextre que senestre puisque sur 99 pointes entières, 45 sont latéralisées à droite et 44

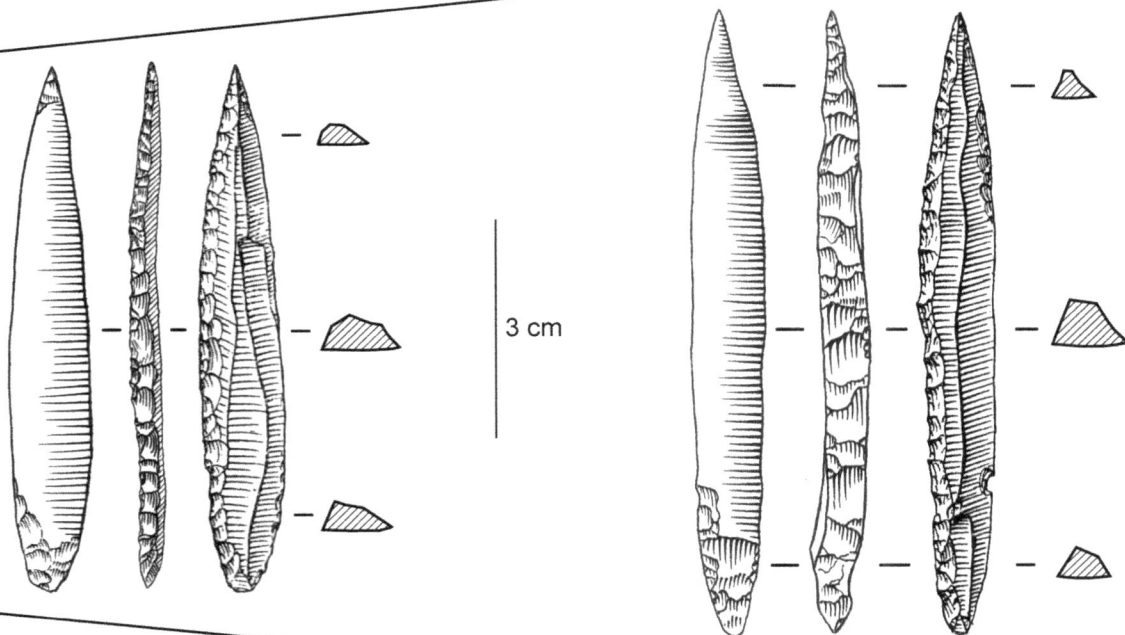

3 cm

E

F

à gauche. Les pointes du niveau supérieur semblent également répondre à cette absence de latéralisation préférentielle puisque sur 18 exemplaires entiers et fragmentés, sept sont latéralisés à gauche, neuf à droite (deux ne sont pas latéralisables).

Dans chacun des deux niveaux, le dos des pointes est majoritairement aménagé par retouche croisée (70 exemplaires pour le niveau inférieur et quatre exemplaires pour le niveau supérieur) mais aussi par retouche directe (29 exemplaires pour le niveau inférieur et 14 exemplaires pour le niveau supérieur). Toutefois, la retouche croisée d'une grande partie des dos intervient au niveau de la base et/ou de la partie apicale de la pointe, c'est-à-dire, étant donné la forme très généralement lancéolée, dans la zone ou l'abattement du dos est amené à dépasser une arête du support laminaire.

95 pointes sur les 99 entières du niveau IV possèdent en effet un dos convexe alors que seulement trois pointes possèdent un dos droit et une pointe un dos irrégulier. L'utilisation de la retouche croisée semble être secondaire. La retouche directe est très préférentiellement utilisée dans les premiers temps du façonnage du dos, avant l'utilisation de la retouche croisée, lorsque celle-ci est possible et/ou nécessaire.

En ce qui concerne les modalités techniques d'aménagement du dos, nous n'avons observé aucun stigmate diagnostique de l'utilisation de la pression. L'abattage du dos est très souvent total. Les dos ne sont pas toujours très soignés (contre-bulbes parfois profonds) et ne paraissent pas régularisés, dans un deuxième temps, par abrasion à l'aide d'un percuteur plus doux.

Le bord opposé est très souvent retouché. Sur 99 pièces entières du niveau inférieur, 60 portent une retouche totale ou partielle importante, 27 pièces ne portent aucune retouche et onze pièces portent une retouche partielle très peu développée. Parmi les 60 pointes dont le bord opposé au dos est totalement ou en grande partie retouché, 31 possèdent une retouche directe totale ou presque, huit une retouche directe partielle des extrémités basales et apicales, et quinze une retouche directe partielle, le plus souvent de la moitié supérieure (partie apicale). Les retouches des pointes restantes se distribuent de diverses manières : une pointe possède une retouche directe totale semi-abrupte, une autre une retouche alternante, trois une retouche inverse partielle de la moitié supérieure (apicale). Les onze pièces portant une retouche partielle peu développée sont toutes retouchées de manière directe et pour neuf d'entre elles la retouche affecte la partie apicale du bord opposé.

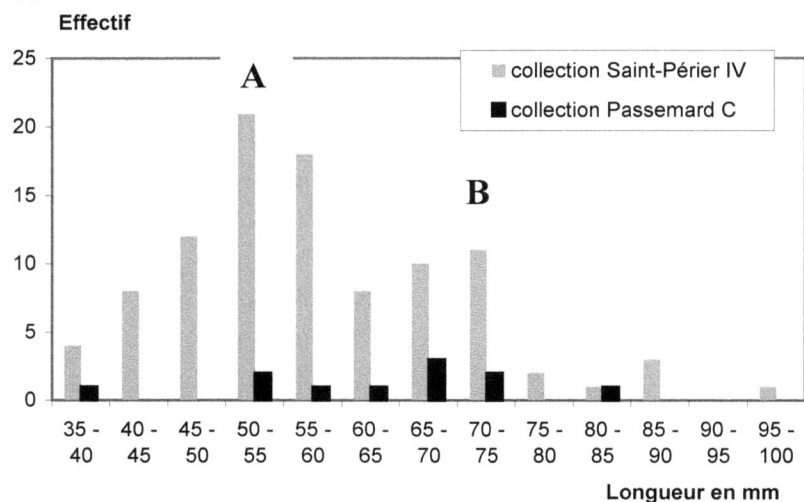

Figure 26 : répartition des longueurs des 99 pointes à dos entières du niveau inférieur (collection Saint-Périer, IV) et des 11 pointes à dos entières du niveau supérieur (collection Passemard, C).

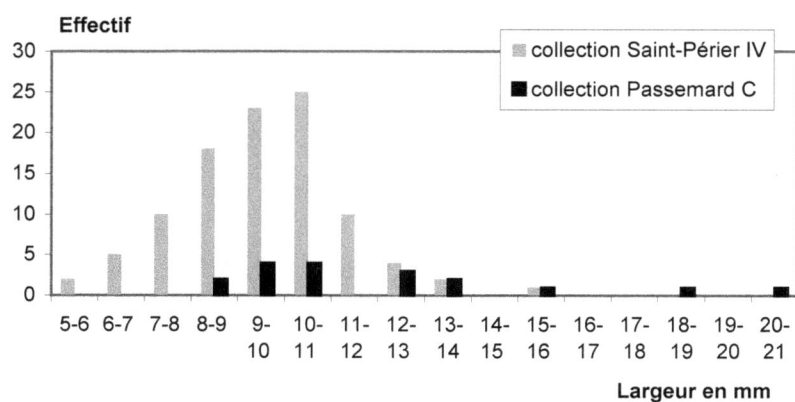

Figure 27 : répartition des largeurs des 99 pointes à dos entières du niveau inférieur (collection Saint-Périer, IV) et des 18 pointes entières et fragmentées du niveau supérieur (collection Passemard, C).

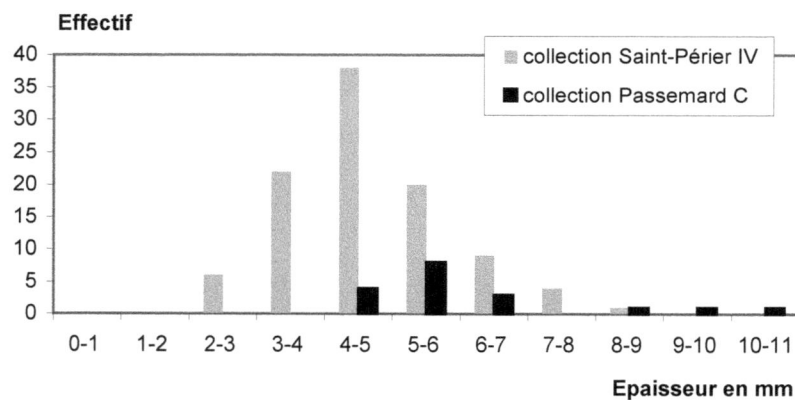

Figure 28 : répartition des épaisseurs des 99 pointes à dos entières du niveau inférieur (collection Saint-Périer, IV) et des 18 pointes entières et fragmentées du niveau supérieur (collection Passemard, C).

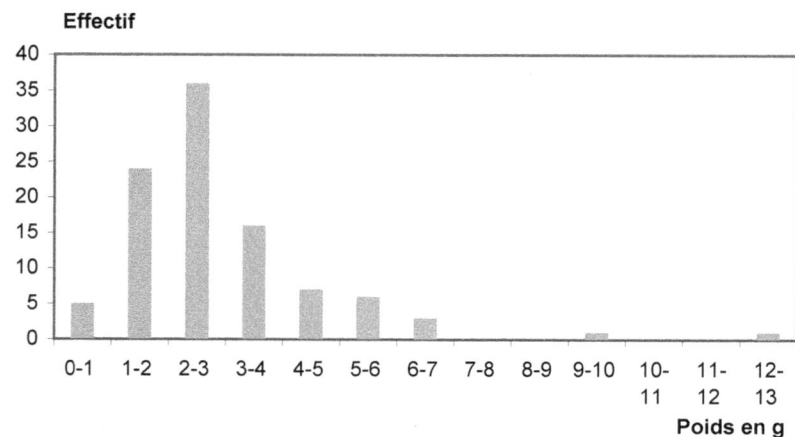

Figure 29 : répartition des poids des 99 pointes à dos entières du niveau inférieur (collection Saint-Périer, IV).

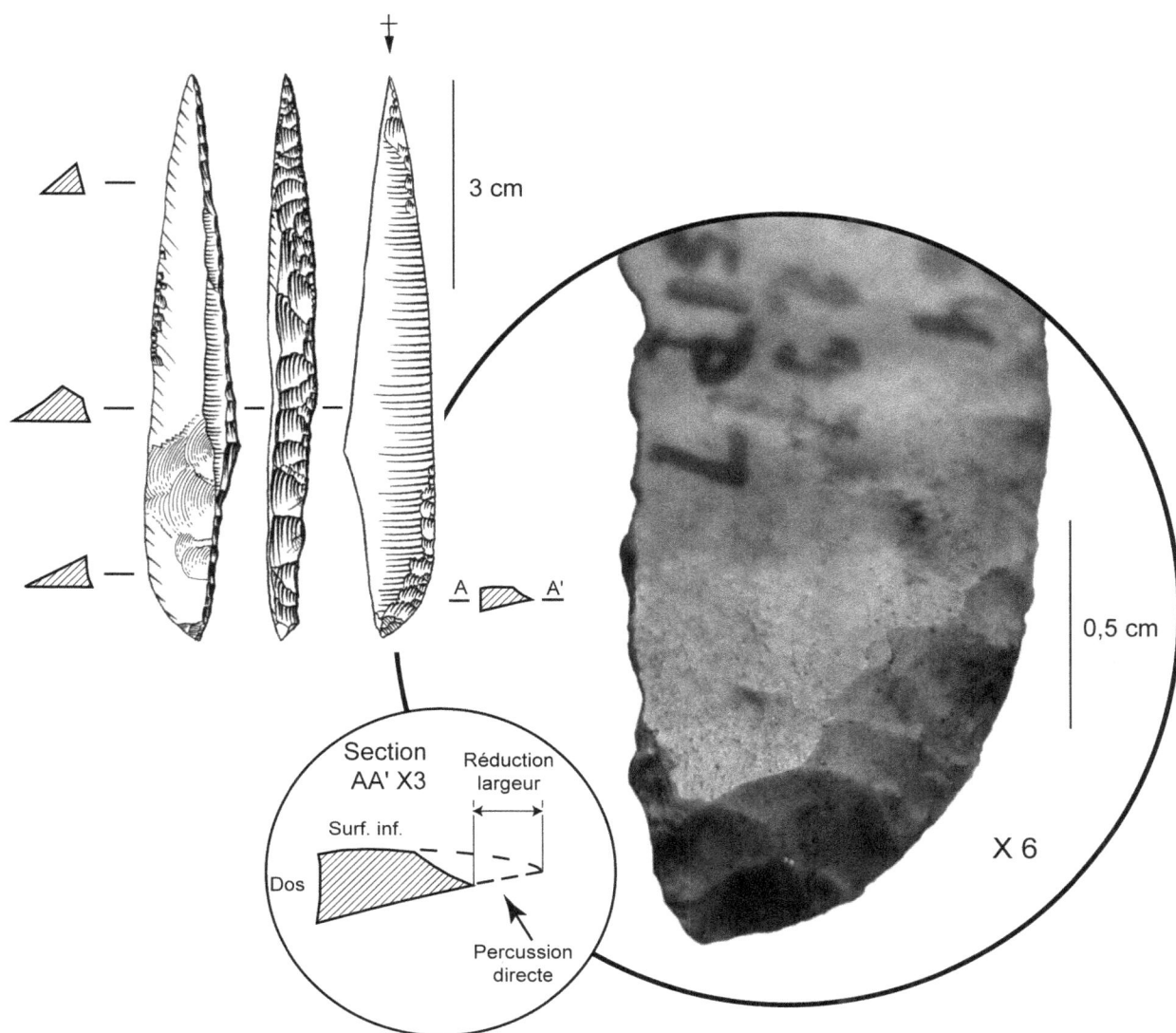

Figure 30 : correction de la base d'une pointe à dos gravettienne du niveau supérieur C par retouche inverse rasante partielle. Collection Passemard, M.A.N., pointe 77151P7237.164. Dessin et photographie : A. Simonet.

Pour résumer, une majorité de pointes à dos du niveau inférieur possède un bord opposé au dos entièrement retouché ou dont la retouche est très développée. Celle-ci est très majoritairement réalisée de manière directe, seules trois pièces possédant une retouche inverse. Lorsque la retouche est partielle, celle-ci affecte principalement les extrémités de la pièce, notamment l'extrémité apicale. Cette retouche donne un aspect légèrement convexe au bord opposé dans un effet de symétrie avec la convexité du dos par rapport à l'axe joignant les deux extrémités. Les pointes dont le bord opposé au dos n'est pas retouché sont toutes aménagées sur des supports laminaires aux bords naturellement convexes, convergents et effilés dans la partie distale et arrondis dans la partie proximale.

L'objet recherché est très clairement lancéolé, tendant presque à la double symétrie. Néanmoins, l'extrémité apicale est plus souvent élancée que la base : la largeur maximale ne correspond pas au milieu de la pièce mais se rapproche du tiers inférieur. Ceci explique l'investissement plus important généralement réalisé dans la retouche de la partie apicale du bord opposé au dos. La fonction des retouches directes semblent ainsi d'acuminer les deux extrémités de l'objet et de corriger, si nécessaire, la symétrie de la pièce.

Les mêmes observations s'appliquent aux exemplaires du niveau supérieur dont le bord opposé est souvent retouché (neuf pointes sur les onze exemplaires entiers possèdent une retouche du bord opposé). La retouche, toujours directe, concerne la totalité ou la quasi-totalité du bord opposé pour sept exemplaires soit la majorité des pièces.

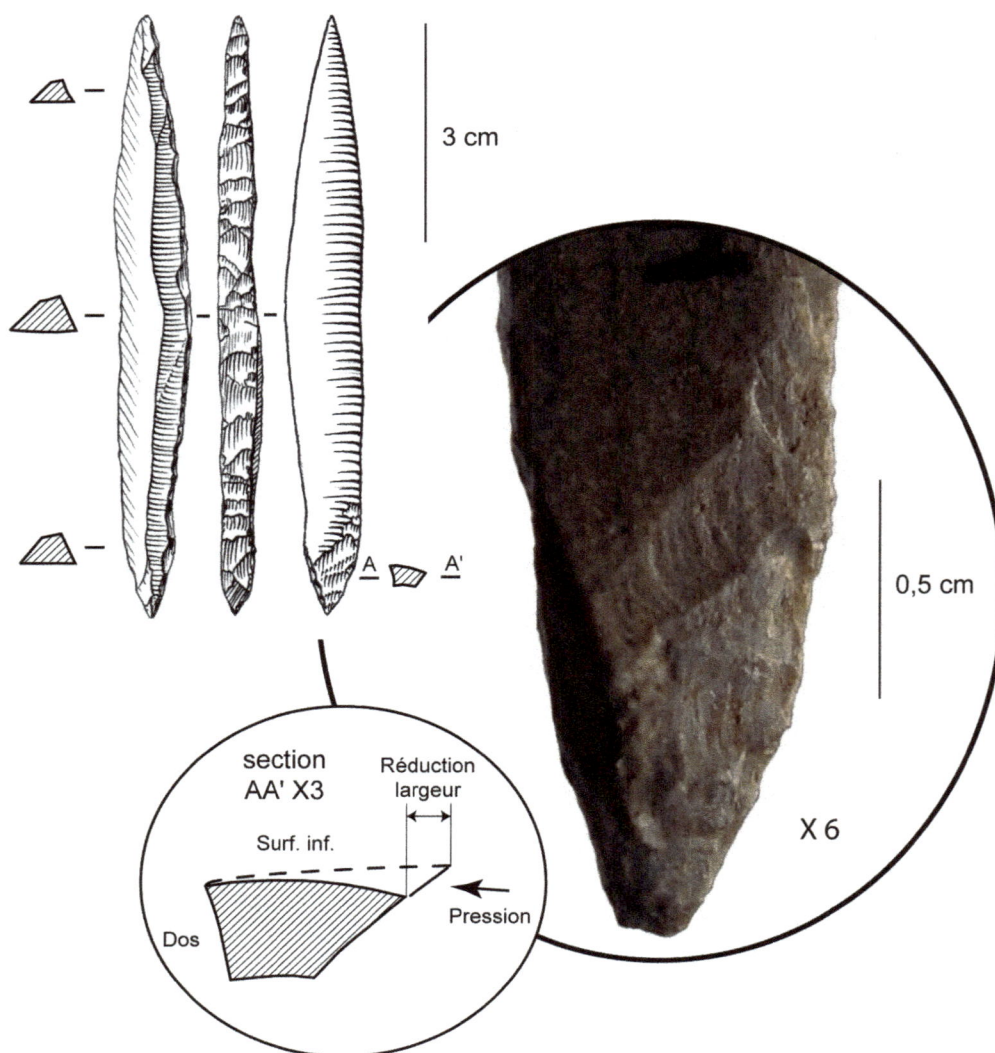

Figure 31 : correction de la base d'une pointe des Vachons gravettienne du niveau inférieur IV par retouche inverse rasante totale. Collection Saint-Périer, M.A.N., pointe 1942-83889H11654. Dessin et photographie : A. Simonet.

II.3. Les retouches inverses rasantes

Concernant les retouches inverses rasantes des extrémités, nous pouvons noter que sur 99 pièces entières ou presque entières du niveau inférieur, 35 ne portent aucune retouche inverse rasante des extrémités, 27 portent une retouche des extrémités basales et apicales, 28 une retouche seule de la base (cinq pièces possèdent cependant une légère cassure de l'extrémité apicale qui aurait pu être retouchée) et neuf une retouche de l'extrémité apicale uniquement.

Sur neuf exemplaires entiers du niveau supérieur, quatre portent une retouche inverse rasante des deux extrémités, deux une retouche de l'extrémité apicale uniquement et deux autres une retouche de la base uniquement. Enfin, un exemplaire ne porte aucune retouche. Les extrémités fragmentées portent majoritairement une retouche inverse (cinq exemplaires sur huit).

Cette retouche affecte indifféremment tous les gabarits de pointes. Or, s'il s'agissait uniquement de retouches d'amincissement, la probabilité que ces dernières affectent principalement les grandes pièces et les plus épaisses serait plus importante. Bien que possible, cette hypothèse ne peut donc pas être retenue comme explication exclusive d'autant plus que de nombreuses retouches inverses ne sont pas totales et ne concernent qu'une partie de la largeur de la base (fig. 30).

En revanche, les retouches inverses rasantes sont plus fréquentes au niveau des bases. Ce phénomène pourrait s'expliquer par la nécessité de redresser la courbure longitudinale du support laminaire et par la réduction du talon. Mais il peut également s'expliquer, sans que les deux hypothèses ne s'excluent entre elles, par la volonté d'un façonnage morphologique plus important des bases de manière à se rapprocher d'un certain canon (fig. 25 et 31).

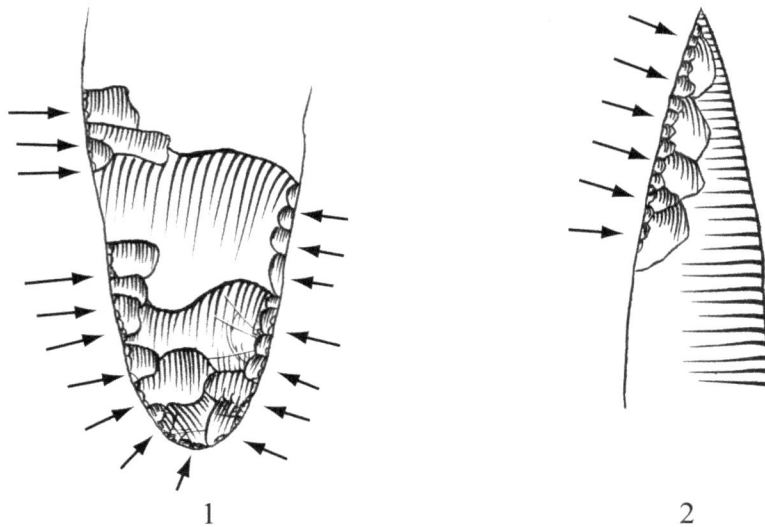

Figure 32 : corrélation entre l'envahissement de la retouche inverse rasante et la morphologie de l'extrémité. N° 1 : la correction de la morphologie de la base moins élancée induit une fréquence plus prononcée d'une retouche inverse rasante totale. N° 2 : à l'inverse, l'extrémité apicale acérée induit d'autant plus une correction légère à partir d'un seul bord que le support laminaire est naturellement mince et effilée : la retouche inverse rasante est davantage partielle. Dessins A. Simonet.

En effet, la morphologie des bases est beaucoup moins élancée et plus arrondie. Leur conception nécessite alors une retouche plus importante qui se développe sur l'ensemble de la circonférence de la base. Le caractère étroit de l'extrémité apicale, quant à lui, déterminera davantage l'utilisation d'une retouche moins envahissante et uniquement effectuée à partir du bord opposé au dos (fig. 32).

L'observation de la morphologie des bases iraient dans ce sens. Celles-ci sont en effet appointées et tendent parfois à être arrondies. Sur l'ensemble des 153 exemplaires de pointes entières et de bases du niveau inférieur, 95 bases sont appointées, 26 possèdent une morphologie en troncature oblique convexe, 31 sont arrondies, une est une troncature horizontale rectiligne.

La variabilité des modalités d'application des retouches (percussion directe/pression) pourrait également être corrélée à celle de l'étendue des retouches inverses rasantes. En effet, la légèreté et le caractère oblique et parallèle des enlèvements inverses de certaines pointes dévoilent l'utilisation de la pression pour la finition des extrémités. La pression pourrait également être utilisée pour l'aménagement de la retouche inverse rasante de certains microlithes à dos et de troncatures de lamelles à dos tronquées. En revanche, elle ne semble pas être utilisée pour l'aménagement du dos des armatures.

Quoi qu'il en soit, une retouche par pression tend à couvrir une surface beaucoup plus importante (retouche inverse rasante totale très fine) qu'une retouche inverse en percussion directe (retouche inverse rasante partielle et plus profonde).

Or, les retouches inverses rasantes se rencontrent sous une forme plus ou moins envahissante. Entre la simple retouche inverse marginale courte et la retouche inverse rasante envahissante, toutes les nuances existent et semblent participer à un objectif unique.

Corrélativement, existent également divers degrés de développement des retouches du bord opposé au dos, souvent difficiles à dissocier des retouches inverses rasantes des extrémités. Certains exemplaires montrent ainsi une retouche alternante du bord opposé au dos (directe dans la plus grande partie puis inverse rasante aux extrémités) alors que d'autres pointes portent simplement une retouche inverse marginale d'une ou des deux extrémité(s).

Il s'ensuit que l'individualisation des pointes des Vachons sur la simple prise en compte de la présence d'une retouche inverse rasante des extrémités ne possède aucune valeur typologique. Les retouches inverses rasantes semblent autant liées au façonnage et à l'appointement des extrémités qu'à l'amincissement du support, objectif qui pourrait être recherché de manière complémentaire.

II.4. La pointe des Vachons : nouvelle définition

De l'étude des exemplaires des pointes à dos d'Isturitz, il ressort que l'utilisation de la retouche inverse rasante (par percussion ou par pression) est une modalité permettant essentiellement la correction de la morphologie des extrémités. D'autres modalités sont néanmoins envisageables comme l'utilisation d'une retouche directe.

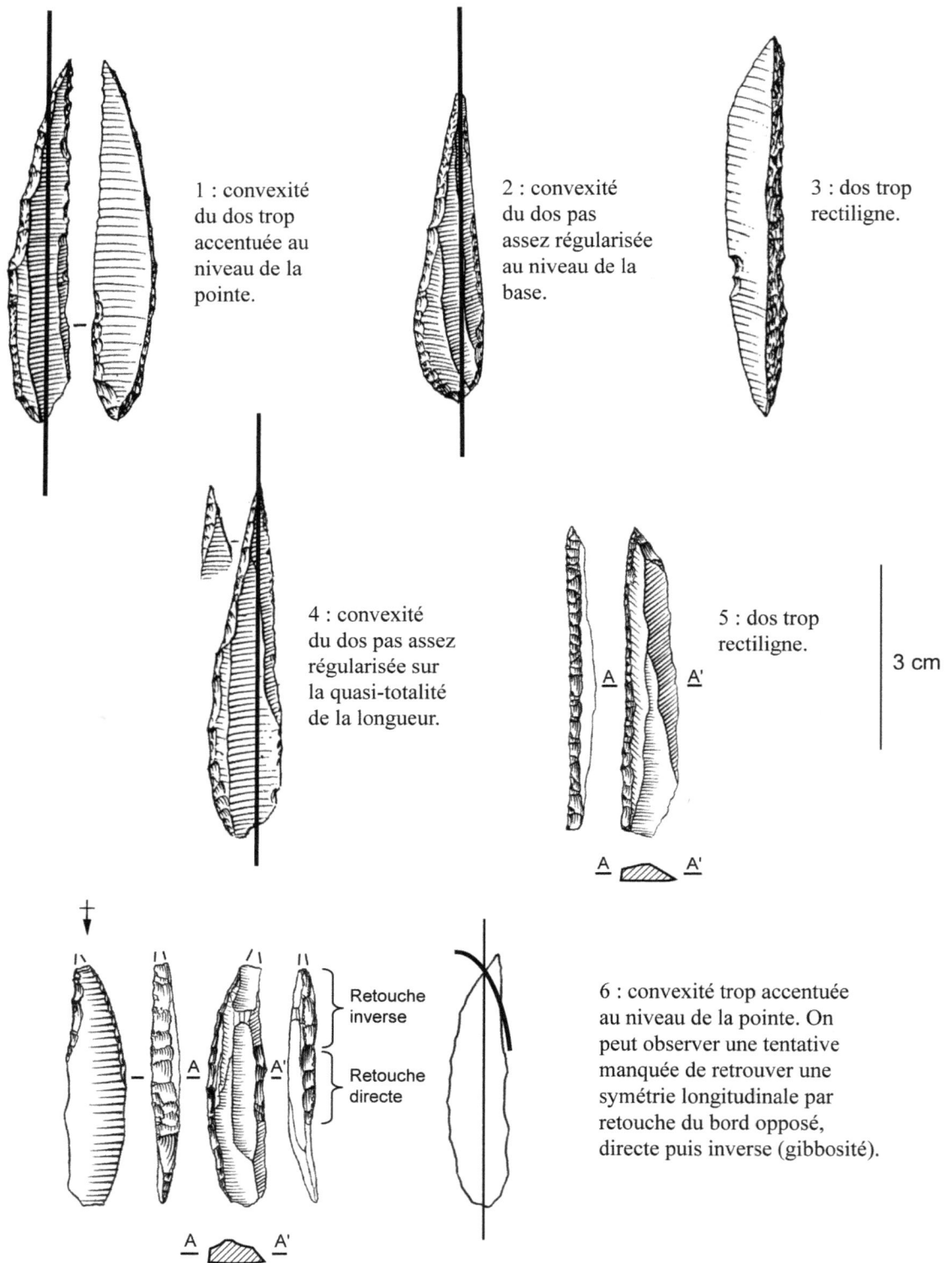

1 : convexité du dos trop accentuée au niveau de la pointe.

2 : convexité du dos pas assez régularisée au niveau de la base.

3 : dos trop rectiligne.

4 : convexité du dos pas assez régularisée sur la quasi-totalité de la longueur.

5 : dos trop rectiligne.

3 cm

Retouche inverse

Retouche directe

6 : convexité trop accentuée au niveau de la pointe. On peut observer une tentative manquée de retrouver une symétrie longitudinale par retouche du bord opposé, directe puis inverse (gibbosité).

Figure 33 : quelques exemples de pointes des Vachons déviantes. Isturitz, niveau IV. Nᵒˢ 1 à 4 : collection Saint-Périer. M.A.N. D'après Saint-Périer, 1952, fig. 41 - n° 4, 14, 17, 20. Nᵒˢ 5 et 6 : tamisage 2005. Hasparren. Dessins A. Simonet.

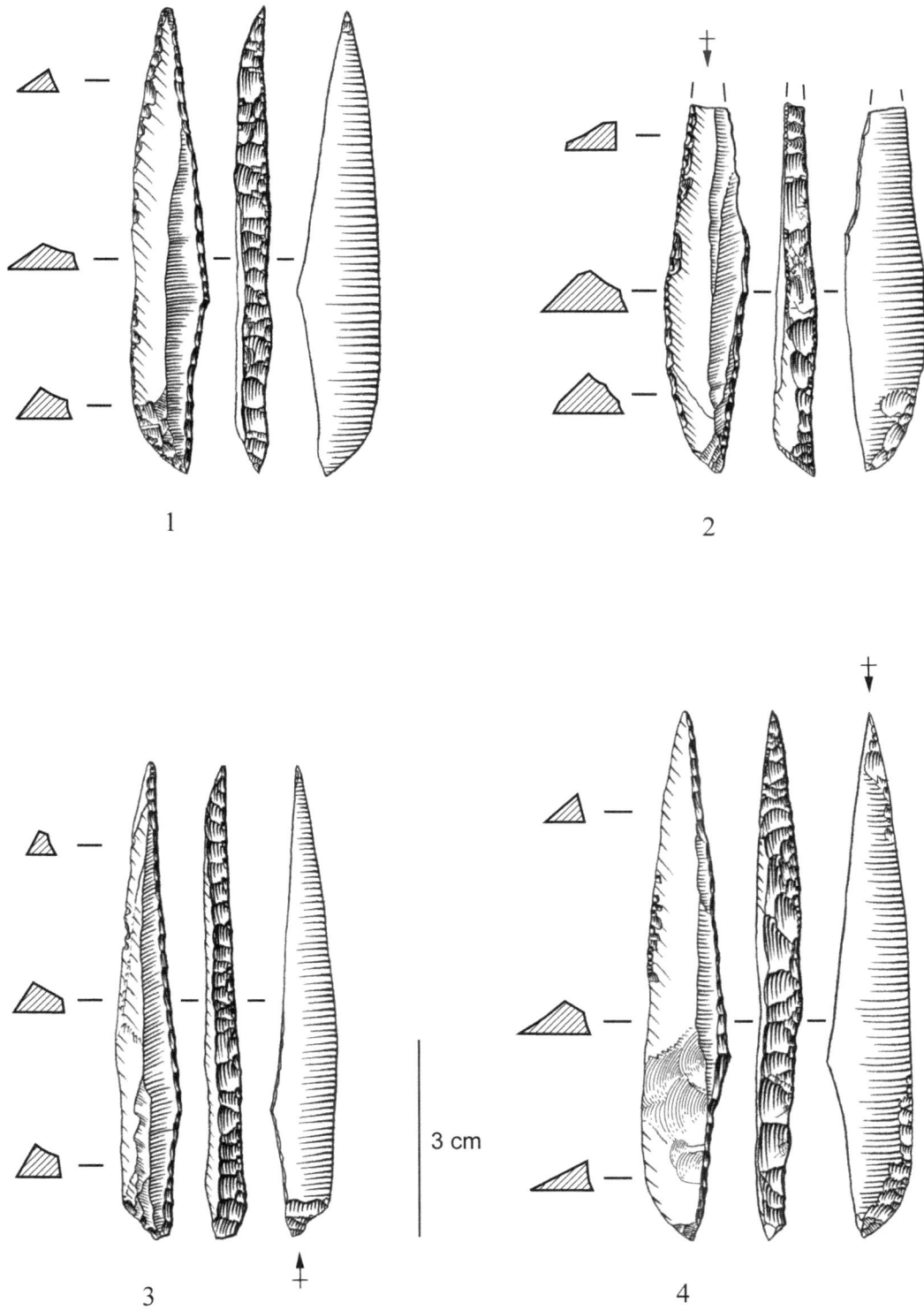

Figure 34 : pointes à dos anguleux et base en troncature oblique convexe du niveau supérieur du Gravettien de la grotte d'Isturitz. N°s 1, 3 et 4 : collection Passemard, niveau C, M.A.N. N° 2 : collection Saint-Périer, niveau III, M.A.N. Dessins A. Simonet.

Davantage que la présence d'une retouche inverse rasante, c'est l'élégance de ces pointes à la morphologie étroite et symétrique qui est un critère unificateur extrêmement puissant. Au-delà de la variabilité de leur gabarit, les pointes à dos du niveau IV possèdent une grande homogénéité conceptuelle (fig. 20, 21, 22, 23). Les cas déviants sont rares et montrent clairement le concept raté sous-jacent (fig. 33).

En définitive, le concept recherché est une pointe épaisse, étroite et lancéolée. La retouche inverse est un moyen particulièrement soigné d'obtenir ce résultat. Il s'ensuit que l'observation d'une retouche inverse rasante sur des pointes qui ne répondent pas au concept alliant recherche de symétrie et d'épaisseur ne permet pas d'identifier une pointe des Vachons. Il s'agit d'un critère secondaire. Inversement, une pointe à dos qui répond au concept alliant recherche de symétrie et d'épaisseur sans l'emploi d'une retouche inverse rasante des extrémités est une pointe des Vachons.

Cette nouvelle définition relève toute sa pertinence face à certaines pointes à dos du niveau supérieur qui, à l'instar des pointes des Vachons, possèdent une base corrigée par retouche inverse. Néanmoins, ces pointes s'en distinguent par un gabarit plus élancé. Ainsi, en moyenne, elles possèdent une longueur proportionnellement plus importante que celle des pointes des Vachons. D'autre part, le dos n'est pas convexe mais rectiligne et légèrement anguleux dans le tiers inférieur (fig. 34). La base est aménagée par troncature oblique convexe, une légère retouche inverse arrondissant le talon à partir du bord opposé. La symétrie longitudinale est moins recherchée.

Cette morphologie particulière, inconnue dans la couche inférieure qui ne contient que des pointes symétriques lancéolées, concerne à peu près la moitié des pointes à dos du niveau C (collection Passemard). Parmi les onze pointes entières, six correspondent à la nouvelle définition « pointe des Vachons » (fig. 37 – n° 1), trois possèdent un dos anguleux associé à une base tronquée et deux un dos rectiligne également associé à une base tronquée. D'autre part, deux des trois fragments de grandes lames à dos possèdent également un dos rectiligne et une base aménagée par troncature oblique convexe et par retouche inverse rasante (fig. 24 – n°s 2 et 4).

II.5. Propriétés morphofonctionnelles

La rectitude du support, la symétrie axiale de la pièce selon un axe joignant les deux extrémités, l'alignement systématique de l'apex sur l'axe de symétrie, la convexité du dos et du bord opposé au dos, constituent un ensemble de caractères qui définissent la pointe des Vachons comme un outil essentiellement perforant.

La morphologie des fractures permet de considérer qu'une partie au moins des pointes a été utilisée comme armature de projectile. Les fractures retenues comme exclusivement diagnostiques d'une utilisation en pointe de projectile sont les fractures complexes en marche (fracture en flexion faciale ou transversale) et les fractures de type Spin-off bifaciale. Les autres types de fractures complexes (fractures en plume, en charnière, Spin-off unifacial) ont également été prises en compte bien qu'elles peuvent être liées au processus de fabrication ou à un phénomène post-dépositionnel (Fisher *et al.*, 1984 ; O' Farrell, 1996, 2000).

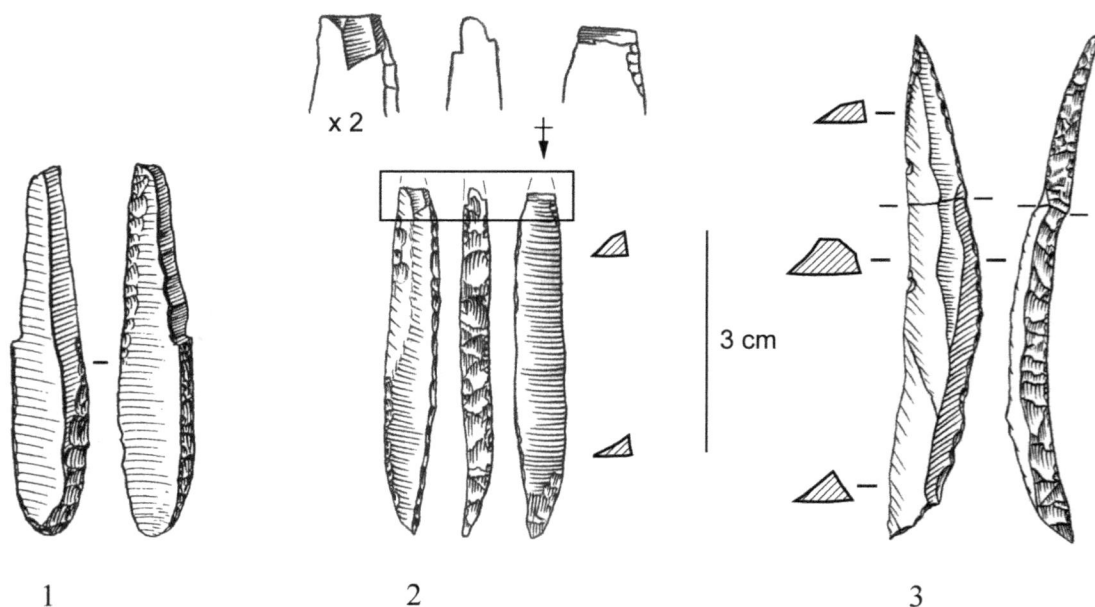

Figure 35 : deux pointes des Vachons gravettiennes d'Isturitz portant une fracture complexe et une pointe des Vachons aménagée sur support laminaire courbe. N° 1 : collection Saint-Périer, niveau V, M.A.N. D'après Saint-Périer, 1952, fig. 106 – n° 2. N° 2 : tamisage 2008, niveau IV. Dessin A. Simonet. N° 3 : collection Passemard, niveau F3, M.A.N. Dessin A. Simonet.

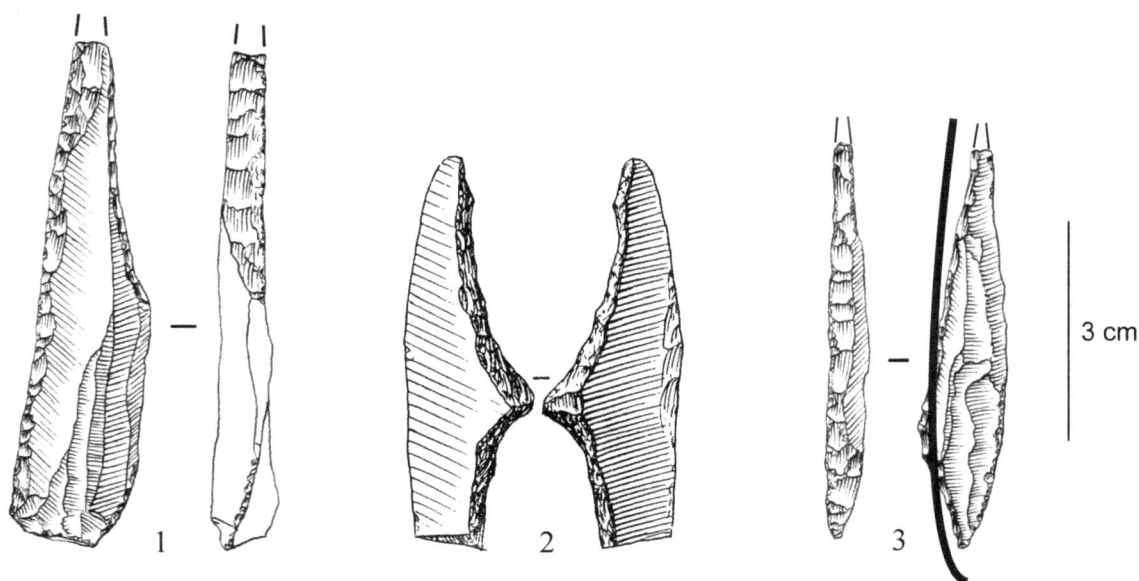

Figure 36 : ébauches probables de pointes des Vachons du niveau inférieur gravettien de la grotte d'Isturitz. N° 1 : collection Passemard, niveau F3, M.A.N. N°ˢ 2 et 3 : collection Saint-Périer, niveau IV, M.A.N. N° 2 : d'après Saint-Périer, 1952, fig. 41 – n° 18. N°ˢ 1 et 3 : dessins A. Simonet.

Ces études expérimentales ont également démontré qu'il existerait une corrélation entre la violence de l'impact et la longueur de la fracture. Sont ainsi considérées comme fractures diagnostiques d'une utilisation en projectile par M. O'Farrell (1996, 2000) les traces d'impact de type complexe dont la longueur est égale et supérieure à trois mm. Les fractures dont la longueur est inférieure à ce seuil sont considérées comme simples.

Pour l'ensemble des deux collections Saint-Périer et Passemard, parmi les 179 fractures des pointes des Vachons prises en compte pour le niveau inférieur, 59 sont complexes (33%) et 120 sont simples (67%). La proportion des fractures complexes à Isturitz est plus importante que celle obtenue expérimentalement lors de la fabrication (6%) ou par le piétinement (9%) confirmant l'utilisation majoritaire des pointes des Vachons comme pointe de projectile (fig. 35).

Le corpus du niveau supérieur est trop faible pour permettre un décompte représentatif. Seule une pointe à dos parmi les 18 exemplaires du niveau supérieur possède une fracture complexe (fracture en marche de six mm).

D'autre part, le support de certaines pointes est si courbe (huit exemplaires parmi les 99 pointes entières de la couche IV et trois parmi celles de la couche F3) que celles-ci ne semblent pas avoir servi de pointes de projectiles. D'ailleurs, aucune de ces pièces ne porte de fracture complexe. Leurs caractéristiques morpho-dimensionnelles sont néanmoins identiques (symétrie longitudinale, longueur moyenne). À tel point que sans la représentation de profil, il est impossible de les différencier des autres pointes des Vachons. Ces pointes, souvent classées comme atypiques, dont le support

courbe contredit une utilisation en pointe de projectile, participent à l'argumentation d'une distinction fonctionnelle (armature de couteau/armature de projectile) au sein d'un même groupe typologique (fig. 35 – n° 3).

À l'inverse, les grandes pièces à dos du niveau supérieur ne peuvent avoir servi ni de pointes de flèche, ni de pointe de sagaie lancée au propulseur. Seule une utilisation d'armature de couteau, d'armature de sagaie lancée à la main ou de lance (arme d'estoc) paraît envisageable. Des traces d'utilisation sont présentes sur la totalité du bord opposé au dos de l'un des exemplaires (fig. 24 – n° 3).

À la polyvalence supposée des pointes des Vachons du niveau inférieur pourrait répondre une distinction typo-fonctionnelle des deux grands gabarits de pièces à dos du niveau supérieur (lame à dos/pointe à dos) illustrant une spécialisation plus prononcée. Une grande lame à dos possédant une extrémité terminée par un burin sur troncature converge vers cette idée qu'un groupe d'armatures de couteaux puisse être typologiquement individualisé du groupe des armatures de projectiles dans le niveau supérieur (fig. 24 – n° 4).

II.6. La confection des pointes à dos dans la grotte d'Isturitz : une activité mineure

Une cinquantaine de pièces à dos partiel et de pointes à dos gibbeux illustre la confection de pièces à dos dans la grotte d'Isturitz (fig. 36).

Dans le niveau IV, les bases de pointes à dos sont deux fois plus nombreuses que les fragments apicaux ou

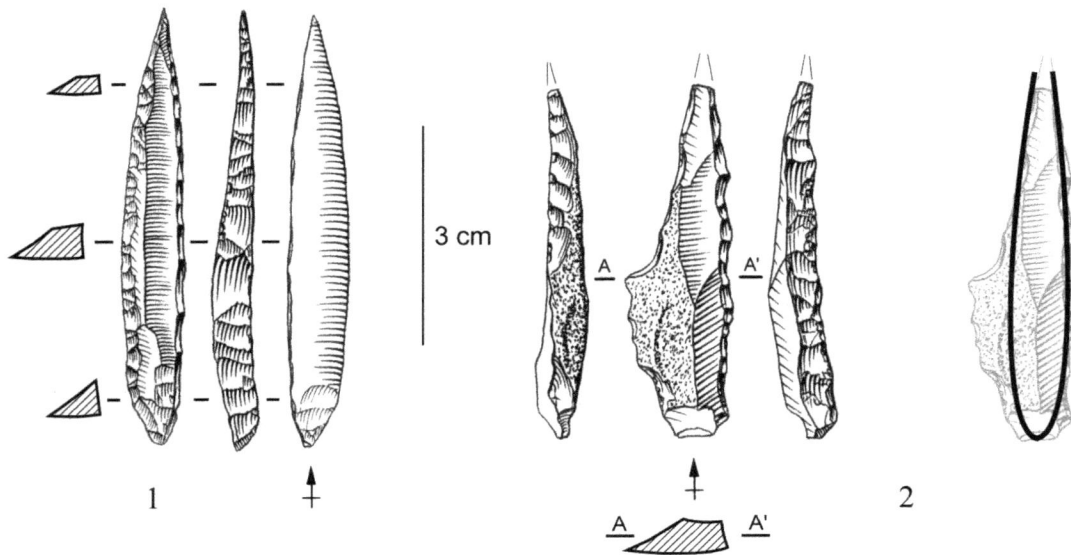

Figure 37 : pointe des Vachons et ébauche de pointe des Vachons du niveau supérieur III/C. N° 1 : collection Passemard, niveau C, M.A.N. N° 2 : collection Saint-Périer, niveau III, M.A.N. Dessins A. Simonet.

mésiaux présents en quantités sensiblement similaires (tabl. 7). La fréquence moins élevée de ces types de fragments peut être interprétée comme une perte lors de la chasse après fracture de l'armature. Mais elle converge également avec l'idée selon laquelle le processus de fabrication serait relativement peu représenté à Isturitz.

Un certain nombre d'ateliers de taille en relation avec Isturitz (comme Tercis) où des pointes à dos ont été confectionnées pourrait minorer l'importance de l'activité de fabrication dans la grotte d'Isturitz et par conséquent le nombre de fragments mésiaux qui en résultent.

II.7. L'aménagement des supports laminaires en pointe à dos : le principe du double encochage

Au sein du niveau IV, 49 ébauches de pièces à dos permettent de préciser les modalités de transformation du support laminaire en pointe des Vachons. Ces pièces gibbeuses ou à dos partiel confirment la recherche d'une forme lancéolée étant donné que la largeur maximale ne correspond pas au milieu de la hauteur de la pièce (fig. 36). Celle-ci est obtenue par l'aménagement d'un dos par recoupement de deux larges encoches qui encadrent la largeur maximale, située approximativement dans le tiers inférieur.

D'autre part, la présence de très nombreuses ébauches dont le bord opposé au dos est régularisé par retouche directe alors que le dos n'est pas terminé à cause du bris de la pièce montre que la régularisation du bord opposé, lorsqu'elle est nécessaire, peut intervenir avant l'aménagement du dos.

Cette modalité d'aménagement du support laminaire par double encochage est attestée sous la forme d'ébauches dans le niveau supérieur. Néanmoins, les seuls

exemplaires présents (fig. 37 – n° 2) concernent la collection Saint-Périer (niveau III) et peuvent, par conséquent, être interprétés comme une contamination du niveau inférieur. Néanmoins, la présence de plusieurs pointes des Vachons dans la collection Passemard (fig. 37 – n° 1) induit une forte probabilité que ces modalités concernent également une certaine partie des pointes à dos du niveau supérieur.

III. Les lamelles à retouche marginale

Si, au seul regard des anciennes collections, les pointes à dos représentaient jusqu'à présent l'armature la plus fréquente du Gravettien de la grotte d'Isturitz, ce sont les lamelles à retouche marginale qui dominent désormais les décomptes après l'intégration des données des tamisages des déblais.

Concernant le niveau inférieur du Gravettien d'Isturitz, seules trois lamelles sont présentes dans la collection Saint-Périer (niveau IV) et une lamelle dans la collection Passemard (niveau F3) (fig. 38 – n°s 1 à 4). Le niveau supérieur offre quant à lui une seule lamelle sous la forme d'un exemplaire dans la collection Passemard (niveau C) (fig. 38 – n° 5). Ce sont les tamisages des déblais de la fouille du niveau IV qui dévoilent l'importance quantitative de ce type d'armature : 54 exemplaires ont ainsi été découverts lors de la campagne 2005 et 17 en 2004 pour un volume total de sédiment tamisé inférieur à 1 m^3 (fig. 40).

III.1. Dimensions

Leur gabarit les distingue des microvachons et des pointes des Vachons notamment au niveau de l'épaisseur, largement inférieure (fig. 39). Celle-ci est très homogène et se concentre autour de 2 mm. Par contre, leur largeur

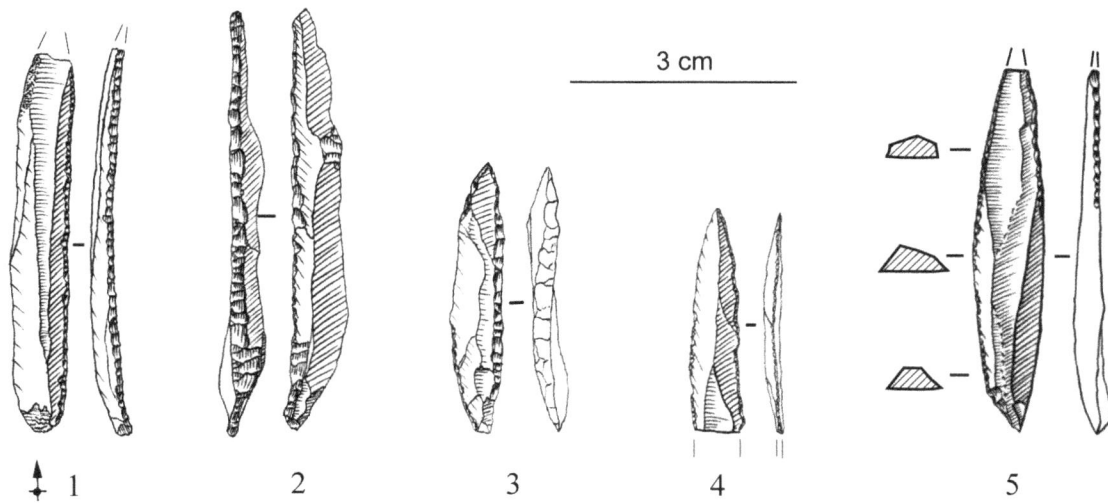

Figure 38 : lamelles à retouche marginale issues des collections anciennes du Gravettien de la grotte d'Isturitz. N°s 1 à 3 : collection Saint-Périer, niveau IV, M.A.N. N° 4 : collection Passemard, niveau F3, M.A.N. N° 5 : collection Passemard, niveau C, M.A.N. Dessins A. Simonet.

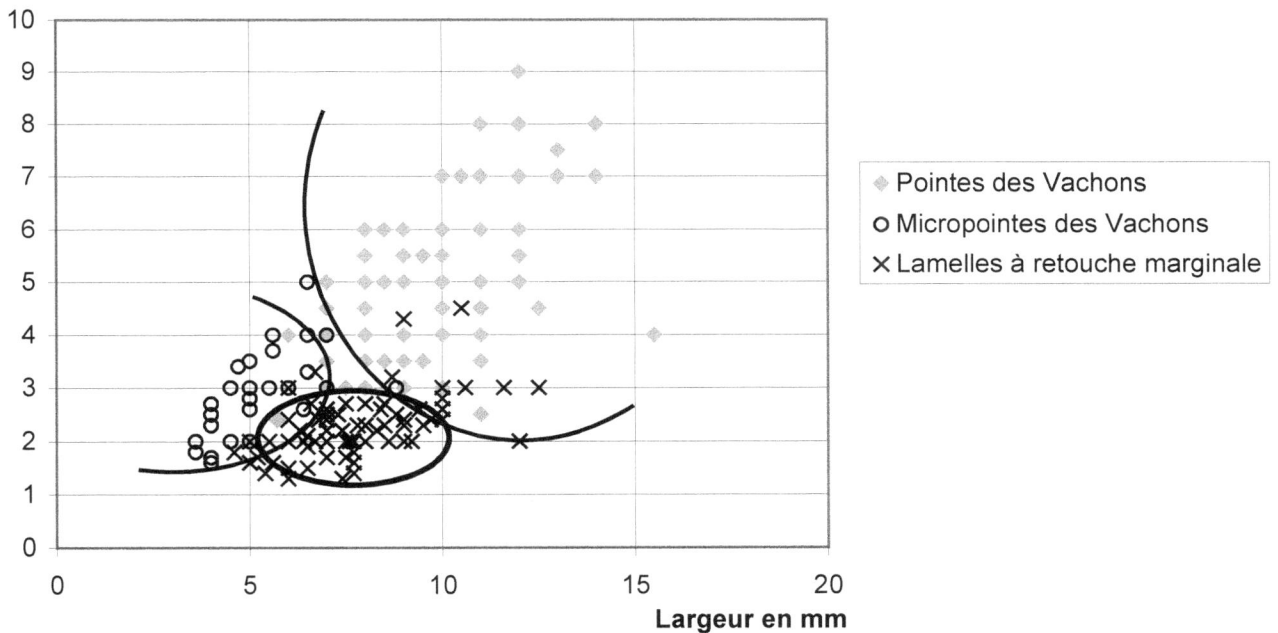

Figure 39 : rapport largeur/épaisseur des pointes des Vachons (collection Saint-Périer, niveau IV), des microvachons (collection Saint-Périer, niveau IV, tamisage 2004 et 2005) et des lamelles à retouche marginale (tamisage 2004 et 2005).

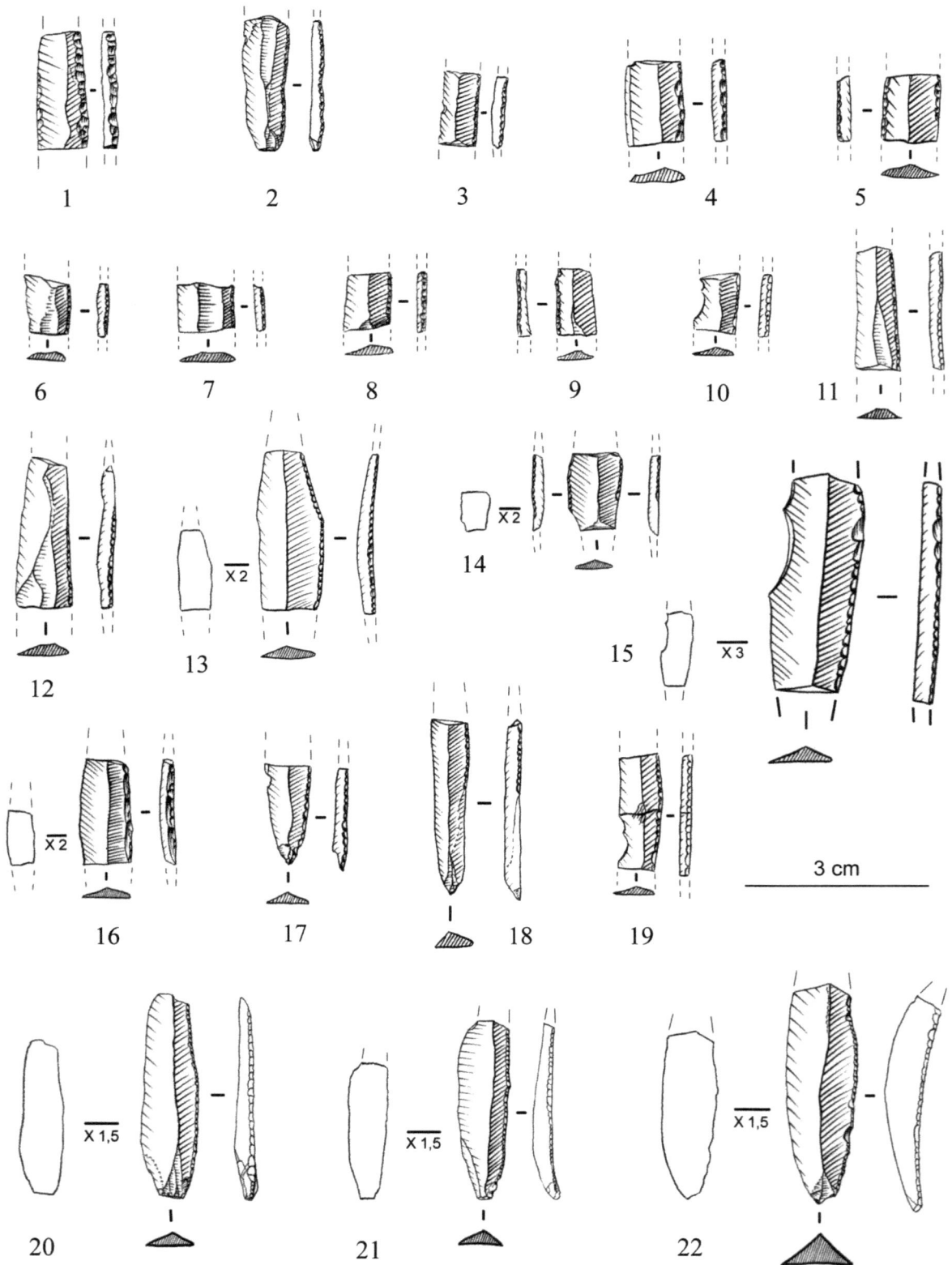

Figure 40 : lamelles rectilignes à retouche marginale directe, Isturitz, niveau IV. N°s 1 à 3 : tamisage 2004. N°s 5 à 22 : tamisage 2005. N° 19 : raccord des lamelles 10 et 12, tamisage 2005. Dessins A. Simonet.

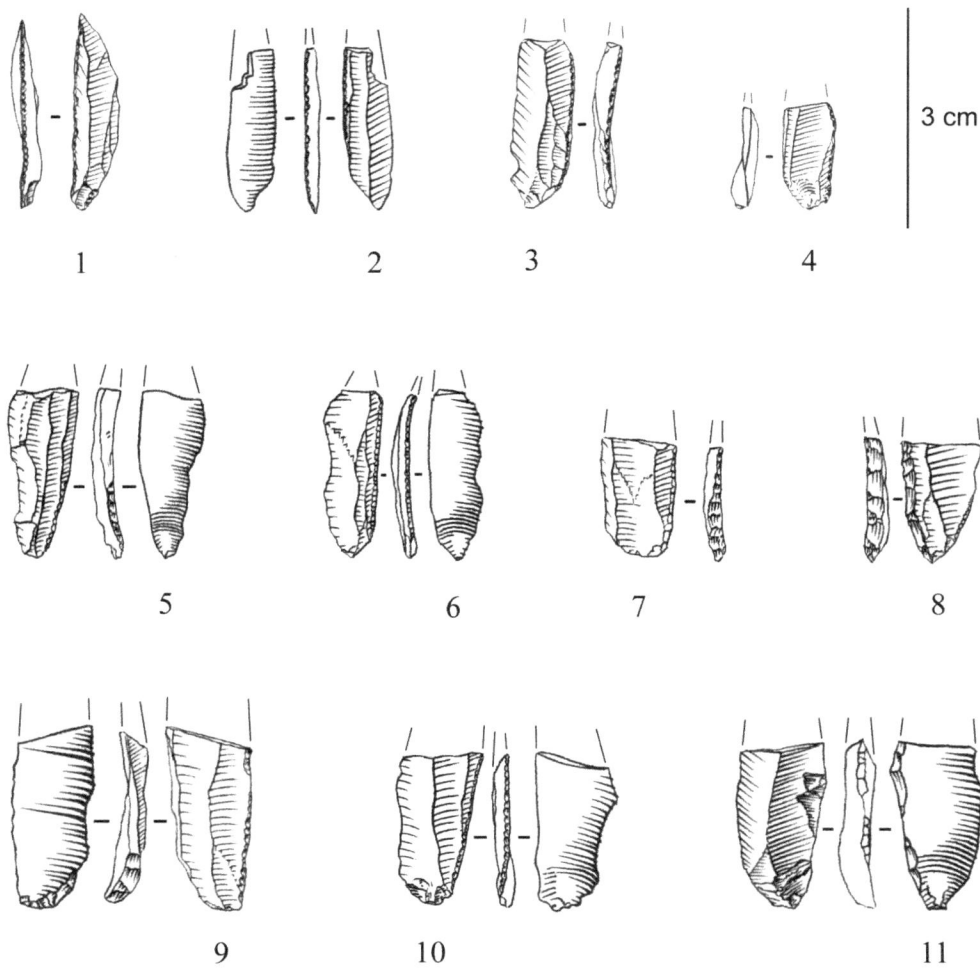

Figure 41 : lamelles courbes et/ou torses à retouche marginale directe, Isturitz, niveau IV. N°s 1 à 4 : tamisage 2004. N°s 5 à 11 : tamisage 2005. Dessins A. Simonet.

est nettement plus variable et oscille entre moins de 5 mm et plus de 12 mm (fig. 39).

Le support de ces armatures passe de la lamelle à la petite lame (fig. 38 et 40). Il est difficile de définir la raison de la variabilité morpho-dimensionnelle de ces lamelles à retouche marginale mais nous pouvons supposer que cette catégorie réunit différents types d'armatures. Pour l'instant, nous avons isolé trois sous-types selon l'orientation de la retouche et la morphologie du support : les lamelles rectilignes à retouche marginale directe, les lamelles torses et courbes à retouche marginale directe et les lamelles rectilignes à retouche marginale inverse ou alterne.

III.2. Les lamelles rectilignes à retouche marginale directe

La sous-catégorie la plus abondante est représentée par les lamelles rectilignes à retouche marginale directe. Ces armatures sont aménagées sur des supports lamellaires très rectilignes.

La retouche est très majoritairement unilatérale et concerne très majoritairement le bord droit. Si l'on prend l'exemple des 49 lamelles rectilignes à retouche marginale directe collectées en 2005, sur 44 latéralisables, 36 possèdent une retouche du bord droit, six une retouche des deux bords, et deux une retouche du bord gauche.

La retouche directe est quasi-exclusivement totale, parfois partielle. Les quelques exemplaires retrouvés sous une forme quasiment entière ne dévoilent pas d'extrémité apicale appointée ou aménagée sur un support lamellaire naturellement effilé en partie distale (fig. 40 – n°s 20 et 21).

III.3. Les lamelles courbes et/ou torses à retouche marginale directe

Par ordre décroissant, la deuxième sous-catégorie est représentée par des armatures à retouche marginale directe aménagées sur des supports lamellaires légèrement courbes et/ou torses en partie proximale.

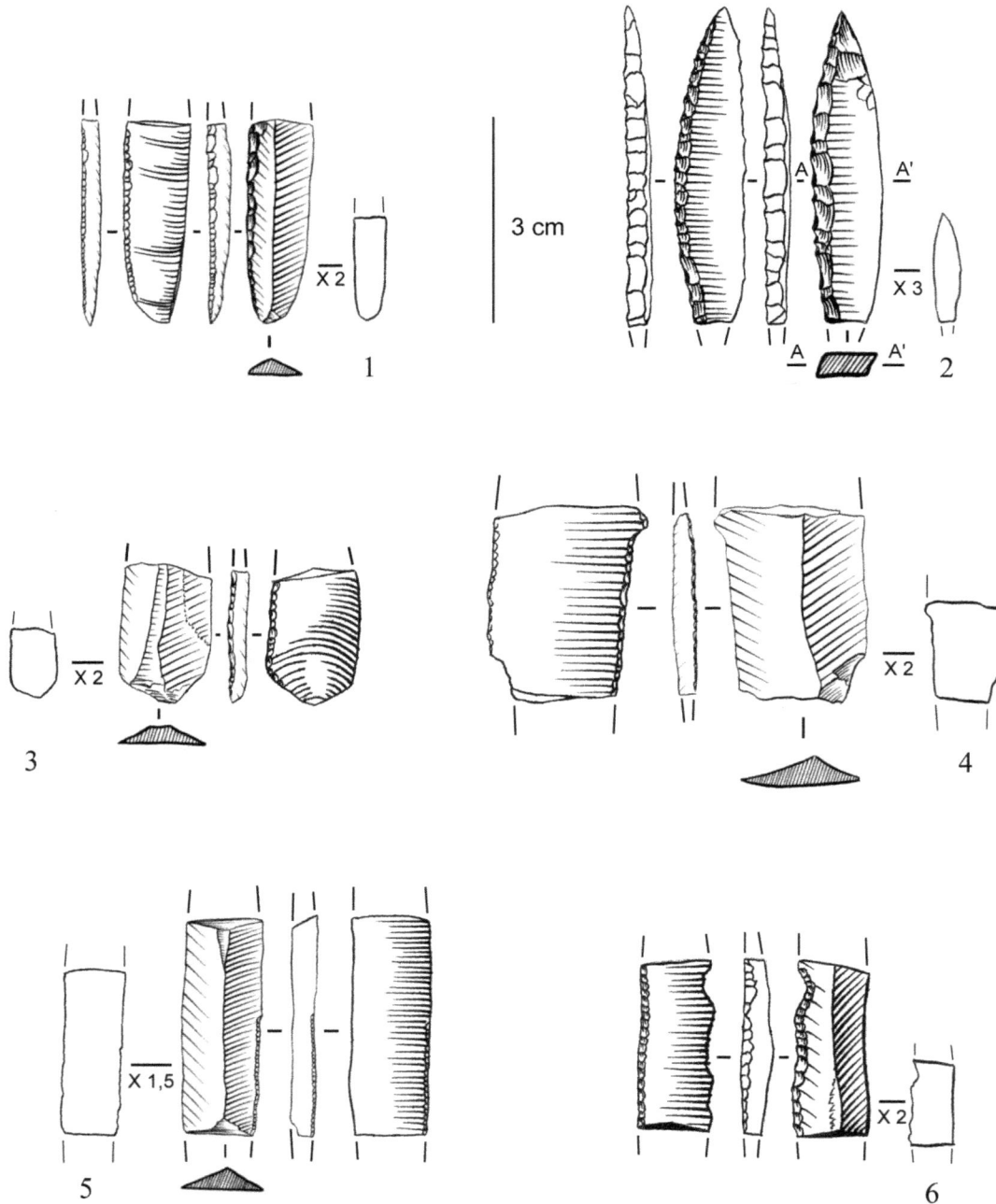

Figure 42 : lamelles rectilignes à retouche marginale, inverse ou alterne, Isturitz, niveau IV. N°s 1 à 5 : tamisage 2005. N° 6 : tamisage 2004. Noter la lamelle n° 5 dont la retouche alterne, très légère et de délinéation identique sur les deux bords, peut être la conséquence de l'emmanchement axial d'un support lamellaire brut. Dessins A. Simonet.

Cette sous-catégorie réunit des armatures quasiment identiques aux lamelles rectilignes à retouche marginale directe. Les supports utilisés sont simplement moins rectilignes et moins réguliers.

Certains exemplaires se rapprochent de l'esprit des lamelles de la Picardie (fig. 38 – n° 2 et fig. 41 – n° 1). Ces pièces ont été aménagées sur des supports lamellaires légèrement torses en partie proximale, naturellement effilés en partie distale, et de section dissymétrique.

Mais plusieurs critères les distinguent des lamelles de la Picardie. Premièrement, le bord retouché n'est pas systématiquement dextre. D'autre part, la présence d'un pan-revers est rare (fig. 38 – n° 2 ; fig. 41 – n° 1) et aucun vestige de retouche tertiaire du biseau n'est présent. Enfin, ces armatures se distinguent des lamelles de la Picardie par l'utilisation de modalités opératoires différentes puisqu'elles n'ont pas été extraites à partir de burins du Raysse. Ces derniers sont en effet absents à Isturitz comme nous le verrons ultérieurement lors de l'étude des produits de débitage.

III.4. Les lamelles rectilignes à retouche marginale inverse ou alterne

Chaque campagne de tamisage a également offert quelques exemplaires de lamelles à retouche inverse ou alterne (fig. 42). Ce petit nombre d'armatures peut s'expliquer par une contamination des déblais aurignaciens mais l'appartenance au faciès gravettien n'est pas à exclure.

III.5. Unité des lamelles à retouche marginale

L'utilisation de caractères métriques ne permet pas d'apporter des critères justifiant la répartition du groupe des lamelles à retouche marginale en plusieurs sous-catégories. En effet, l'ensemble des types de lamelles à retouche marginale, quelles que soient la morphologie des supports utilisés et l'orientation de la retouche, possède une marge de variabilité dimensionnelle assez élevée.

Par conséquent, il est trop tôt pour affirmer la validité de l'individualisation de sous-catégories au sein du groupe principal des armatures lamellaires à retouche marginale. Leur variabilité morphométrique exprime-t-elle une diversité de sous-types ou le type général d'armature lamellaire à retouche marginale est-il peu normé ?

Cette variabilité pourrait également s'expliquer par une polyvalence fonctionnelle (couteau/projectile) d'un même type d'armature.

Au final, les caractéristiques communes à ce type d'armature sont :

- L'utilisation d'un support lamellaire mince. Les supports épais de plus de 4 mm représentent des cas déviants (fig. 40 – n° 22).

- L'aménagement du bord droit par retouche marginale directe totale (les retouches partielles sont très minoritaires). Cette retouche tend parfois vers l'abattage marginal d'un dos lorsque le rapport largeur/épaisseur du support augmente c'est-à-dire lorsque la réduction de la largeur est proportionnellement plus importante que celle de l'épaisseur, ce qui exprime, de fait, une contrainte technique plus qu'un choix.

III.6. Une utilisation comme armature de projectile avérée mais dans quelle proportion ?

Seules deux lamelles à retouche marginale portent une fracture complexe. Une fracture en marche burinante de 5 mm est observable sur l'une des lamelles retouchées collectées lors du tamisage 2004 (fig. 41 – n° 2) ainsi qu'une autre en marche plane de 4 mm sur une lamelle rectiligne recueillie lors du tamisage 2005. Ces indices alimentent l'hypothèse de l'utilisation d'au moins une partie de ces lamelles comme armatures de projectiles.

Pour l'instant, aucune expérimentation n'a été effectuée sur des objets morphologiquement similaires. En revanche, les recherches expérimentales de Fisher *et al.* (1984) montrent que les fractures ne sembleraient pas varier selon la morphologie de la pointe. La seule variation observable est la longueur des enlèvements, celle-ci étant directement proportionnelle à la dimension de la pointe. Mais d'autres expérimentations seraient nécessaires pour confirmer l'absence de corrélation entre la morphologie de la pointe et les types de fractures.

La prépondérance des fractures nettes et rectilignes sur les fractures complexes au sein des lamelles à retouche marginale du Gravettien d'Isturitz pourraient ainsi s'expliquer par la légèreté du gabarit de ces armatures. Le paramètre de l'emmanchement devrait également être testé sous forme d'expérimentations plus approfondies. En effet, les fragments apicaux et les lamelles entières sont très rares. La plupart des exemplaires sont représentés par des bases ou des fragments mésiaux (fig. 40). Avec la légèreté du gabarit, un emmanchement axial profond pourrait expliquer cette sur-représentation des fragments mésiaux et des bases au détriment des fragments apicaux d'une part et des fractures nettes sur les fractures complexes d'autre part.

IV. Les lamelles à dos

À l'instar des autres armatures microlithiques, c'est la reprise des déblais qui dévoile leur présence (fig. 43).

Le groupe est assez hétérogène : certains fragments présentent un abattage du dos peu soigné (fig. 43 – n° 10), d'autres, au contraire, un dos très soigné et très rectiligne, abattu à l'aide de retouches croisées (fig. 43 – n° 1 à 3). Les supports sont variés : certaines pièces sont réalisées sur support étroit, parfaitement rectiligne et assez épais. L'hypothèse d'un débitage de type burinant est ici envisageable (fig. 43 – n° 1 à 3). Au sein de la série 2004, trois pièces possèdent des supports singuliers (fig. 43 – n° 11 à 13). Leur section, doublement convexe, associée à leur dimension restreinte, pourrait argumenter l'existence d'un débitage à partir d' « outils-nucléus » (burin caréné ?).

De très petits éléments à dos sont également présents (fig. 43 – n° 9). Il reste alors à déterminer l'interprétation de cette variabilité dimensionnelle, d'une part, ainsi que la proportion réelle de lamelles à dos par rapport aux fragments mésiaux de micro-pointes à dos d'autre part, ces deux problèmes pouvant être liés.

Dans les décomptes généraux, les fragments mésiaux de lamelles à dos (groupe qui associe probablement des lamelles à dos avec des fragments d'autres types de micro-armatures à dos) sont dissociés des lamelles à dos simples. Ces dernières sont définies par la présence d'au moins une extrémité qui se présente sous une forme non retouchée, effilée ou non. Dans le cas d'une extrémité appointée, l'objet passe dans le groupe des micro-pointes à dos (tabl. 5 et 6).

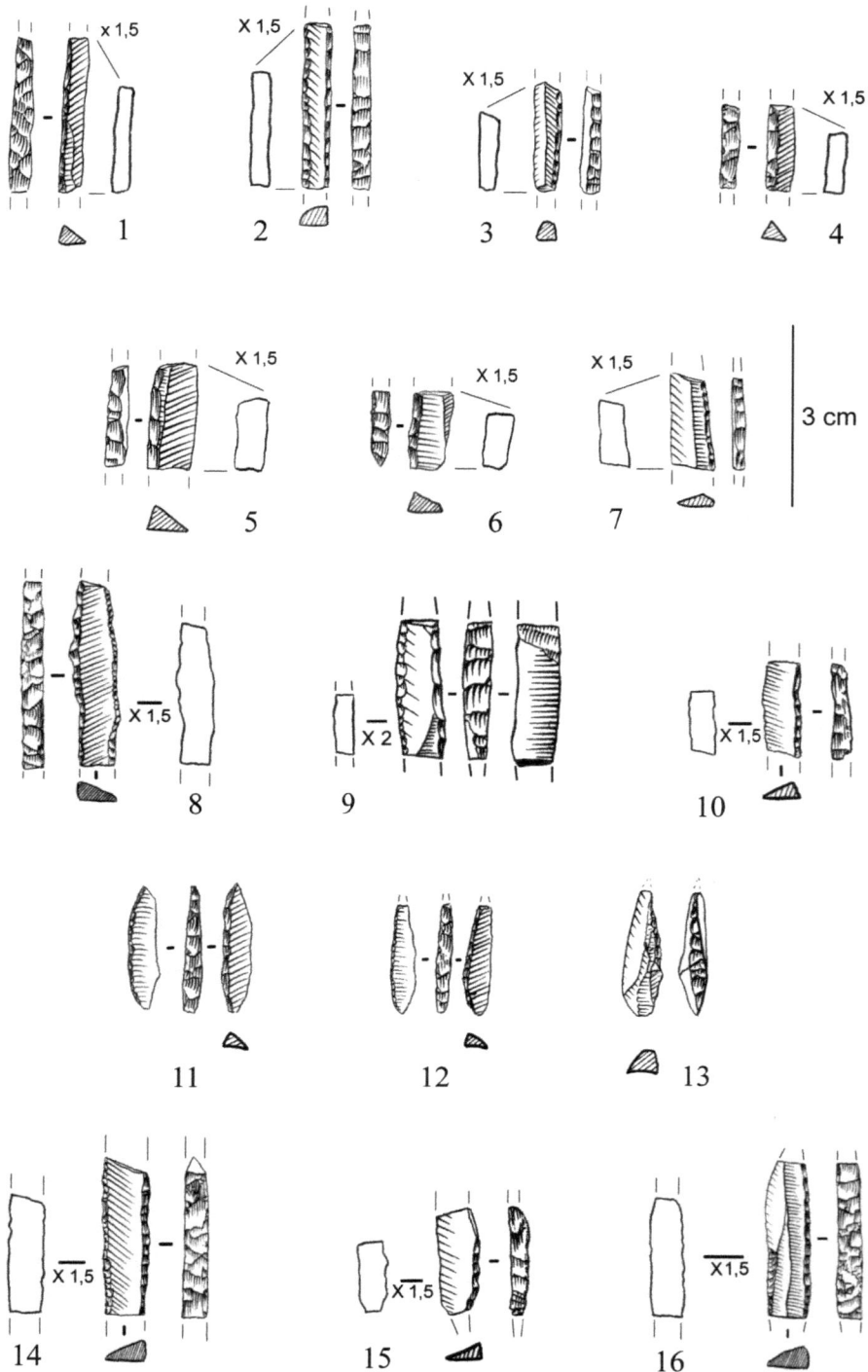

Figure 43 : lamelles à dos, Isturitz, niveau IV. N°s 1 à 7 et 11 à 13 : tamisage 2004. N°s 8 à 10 et 14 à 16 : tamisage 2005. Dessins A. Simonet.

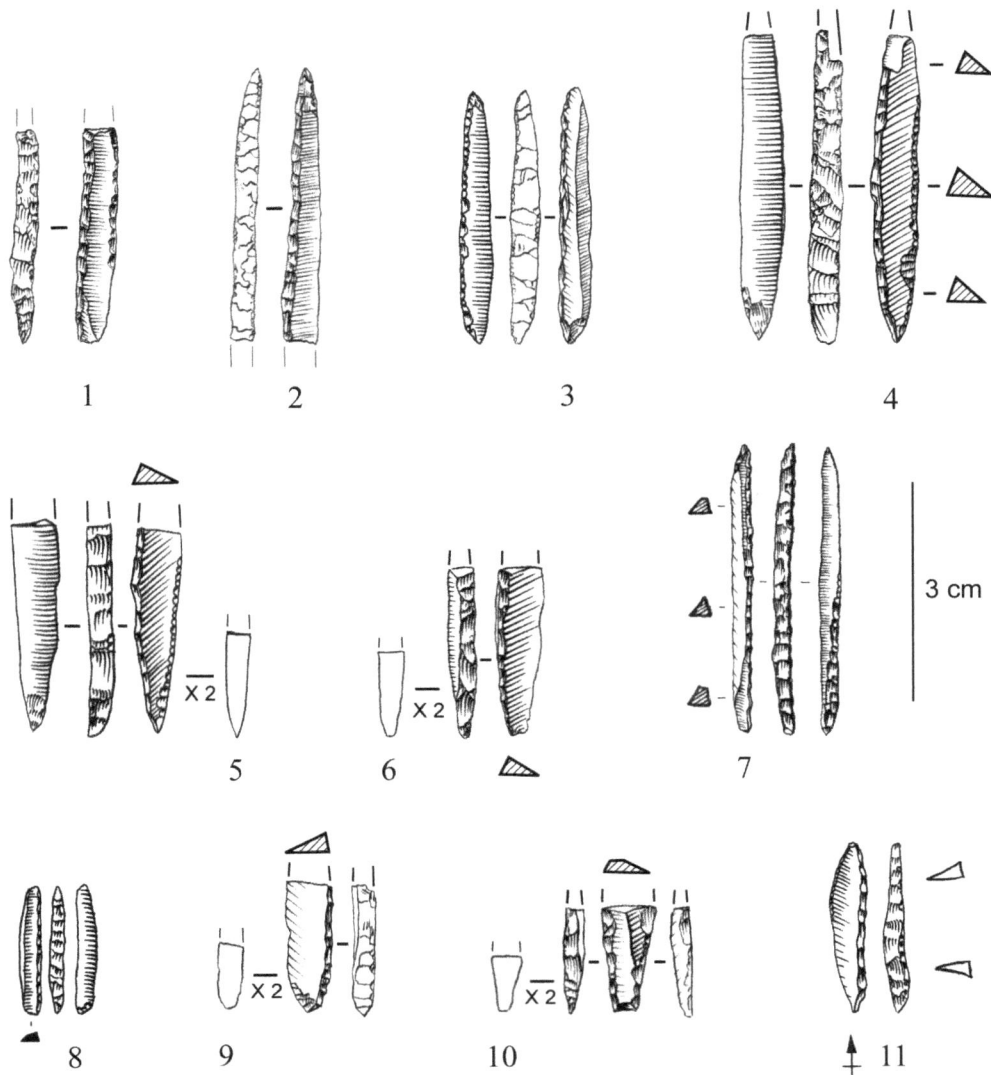

Figure 44 : micro-pointes à dos, Isturitz, niveau IV. N° 1 : collection Passemard, niveau F3. N°s 2 et 3 : collection Saint-Périer, niveau IV. N° 4 : tamisage 2004, niveau IV. N°s 5, 6 et 8 à 10 : tamisage 2005, niveau IV. N° 7 : collection Passemard, niveau C. N° 11 : tamisage 2008, niveau IV. Dessins A. Simonet.

V. Les micro-pointes à dos

Quelques bases de micro-pointes à dos issues des déblais confirment l'existence de ce groupe typologique quasiment absent des anciennes collections (tabl. 5, 6 et fig. 44).

La diversité dimensionnelle et pondérale des pointes des Vachons, déjà observée dans les anciennes collections, s'accentue alors d'autant plus qu'il n'existe pas de limite métrique claire entre les deux groupes (fig. 25).

L'utilisation d'un support épais, la recherche de symétrie longitudinale voire d'une bisymétrie par retouche inverse rasante des extrémités sont des modalités morphotechniques qui les rapprochent du groupe des pointes des Vachons (fig. 25). Seule différence, la morphologie du dos tend davantage vers la rectitude (fig. 44 – n°s 1 à 3). Ce critère pourrait peut-être nous

permettre d'individualiser les micro-pointes à dos des pointes des Vachons. Seraient ainsi dénommées microvachons les seules micro-pointes à dos répondant au même canon que les pointes des Vachons (fig. 44 – n°s 4, 5, 6, 9). Notons cependant que la visibilité moins évidente de la convexité du dos pourrait également être la conséquence directe du caractère étroit du gabarit (fig. 44 – n°s 5, 6, 9, 10).

Cette différence morphologique pourrait témoigner d'emmanchements différents, axial pour les pointes des Vachons et les microvachons, latéral pour d'autres types de micro-pointes à dos. Elle semblerait, pour l'exemple d'Isturitz, être un critère d'individualisation de sous-types de pointes à dos plus diagnostique que les critères métriques classiques.

Mais si la rectitude du dos devient un critère technique permettant l'individualisation des micro-pointes à dos des

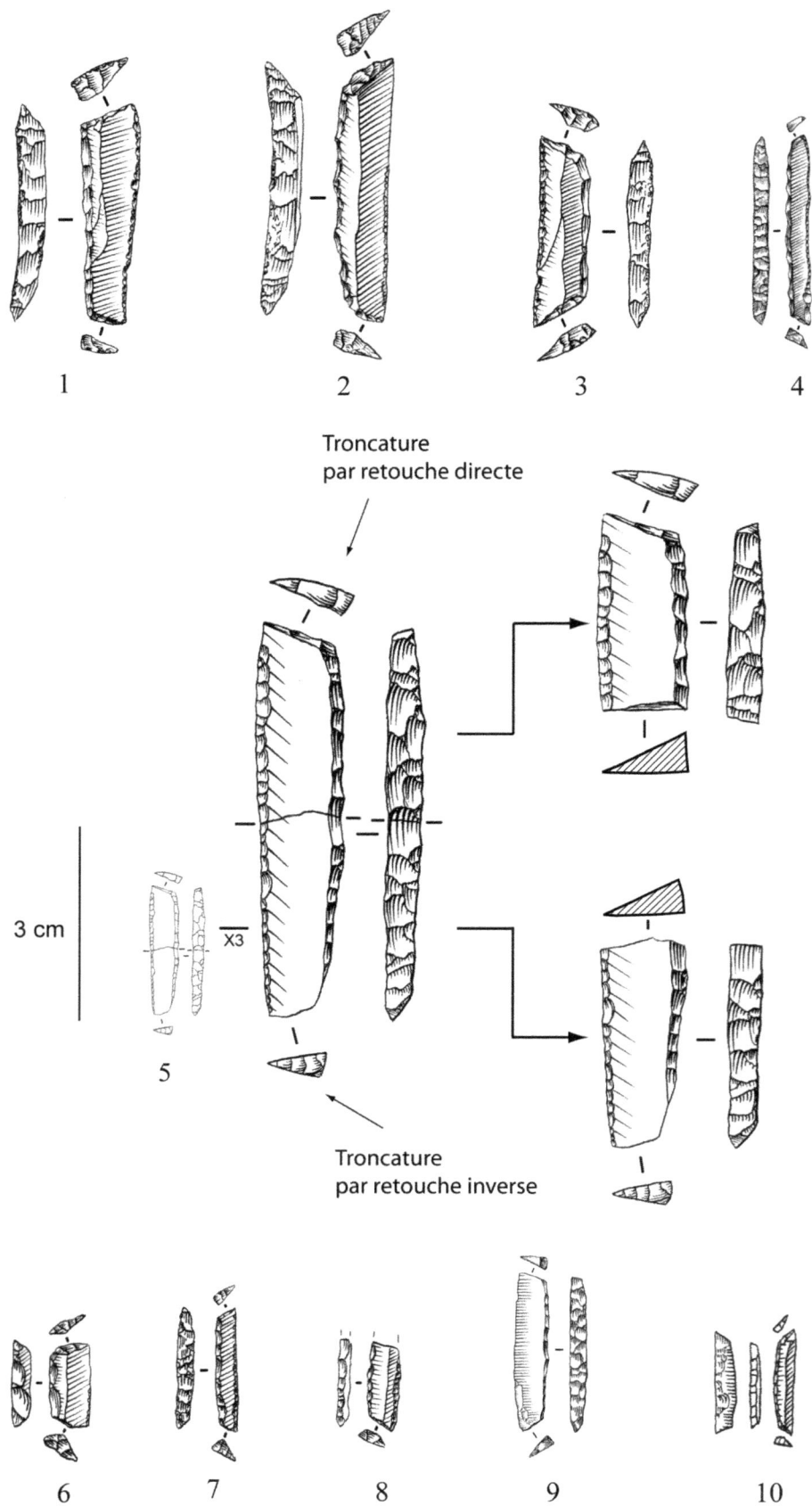

Troncature
par retouche directe

3 cm

X3

Troncature
par retouche inverse

1   2   3   4

5

6   7   8   9   10

Figure 45 : lamelles à dos (bi)tronquées, Isturitz, niveau IV. N°s 1, 2, 3, 4 : collection Saint-Périer, niveau IV, M.A.N. N°s 6, 7, 8 : tamisage 2004, niveau IV. N°s 5, 9, 10 : tamisage 2005, niveau IV. Dessins A. Simonet.

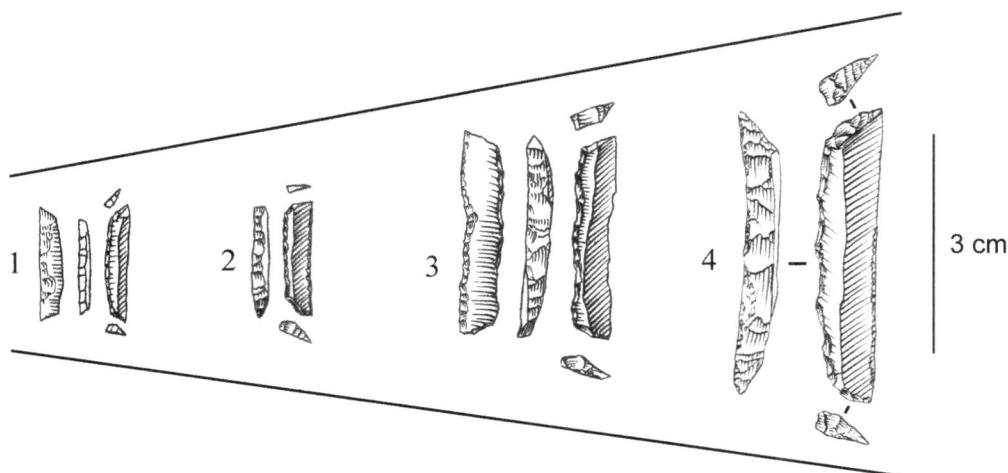

Figure 46 : variabilité dimensionnelle des armatures à dos bitronquées. Isturitz, niveau IV. N° 1 : tamisage 2005. N°s 2 et 3 : tamisage 2008. N° 4 : collection Saint-Périer, niveau IV, M.A.N. Dessins A. Simonet.

pointes des Vachons, comment distinguer les lamelles à dos simples, aménagées sur des supports lamellaires dont l'extrémité distale est effilée, des micro-pointes à dos ? Le problème de la délimitation typologique est ainsi décalé (fig. 44 – n°s 7 et 8). Une micro-pointe à dos de la série de tamisage 2008 (fig. 44 – n° 11) se rapproche ainsi de certains exemplaires de lamelles à dos issues du tamisage 2004 (fig. 43 – n°s 11 à 13). Elle a été confectionnée sur une lamelle légèrement torse en partie proximale et naturellement effilée en partie distale (fig. 44 – n° 11). Ces pièces, éventuellement confectionnées sur des lamelles de burins, pourraient être regroupées au sein d'un type particulier d'armature à dos distinct à la fois des lamelles à dos, des micro-pointes à dos rectiligne et des microvachons à dos convexe.

Enfin, un autre type d'armature microlithique pourrait être individualisé. Il s'agit d'une micro-pointe à dos particulièrement rectiligne, de gabarit très étroit et élancé, qui est présente dans la collection Passemard du niveau supérieur C (fig. 44 – n° 7). Elle pourrait représenter une autre catégorie de micro-pointe à dos auquel pourraient être rattachés les fragments de lamelles à dos très rectilignes collectés lors des séries de tamisage (fig. 43 – n°s 1 à 4). Une micro-armature collectée dans les déblais se rapprocherait également de ce gabarit avec un support très étroit et un dos parfaitement rectiligne (fig. 44 – n° 8).

Soulignons enfin que les légères retouches inverses rasantes des extrémités observables sur les pointes des Vachons sont également présentes sur les exemplaires microlithiques (fig. 44 – n°s 4, 5 et 8). Étant donné la finesse du gabarit et l'excellente rectitude des lamelles, cette retouche ne peut pas avoir de lien avec une recherche d'amincissement. La similarité entre les retouches inverses rasantes des micro-pointes à dos et celles des pointes des Vachons, quel que soit leur gabarit, confirme une nouvelle fois l'existence d'un raffinement stylistique qui n'a pas d'explication technique.

VI. Les lamelles à dos (bi)tronquées

Les lamelles à dos (bi)tronquées, bien qu'en nombre restreint, forment une catégorie dont la présence est néanmoins manifeste. Cinq lamelles ont été retrouvées durant la campagne 2004 (fig. 45 – n°s 6 à 8) et six durant la campagne 2005 (fig. 45 – n°s 5, 9, 10). Toutes les pièces découvertes dans les déblais (2004 et 2005) sont aménagées sur des supports lamellaires.

Les six pièces entières (deux en 2004 et trois en 2005 dont un raccord) possèdent une double troncature rectiligne oblique opposée (fig. 45 – n°s 4, 5, 6, 7, 9, 10), à l'instar des pièces entières présentes dans la collection Saint-Périer (fig. 45 – n°s 1 à 3). Les lamelles fragmentées (et possédant une troncature unique donc) présentent également, et ce de manière exclusive, une légère obliquité de la troncature. Cette tendance à l'obliquité strictement opposée des troncatures répond à une logique de symétrie selon un axe médian horizontal. Ces armatures prennent ainsi l'aspect de trapèzes à dos (fig. 45 et 46).

À l'instar des autres armatures, la diversité dimensionnelle s'oppose à l'homogénéité conceptuelle, ici représentée par le principe de la troncature oblique, opposées dans le cas des lamelles à dos bitronquées (fig. 46). Ainsi, le support de cinq pièces présentes dans la collection Saint-Périer tend davantage vers la lame que la lamelle (fig. 45 – n°s 1 à 3).

Enfin, ces objets posent de nouveau la question de l'interprétation des fragments mésiaux de lamelles à dos qui incluent, de manière probable, certains fragments mésiaux de lamelles à dos bitronquées.

Aucune fracture complexe n'a pu être observée sur ces armatures lithiques laissant envisager l'hypothèse que ces armatures aient armé des projectiles.

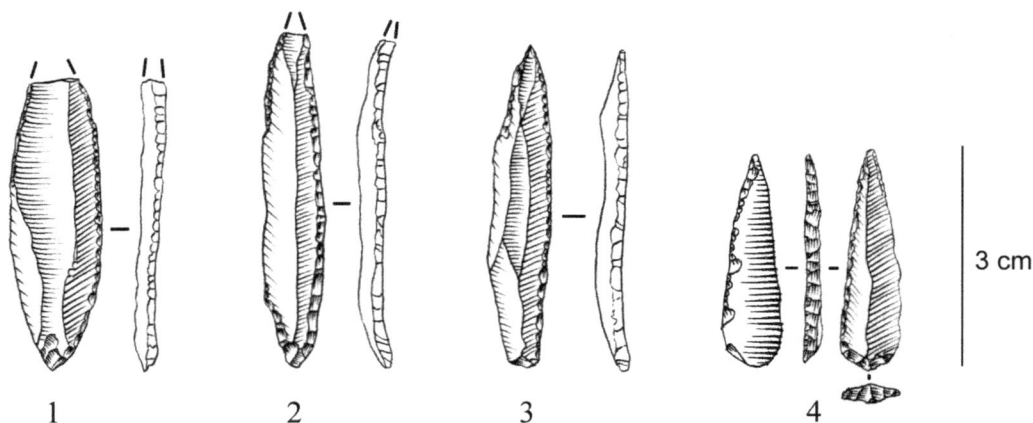

Figure 47 : autres armatures, Isturitz, niveau IV/F3, M.A.N. N° 1 : possible Fléchette, collection Saint-Périer, niveau IV. N°s 2 à 4 : pointes à dos marginal. N°s 2 et 3 : collection Saint-Périer, niveau IV. N° 4 : collection Passemard, niveau F3. Dessins A. Simonet.

VII. Autres armatures

Deux lamelles appointées par retouche semi-abrupte du niveau IV (collection Saint-Périer) évoquent les pointes de Font-Yves bien qu'il puisse s'agir de deux variantes de lamelles à retouche marginale (fig. 47 – n°s 2 et 3). Ces deux pointes pourraient également provenir d'une contamination du niveau aurignacien sous-jacent.

Une éventuelle Fléchette est présente dans le niveau IV (fig. 47 – n° 1). Deux pièces à dos de la collection Passemard (niveau inférieur F3) se distinguent des autres armatures à dos. À l'instar des pointes à dos, les deux bords convergent dans la partie apicale. En revanche, leur base est beaucoup plus large que celles des pointes à dos proportionnellement à la longueur et à l'épaisseur de l'armature. Le dos et la base arrondie sont aménagés à l'aide d'une retouche directe. L'une de ces pièces à dos porte également une retouche inverse du bord opposé (fig. 47 – n° 4). Aucune autre pièce de ce genre n'a pour l'instant été retrouvée lors du tamisage des déblais.

VIII. Les armatures lithiques gravettiennes de la grotte d'Isturitz : synthèse

La première conclusion sur les armatures lithiques gravettiennes concerne leur représentativité au sein de l'assemblage lithique. Jusqu'à présent, les pointes à dos représentaient plus de 2% des outils décomptés dans l'ensemble des deux collections Saint-Périer et Passemard (Esparza San Juan, 1990 et 1995). La sur-représentation des burins de Noailles au sein des séries recueillies lors des deux campagnes de tamisage incite à minorer leur importance numérique. Après intégration des données récentes, leur quantité doit être largement inférieure à 1% des outils lithiques.

En revanche, les trois premières séries de tamisage des déblais montrent l'importance des armatures microlithiques. Ces dernières représentent 2,8 % de l'outillage lors du tamisage de 1998 puis 10,5 % en 2004 et 12% en 2005 avec un maillage plus fin ce qui tend à

contrebalancer la réduction du nombre de pointes à dos. Les armatures lithiques seraient donc beaucoup plus variées et nombreuses que ne le laissent entrevoir les anciennes collections.

D'autre part, une réflexion intéressante concerne le lien entre les burins de Noailles, présents en quantité incroyable au sein des déblais (environ 55% des outils), et la sphère cynégétique. Ces outils soulèvent l'importance du travail des matières périssables. Quelle peut être la relation entre cet outil domestique et la fabrication des armes de chasse, notamment en bois végétal ?

La domination des pointes des Vachons sur les autres catégories d'armatures au sein de la collection Saint-Périer est un artifice lié aux méthodes de fouille. En réalité, de nombreuses armatures sont présentes : microvachons, micro-pointes à dos, lamelles à dos, lamelles rectilignes à retouche marginale, lamelles courbes et torses à retouche marginale, lamelles à dos tronquées et bitronquées. En revanche, les pointes à cran sont absentes des assemblages étudiés. La plupart de ces armatures sont inédites dans un contexte de Gravettien à Noailles. Il pourrait éventuellement s'agir d'une contamination inter-couches mais aucune donnée complémentaire ne vient appuyer une telle hypothèse. Il paraît plus probable que de nombreuses pièces à dos appartiennent au Gravettien.

Nous en sommes alors réduit, pour l'instant, à observer une grande diversité des types d'armatures lithiques ainsi - et ceci semble être une caractéristique importante du Gravettien à Noailles voire du Gravettien en général – qu'une variabilité dimensionnelle importante au sein de chaque catégorie d'armature. Cette variabilité dimensionnelle contraste avec la forte unité conceptuelle régissant la confection des armatures. Chaque type supporte ainsi une multiplication par deux ou trois de son gabarit à l'instar de ce qui était déjà connu, finalement, pour les pointes à dos. Cette dualité entre forte unité conceptuelle et souplesse dimensionnelle est le fil

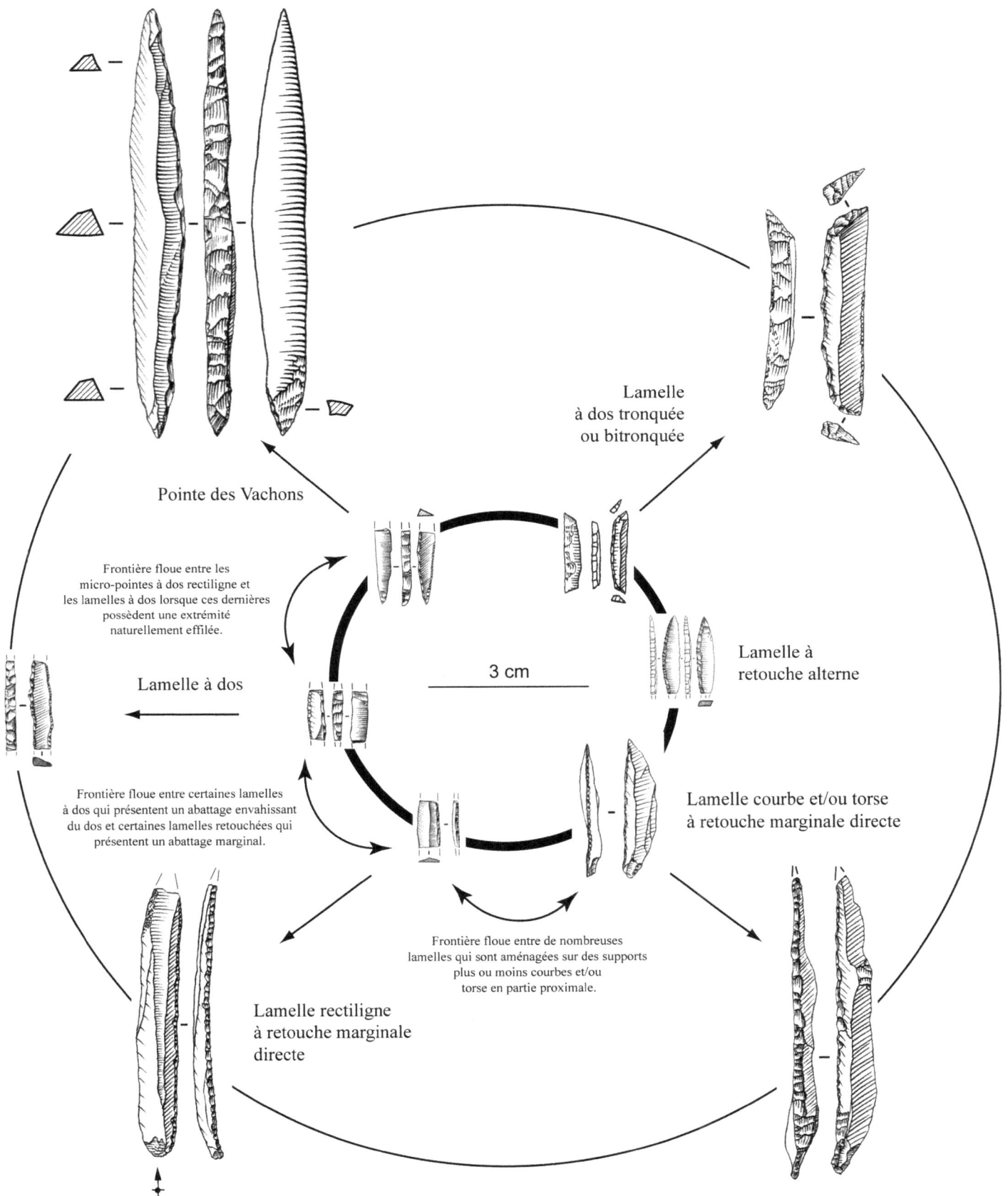

Pointe des Vachons

Frontière floue entre les
micro-pointes à dos rectiligne et
les lamelles à dos lorsque ces dernières
possèdent une extrémité
naturellement effilée.

Lamelle à dos

Frontière floue entre certaines lamelles
à dos qui présentent un abattage envahissant
du dos et certaines lamelles retouchées qui
présentent un abattage marginal.

3 cm

Lamelle
à dos tronquée
ou bitronquée

Lamelle à
retouche alterne

Lamelle courbe et/ou torse
à retouche marginale directe

Frontière floue entre de nombreuses
lamelles qui sont aménagées sur des supports
plus ou moins courbes et/ou
torse en partie proximale.

Lamelle rectiligne
à retouche marginale
directe

Figure 48 : les armatures lithiques gravettiennes d'Isturitz. Niveau inférieur IV/F3. On observe, d'une part, une diversité des
groupes typologiques et, d'autre part, une grande variabilité dimensionnelle au sein de chaque type d'armature.

71

directeur le plus évident entre ces armatures gravettiennes (fig. 48).

En ce qui concerne les pointes à dos, il est intéressant de noter la possibilité de l'existence d'un critère de distinction entre un groupe de micro-pointes et celui des macro-pointes, complémentaire du critère dimensionnel classique. Il s'agit de la rectitude du dos qui serait plus prononcée au sein de certaines micro-pointes à dos tandis que les macro-pointes possèdent un dos plus systématiquement convexe.

Les macro-pointes à dos possèdent une grande variabilité dimensionnelle et il est difficile de préciser si les différents gabarits distingués correspondent à une recherche intentionnelle ou si, *a contrario*, ces derniers sont uniquement dictés par les possibilités lithologiques.

En revanche, ce groupe possède une forte unité par la recherche systématique d'un principe de symétrie selon l'axe joignant les deux extrémités qui permet d'identifier clairement une armature axiale.

Enfin, en ce qui concerne l'évolution diachronique du Gravettien d'Isturitz, l'étude des armatures lithiques a permis d'identifier la présence de pointes de Corbiac dont la morphologie particulière singularise le niveau supérieur. De grandes lames à dos droit ou anguleux, inconnues dans le puissant niveau inférieur, sont également présentes. Les données du niveau supérieur sont malheureusement trop réduites pour préciser l'existence de différences éventuelles dans la composition du panel d'armatures microlithiques entre chacun des deux niveaux.

Chapitre 4

Les modalités du débitage

I. Introduction

La caractéristique fondamentale de l'assemblage est la faible dimension des tables laminaires en fin d'exploitation ainsi que le nombre considérable de nucléus à éclats ou à tendance laminaire. Dans chacun des deux niveaux, la grande majorité des nucléus sont abandonnés dans un état médiocre (nervures irrégulières et corniche détériorée). Les nucléus réguliers sont très rares au regard du nombre considérable de nucléus présents au sein des deux collection Passemard et Saint-Périer (plus de 400).

La collection Saint-Périer étant trop importante, nous donnons ici une rapide synthèse du débitage fondée sur l'étude des nucléus de la collection Passemard (niveau F3 et C) qui présente le double avantage d'être quantitativement plus restreinte (131 nucléus pour F3 et 54 pour C) et d'être moins triée que la collection Saint-Périer étant donné la présence plus importante de nucléus informes dans la collection Passemard qui se retrouvent dans les déblais des fouilles Saint-Périer.

Néanmoins, les deux collections présentent des échantillons de pointes des Vachons et de nucléus représentatifs comme le montre l'occurrence assez faible de ces pièces au sein des déblais par rapport aux burins par exemple ou aux produits bruts de débitage.

II. Un choix de matière première peu sélectif

Les supports de nucléus montrent une grande variabilité : les éclats épais sont majoritairement utilisés mais des blocs de dimensions apparemment restreintes peuvent également être investis ainsi que des plaquettes ce que confirme d'ailleurs l'examen de la collection Saint-Périer (fig. 49).

Les éclats utilisés comme support de nucléus ne répondent pas à une recherche intentionnelle par fragmentation. Avec les plaquettes, ils possèdent ce double avantage de permettre l'installation rapide, sans grande préparation, d'une table naturellement cintrée. Le choix du support du nucléus ne semble pas orienté par la recherche d'un gabarit particulier mais dépende davantage des disponibilités lithologiques.

Le silex le plus proche (Flysch type calcaire de Bidache) se présente sous la forme de petites plaquettes et d'éclats particulièrement appréciés des gravettiens car leur morphologie induit naturellement deux des quatre tendances qui caractérisent les modalités opératoires du débitage du Gravettien à Noailles d'Isturitz, à savoir, rapidité du débitage (la phase de mise en forme coïncide souvent avec l'initialisation du débitage ; soin limité) et implantation de tables cintrées et rectilignes (fig. 51). Les deux autres modalités étant le principe d'auto-entretien par plans sécants et la continuité du débitage entre grandes lames, petites lames et lamelles.

III. Une continuité entre lames et petites lames

Dans chacun des deux niveaux gravettiens, les nucléus présentent majoritairement des tables comprises entre

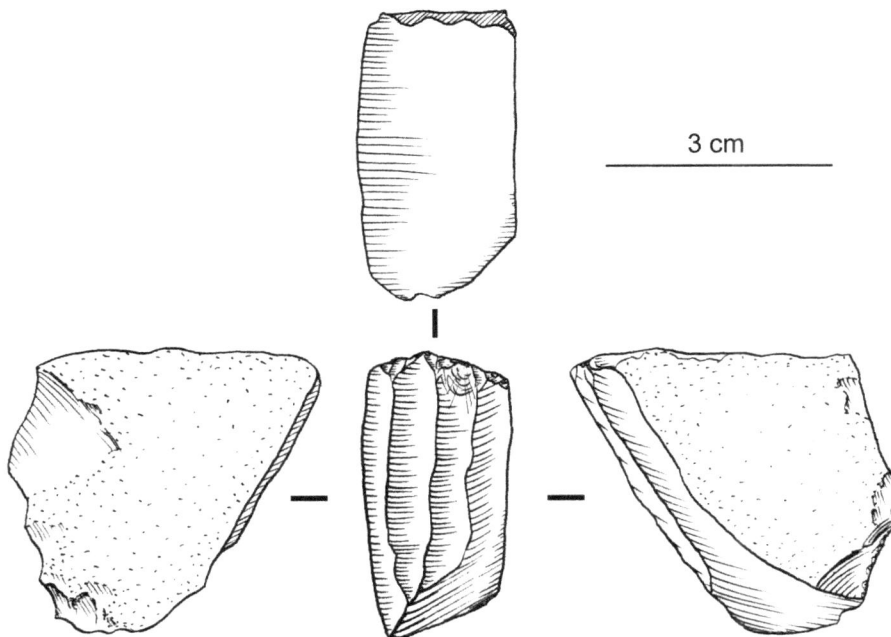

3 cm

Figure 49 : nucléus 83889-10553 R-1942. Collection Saint-Périer, niveau IV, M.A.N. Matériau : Flysch type calcaire de Bidache. Dessin A. Simonet.

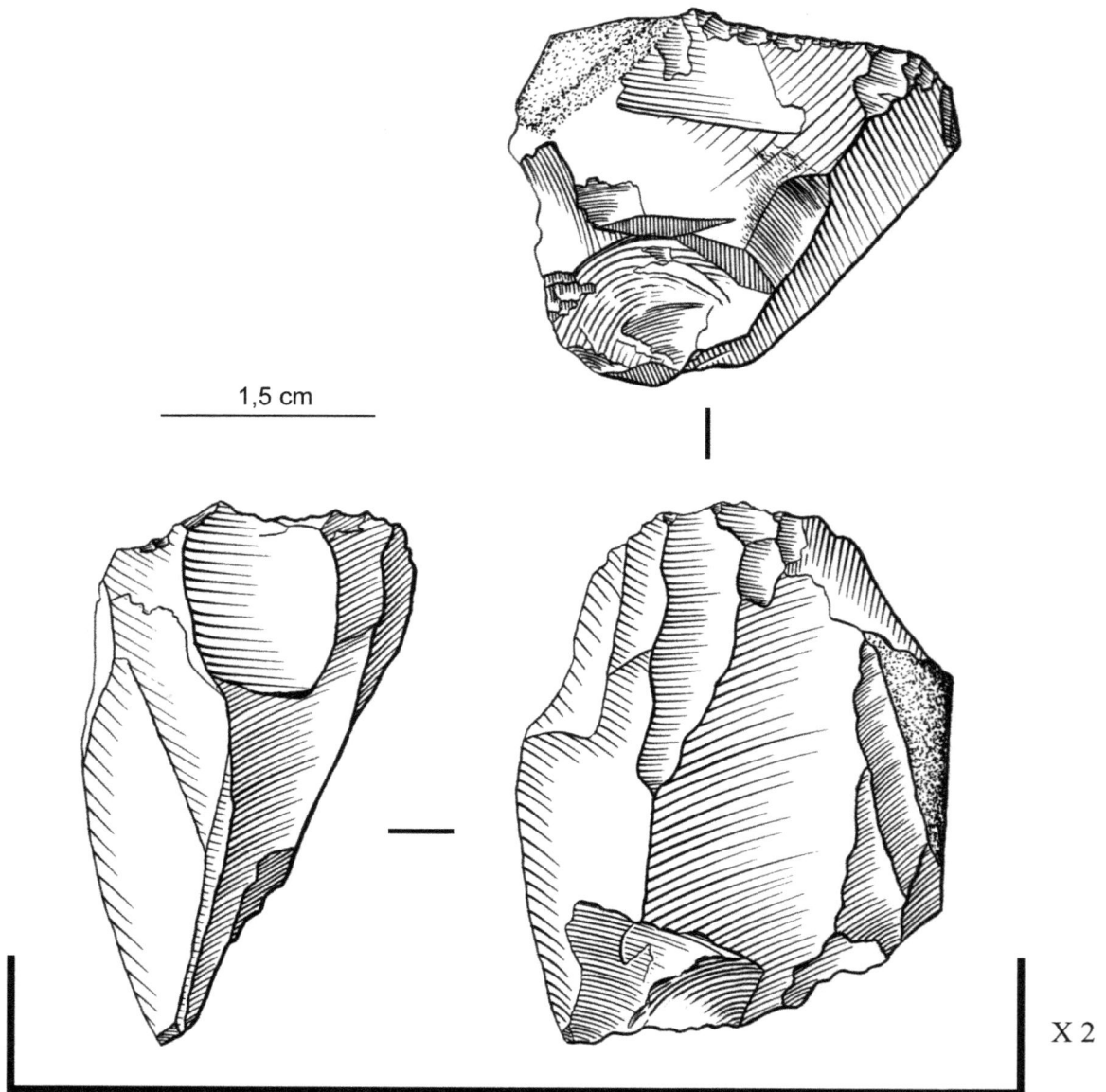

1,5 cm

X 2

PF1

3 cm

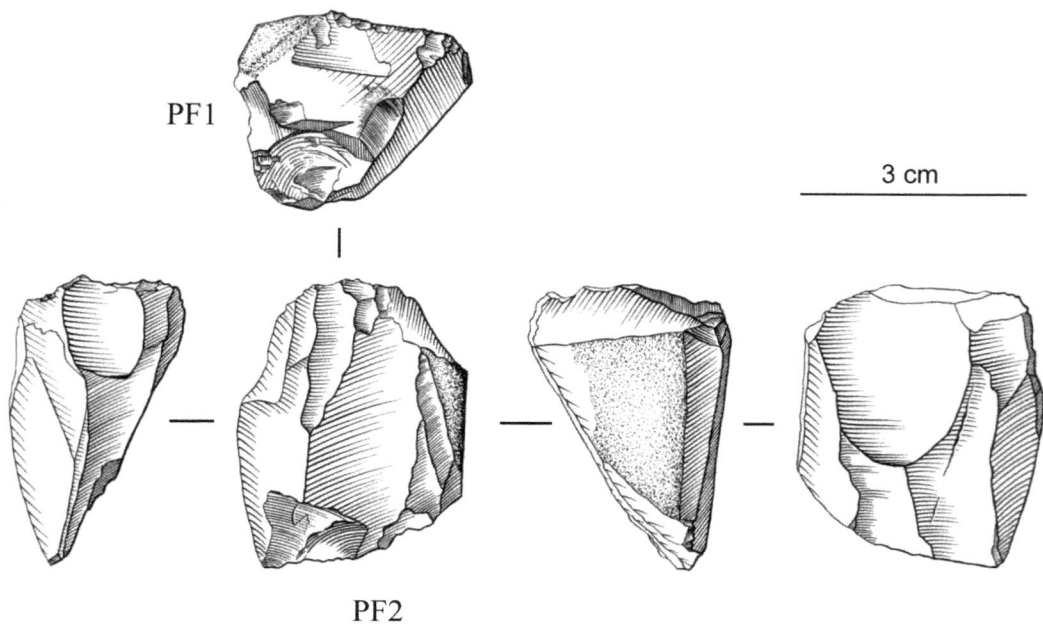

PF2

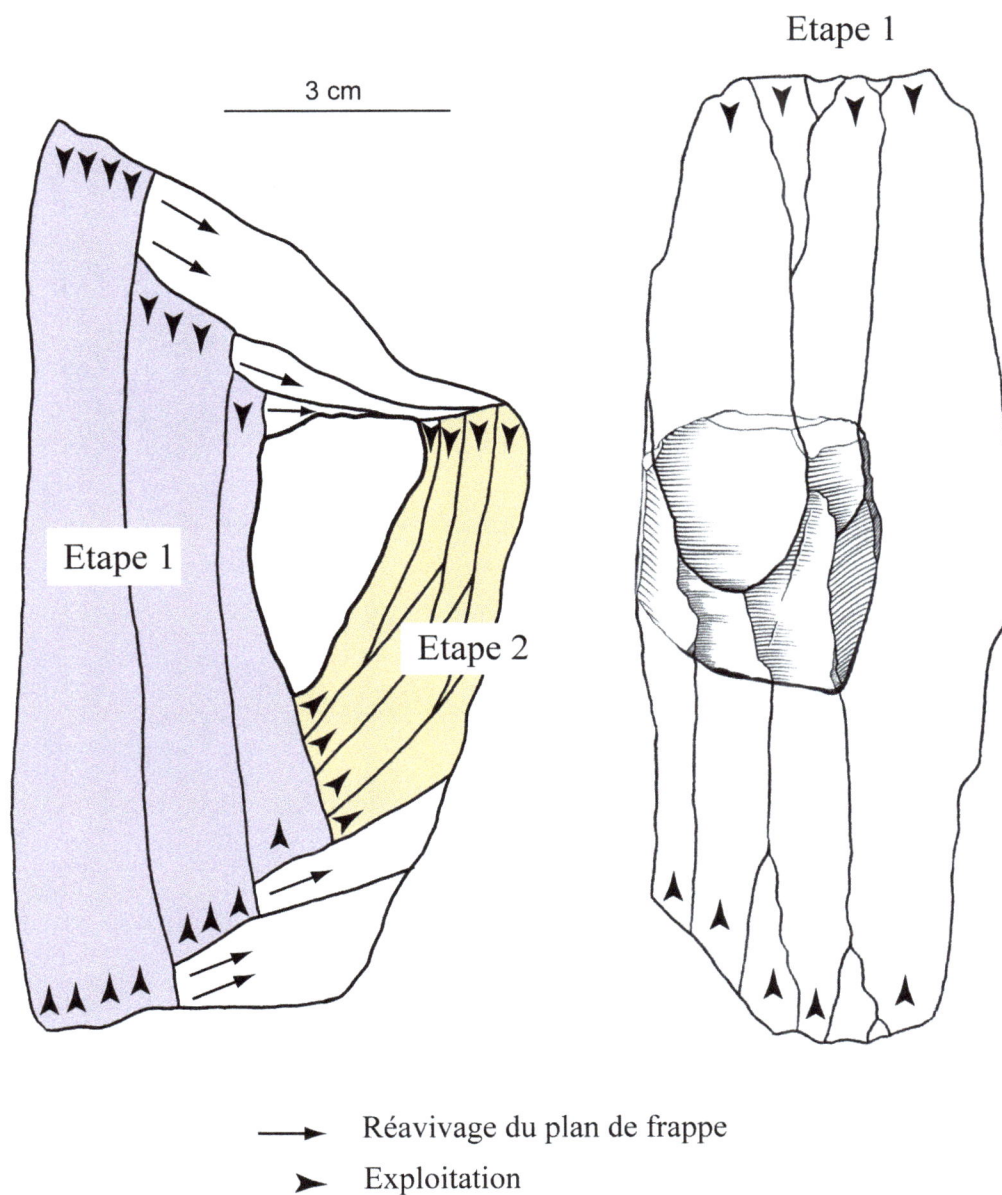

3 cm

Etape 1

Etape 1

Etape 2

Etape 1

→ Réavivage du plan de frappe

➤ Exploitation

Figure 50 : page de gauche : nucléus 83889R11843. Collection Saint-Périer, niveau IV, M.A.N. Matériau : Treviño. Dessins A. Simonet.

Page de droite : Remontage virtuel d'après la présence de négatifs laminaires au dos du nucléus en fin d'exploitation dévoilant l'existence d'une exploitation antérieure (étape 1) de produits laminaires de gabarits plus important.

Figure 51 : nucléus 83888R1853-1932. Collection Saint-Périer, niveau III, M.A.N. Matériau : Flysch type calcaire de Bidache. Photographies A. Simonet.

quatre et cinq cm en fin d'exploitation. La disproportion entre, d'une part, le grand nombre de pointes des Vachons et d'outils sur lame (grattoirs sur bout de lame, lames retouchées) et, d'autre part, la très faible présence de nucléus à grandes lames (une vingtaine à peine pour l'ensemble des deux collections du niveau inférieur), soulève la question de l'existence d'une continuité de la production entre grandes lames et petites lames/lamelles dans l'hypothèse où les supports d'outils et d'armatures aient été confectionnés dans la grotte.

Une réduction progressive du gabarit des supports tout au long de l'exploitation du nucléus semble envisageable. Pour l'ensemble des deux collections du niveau inférieur, seule une dizaine de nucléus porte des négatifs d'enlèvements plutôt réguliers en fin d'exploitation.

Pour la seule collection Passemard du niveau supérieur (C), seuls quatre nucléus portent des négatifs laminaires réguliers.

Le nucléus à partir duquel ont probablement été extraits des supports de pointes des Vachons que nous présentons sur la page suivante est l'un des plus grands et des plus réguliers de l'ensemble des deux collections du niveau inférieur (fig. 52 et 53). Il concerne l'exploitation d'un matériau lointain du nord de l'Espagne (silex de Treviño), pourtant très faiblement représenté (deux exemplaires, l'autre est représenté par le nucléus 83889R11843, fig. 50) au regard des très nombreux nucléus en Flysch de type calcaire de Bidache (cf. chapitre suivant).

Le plus grand nucléus du niveau supérieur (collection Passemard C) possède une table laminaire haute de huit

cm. Parmi les nucléus laminaires du niveau inférieur (collection Passemard F3), seuls quatre exemplaires ont potentiellement servi à extraire des supports de pointes des Vachons au moment de leur abandon (table avec négatifs de produits laminaires réguliers de longueur plutôt comprise entre sept et neuf cm).

Ces derniers semblent avoir été abandonnés suite à l'impossibilité de poursuivre le débitage. La table laminaire de l'un des nucléus est définitivement détériorée par un réfléchissement assez profond. Les trois autres possèdent un angle plan de frappe/table laminaire trop ouvert et/ou un cintre également trop ouvert qu'il est impossible de corriger. Ces données convergent avec l'idée d'une continuité dans la fabrication de grandes lames et de petites lames.

IV. L'exemple des dix nucléus laminaires de la collection Passemard (niveau F3)

La tendance du débitage est aussi bien unipolaire (cinq exemplaires) que bipolaire (quatre au sens strict, un autre plutôt hiérarchisé en fin d'exploitation). La progression du débitage est majoritairement frontale avec une table étroite et cintrée (fig. 49, 51, 52, 54, 60, 62). Une tendance minoritaire, avec des tables laminaires présentant une table faciale plus large et un cintrage beaucoup moins accentué est également présente (fig. 50, 55, 57).

IV.1. La composante unipolaire avec ou non réimplantation de table

Deux catégories de structure volumétrique peuvent être

3 cm

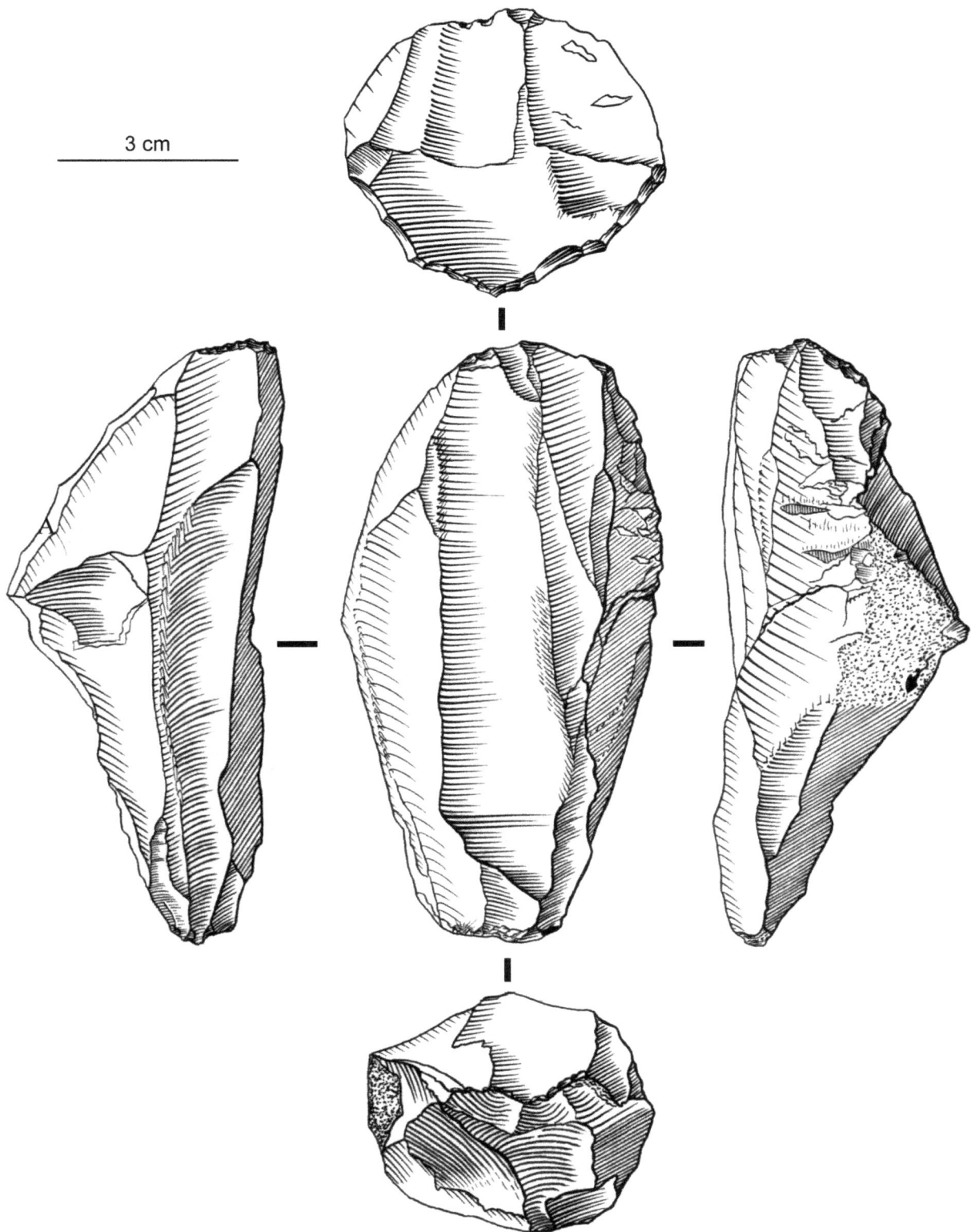

Figure 52 : nucléus 10338. Collection Saint-Périer, niveau IV, M.A.N. Matériau : Treviño. La présence de négatifs de grands enlèvements laminaires au dos du nucléus (A) indique la réorientation du volume. La pièce a subi l'action du feu. Dessin A. Simonet.

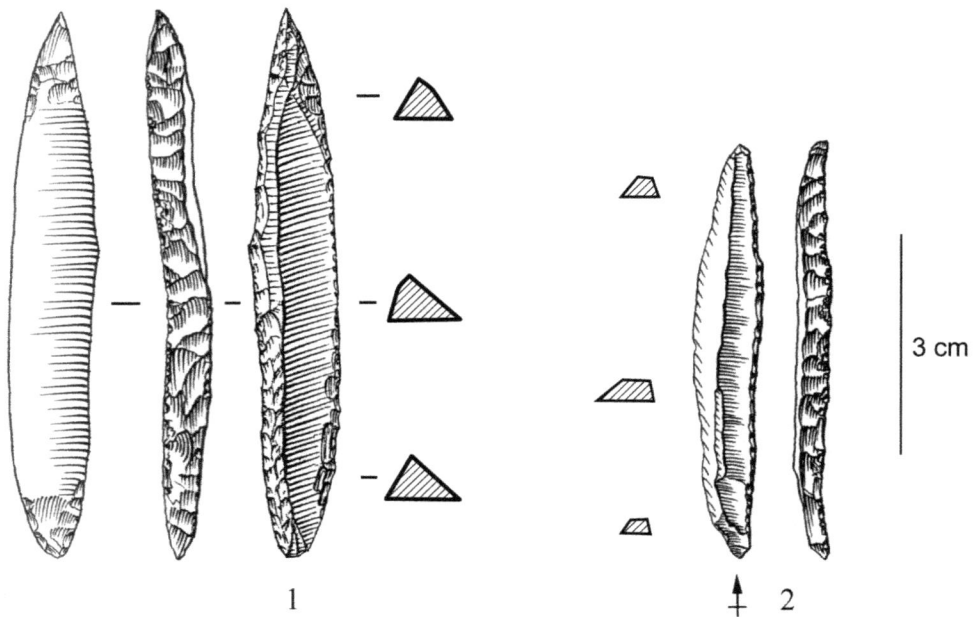

Figure 53 : deux pointes des Vachons en Treviño qui ont pu être confectionnées à partir de supports extraits sur le nucléus présenté sur la figure précédente. Il existe en effet une dizaine de pointes des Vachons en Treviño pour seulement deux nucléus de la même matière. Collection Saint-Périer, niveau IV, M.A.N. N° 1 : d'après Saint-Périer, 1952, fig. 42 – n° 9, modifiée. N° 2 : dessin A. Simonet.

individualisées :

Le premier groupe est majoritaire. Il comprend des nucléus qui possèdent une structure volumétrique majoritairement frontale avec une table étroite et cintrée. La table laminaire est implantée en profitant au mieux des morphologies naturelles des blocs ou des éclats.

Le débitage laminaire, et ceci semble être une des caractéristiques principales du Gravettien à Noailles, répond au meilleur rapport coût/bénéfice. Il s'ensuit un réajustement permanent entre, d'une part, les volumes et les arêtes naturellement exploitables et, d'autre part, les intentions au cours du débitage.

Les plans de frappe sont très majoritairement lisses, inclinés à très inclinés. Une convergence des enlèvements en partie distale de la table ne semble pas être particulièrement recherchée mais plutôt liée à des enlèvements laminaires outrepassés, comme le remarque L. Klaric à Brassempouy (2003), ou induit par la morphologie naturellement étroite et prismatique du support (fig. 54, 56, 62).

La mise en forme du volume est sommaire et le dos ainsi que les flancs peuvent rester corticaux. Lorsque ceux-ci sont aménagés pour cintrer la table laminaire, ils le sont majoritairement à l'aide de l'extraction d'éclats laminaires à partir du plan de frappe. Néanmoins, nous avons repéré des négatifs d'enlèvements dont l'axe est perpendiculaire à la table et qui suggèrent l'emploi de crêtes antérieures. Parmi les dix nucléus laminaires réguliers, deux nucléus possèdent, en effet, une crête

postéro-latérale à un versant et un autre une crête antéro-latérale à un versant.

Le deuxième groupe est minoritaire. Il comprend des nucléus dont la structure volumétrique est peu cintrée. Certaines pièces présentent en effet des tables de morphologie plutôt faciale (fig. 50, 55, 57, 58). Ces tables investissant le côté le plus large de petits éclats sont certes minoritaires, mais leur unité technique est particulièrement frappante. La matière première ne présente pas de défaut particulier, diaclases ou inclusions calcaires, qui pourrait expliquer cette gestion du volume.

De nombreux nucléus possèdent deux plans de frappe et deux tables laminaires bien qu'il s'agisse plus probablement d'un débitage conçu comme unipolaire, la deuxième table étant implantée lorsque la première n'est plus exploitable. Nous reviendrons sur ce problème lors de l'étude suivante des nucléus bipolaires. Signalons également l'existence de quelques nucléus unipolaires coniques (fig. 59) absents de la collection Passemard mais présents en nombre restreint dans la collection Saint-Périer (une vingtaine d'exemplaire).

IV.2. La composante bipolaire au sens strict

Parmi la dizaine de nucléus laminaires réguliers issus de la collection Passemard (F3), cinq présentent deux plans de frappe dont quatre semblent être le résultat d'un débitage bipolaire au sens strict (présence de plusieurs enlèvements de longueur égale ou supérieure à la moitié de la table laminaire extraits à partir du plan de frappe opposé). Concernant le dernier nucléus bipolaire, rien ne

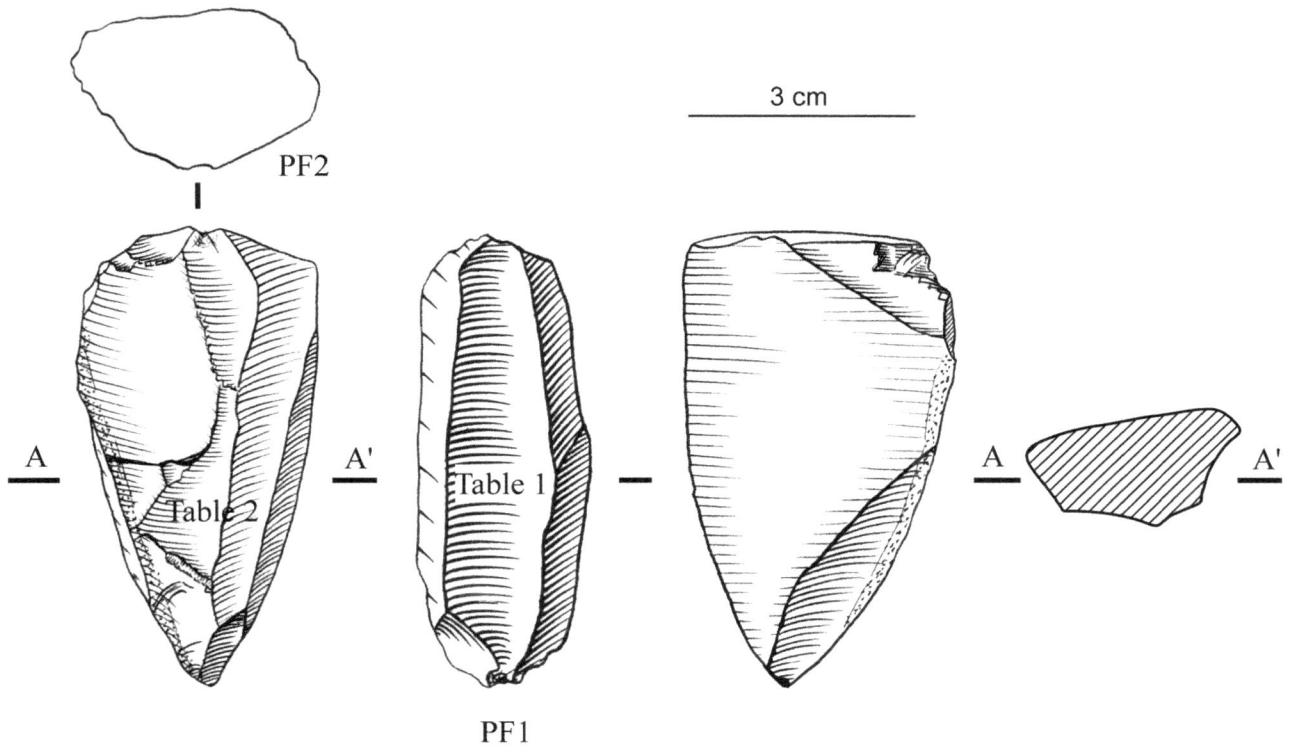

Figure 54 : nucléus 12012 R-1942 à tables opposées-décalées. Collection Saint-Périer, niveau IV, M.A.N. Matériau : Flysch type calcaire de Bidache. Dessin A. Simonet.

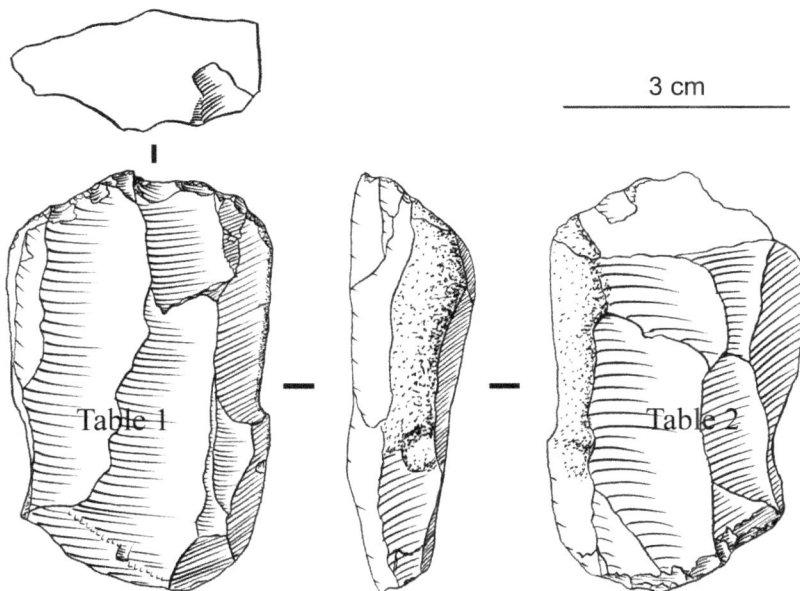

Figure 55 : nucléus 83889 6012R-1942 à tables opposées-alternes. Collection Saint-Périer, niveau IV, M.A.N. Matériau : Chalosse type Audignon/Sensacq ? Dessin A. Simonet.

3 cm

A   A'

A   A'

Table 2   Table 1

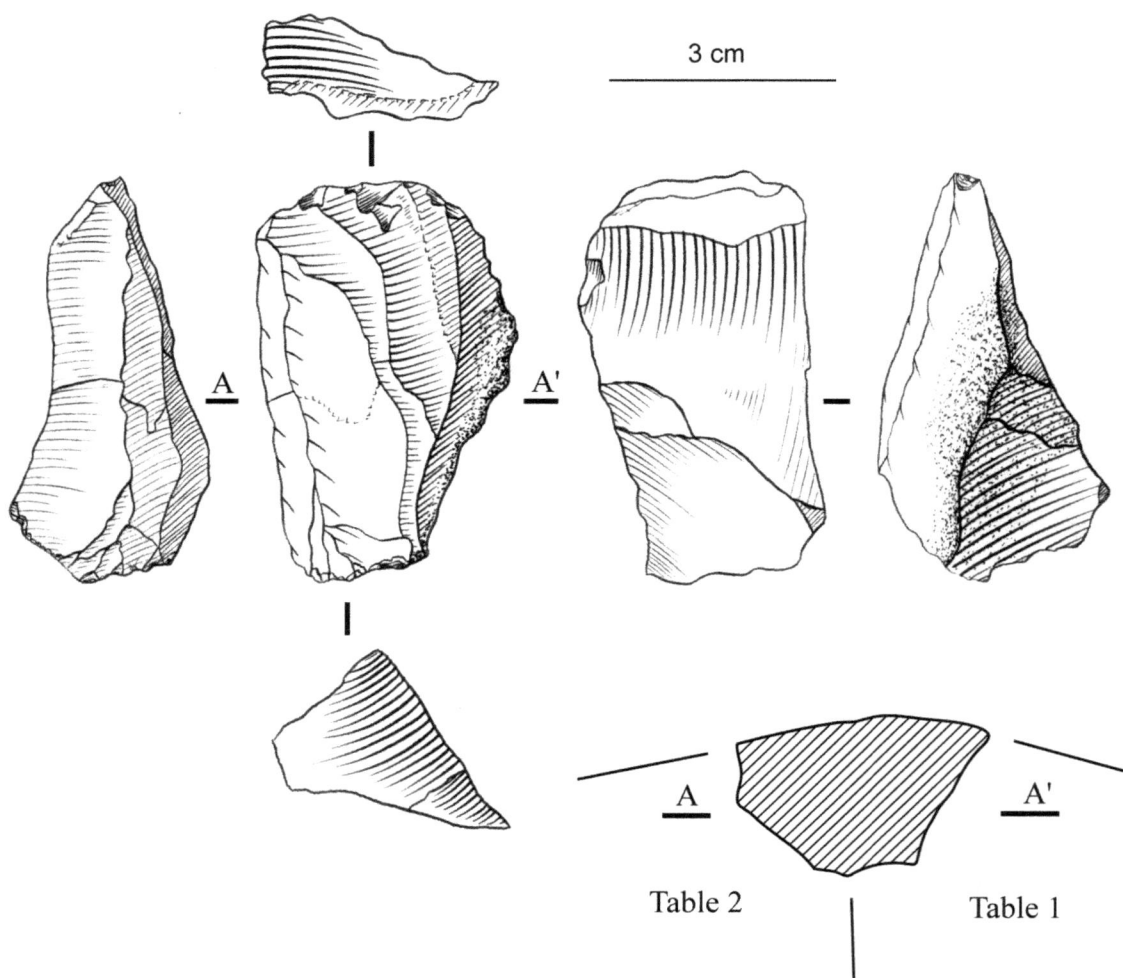

Figure 56 : nucléus 83889- ??13R-1942 à tables chevauchantes. Collection Saint-Périer, niveau IV, M.A.N. Matériau : Chalosse type Audignon/Sensacq. Dessin A. Simonet.

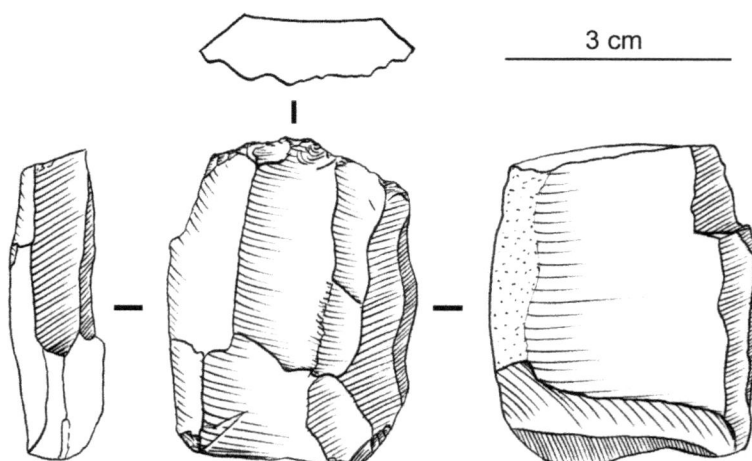

3 cm

Figure 57 : nucléus 75259. Collection Passemard, niveau F3, M.A.N. Matériau : Flysch type calcaire de Bidache. Dessin A. Simonet.

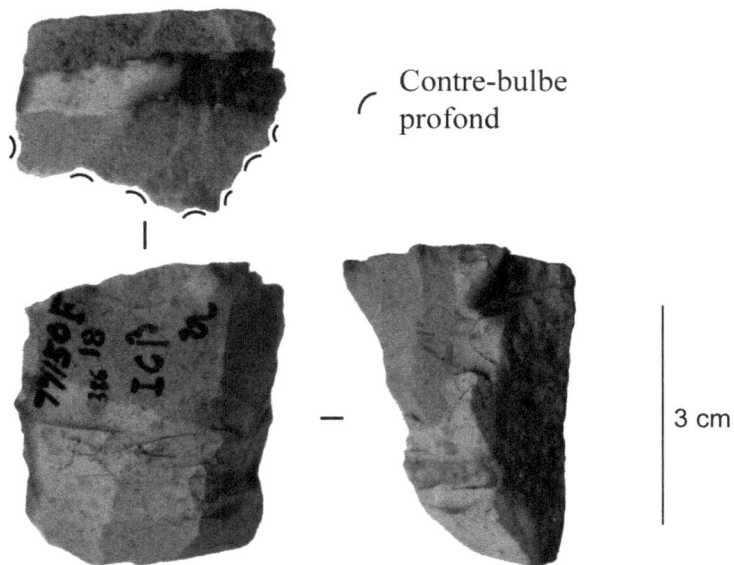

Contre-bulbe profond

3 cm

Figure 58 : nucléus ICß22-77150F38618. Collection Passemard, niveau C, M.A.N. Matériau : Flysch type calcaire de Bidache. Photographie A. Simonet.

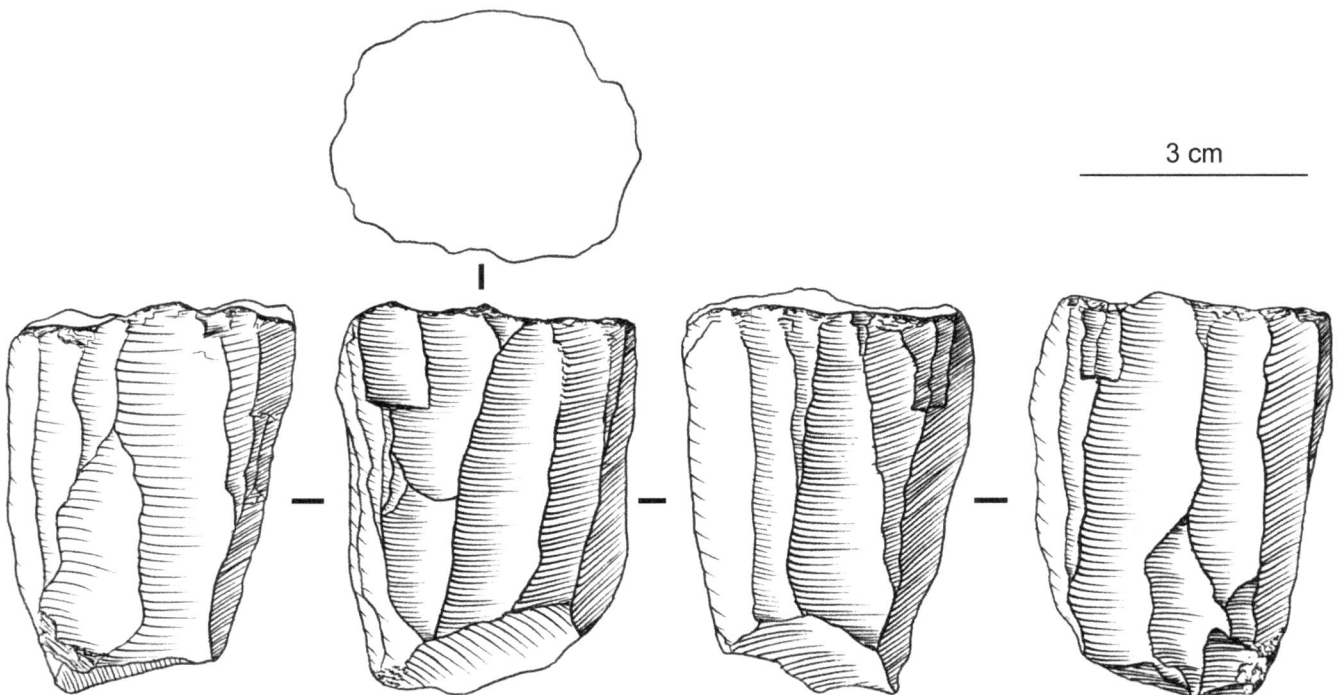

3 cm

Figure 59 : nucléus 83 829-1942. Collection Saint-Périer, niveau IV, M.A.N. Matériau : Flysch type calcaire de Bidache. Dessin A. Simonet.

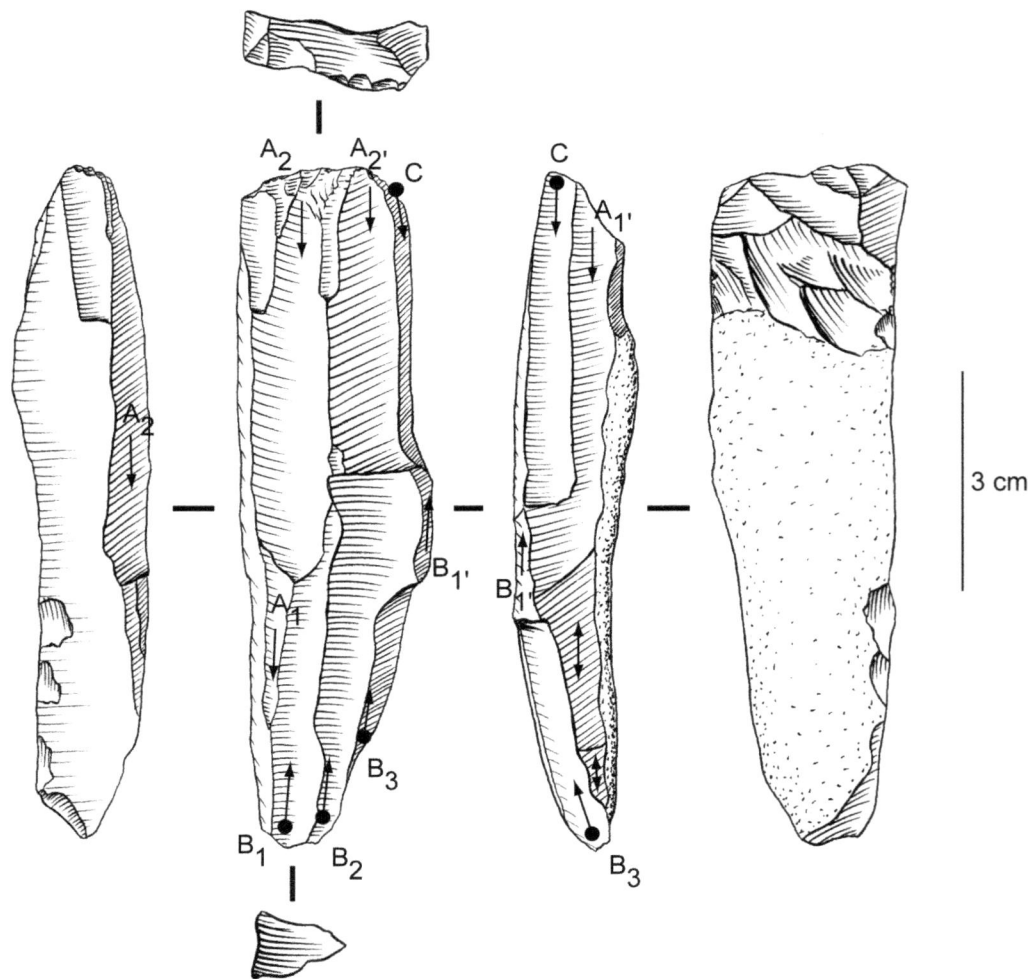

Figure 60 : nucléus 12009R. Collection Saint-Périer, niveau IV, M.A.N. Matériau : Flysch type calcaire de Bidache. Dessin A. Simonet.

permet de préciser, à son état d'abandon, si l'un des deux plans de frappe a été utilisé de manière préférentielle.

De manière générale, les règles qui régissent la construction volumétrique de ces nucléus sont identiques à celles des nucléus unipolaires. Trois nucléus sont implantés sur des éclats. Le support des deux autres est difficile à préciser, les négatifs d'enlèvements ayant supprimé tout indice de détermination.

Les nucléus bipolaires prismatiques et très allongés, sur lesquels un débitage opposé est visible sur la même table laminaire, sont très rares. Le nucléus représenté est l'un des rares exemplaires caractéristiques de l'utilisation d'un débitage à séquences strictement opposées, simultanées et complémentaires, en fin d'exploitation (fig. 60).

Les nucléus bipolaires de la collection Saint-Périer dévoilent des tables laminaires de type opposées-alternes (fig. 55), opposées-décalées (fig. 50, 54), opposées-chevauchantes (fig. 56) ou opposées à séquences successives (chaque nouvelle séquence détruisant en

partie l'ancienne table exploitée à partir du plan de frappe strictement opposé : fig. 52).

Entre les deux types de construction volumétriques extrêmes (débitage à tables opposées-alternes/opposé sur table identique, c'est-à-dire entre les nucléus des figures 52 ou 60 et celui présenté fig. 55), tous les intermédiaires existent. D'où notre fréquente difficulté à préciser le rôle du deuxième plan de frappe ou de la deuxième table par rapport à la première (maintien/entretien/correction ?). Il s'agit plus vraisemblablement d'un principe d'auto-entretien, les crêtes étant très rares.

L'exemple du nucléus 12012R1942 (fig. 54) représente un exemple particulièrement caractéristique des modalités opératoires utilisées à Isturitz. La nouvelle table est implantée sur l'un des flancs de l'ancienne table laminaire sans que nous puissions préciser son rôle (bien qu'il s'agisse probablement d'auto-entretien).

Ces modalités représentent un concept puissant du Gravettien dans son acceptation la plus large chronologiquement ; davantage que le débitage à l'aide de nucléus prismatiques bipolaires à table opposées complémentaires (décrit à Corbiac par François Bordes), qui est plus rare et sans doute en partie conditionné par l'accès à de gros nodules permettant l'implantation de tables opposées (la longueur du nucléus doit être deux fois égale à celle des produits recherchés).

Le point commun entre ces deux gestions volumétriques est le principe d'auto-entretien par l'utilisation de tables complémentaires appliqué à la recherche de produits laminaires rectilignes. Au regard de la très grande souplesse régissant l'implantation de la table, la notion même de débitage bipolaire semble difficile à définir. Dans l'exemple du Gravettien d'Isturitz, la distinction nucléus bipolaire/unipolaire est plus proche de l'artifice taxonomique que de la réalité préhistorique.

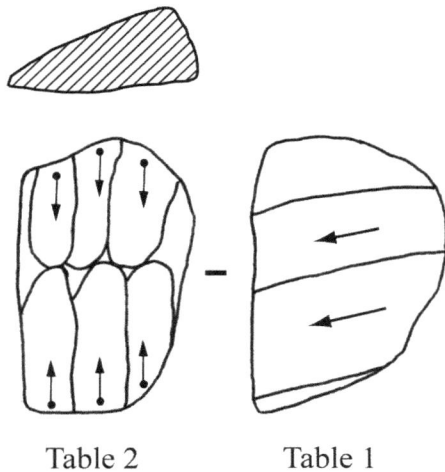

Table 2   Table 1

Figure 61 : schéma d'une réimplantation croisée d'une table laminaire. Dessin A. Simonet.

Cette souplesse dans la gestion du débitage possède néanmoins ses limites car les tables laminaires sont généralement réimplantées dans des plans sécants d'axes parallèles. Les tables croisées donc à plans sécants d'axes perpendiculaires, bien que présentes, sont exceptionnelles (fig. 61). Cette réimplantation utilisant une surface préférentiellement sécante à la table précédente montre que, dans le Gravettien à Noailles d'Isturitz, réimplantation et continuité du débitage sont des principes fusionnels. Ce principe fait écho, en quelque sorte, à l'étape d'initialisation du débitage et à celle de mise en forme du nucléus qui se confondent.

V. Ce que montrent les produits laminaires bruts

Les produits laminaires bruts issus de la collection Passemard (F3) dévoilent une occurrence plutôt rare du débitage bipolaire au sens strict. Sur les 109 produits observés, huit lames seulement comportent des négatifs d'enlèvements opposés attestant une exploitation possible à l'aide du second plan de frappe (négatif dont la longueur est égale ou supérieure à un tiers de celle du support). Treize produits comportant des traces d'enlèvements opposés attestent plutôt de l'utilisation d'un plan de frappe préférentiel (longueur inférieure à un tiers de celle du support). Enfin, trois lames outrepassées ont emporté une partie du plan de frappe opposé.

La relative rareté des produits à crête (onze produits sur les 162 produits lamino-lamellaires présents) appuie l'hypothèse d'un principe d'auto-entretien déjà largement sous-tendu par les modes d'implantation variées des tables laminaires. Les produits laminaires à crête ne sont guère plus nombreux dans le tamisage des déblais. 47 produits laminaires à crête (crête d'entame, sous-crête, néo-crête) pour 497 produits laminaires simples bruts sont présents dans les déblais tamisés en 1998, 39 pour 925 en 2004 et 50 pour un total de 809 en 2005.

VI. Des nucléus à éclats et à éclats laminaires largement majoritaires : négligence terminale ou manque de compétence ?

VI.1. Les nucléus à éclats laminaires ou à négatifs laminaires irréguliers

Les nucléus à éclats laminaires sont conceptuellement semblables aux quelques nucléus laminaires présents dans la collection Passemard (niveau F3) mais présentent un certain nombre d'irrégularités comme des nervures très sinueuses, des ondes marquées, un débitage peu ou pas orienté, et, par conséquent, une productivité apparemment moins importante.

Nous retrouvons la même tendance que dans les débitages plus soignés. Les éclats épais sont sélectionnés de manière préférentielle comme support de nucléus (26 exemplaires) mais les blocs et les petites plaquettes sont également exploités.

Le débitage est aussi bien unipolaire que bipolaire (à tables opposées-décalées alternes, chevauchantes ou mixte). Les nucléus prismatiques bipolaires au sens strict sont rares. La préparation au débitage est succincte voire inexistante. À l'état d'abandon, les tables mesurent principalement entre quatre et six cm.

À l'instar des nucléus informes, certains ne peuvent avoir servi à une extraction de produits laminaires dans une première phase (20 exemplaires). Ces nucléus posent le problème classique de l'interprétation des débitages peu soignés, entre négligence terminale correspondant à un besoin rapide et manque de compétence (fig. 62, 63).

Les autres nucléus peuvent avoir fourni, quant à eux, des produits réguliers dans une première phase. Les négatifs des éclats laminaires ont malheureusement supprimé tout indice permettant l'identification d'un débitage laminaire régulier antérieur. De nombreux nucléus de la collection Saint-Périer dévoilent néanmoins des indices avérant l'existence d'une production laminaire précédant un débitage de supports plus petits et moins réguliers (fig. 50).

Figure 62 : nucléus 83889-R6006-1942. Collection Saint-Périer, niveau IV, M.A.N. Matériau : Flysch type calcaire de Bidache. Les nombreux réfléchissements successifs dévoilent une insistance et une rapidité du débitage qui ont conduit à une détérioration irréversible de la corniche. Mais s'agit-il d'un acharnement intentionnel ou d'un manque de compétence ? Photographie A. Simonet.

Figure 63 : nucléus 83889R ?341-1941-1942?. Collection Saint-Périer, niveau IV, M.A.N. Matériau : Flysch type calcaire de Bidache. Une insistance a conduit à une détérioration irréversible de la corniche. S'agit-il une nouvelle fois d'un acharnement intentionnel ou d'un manque de compétence ? Photographie A. Simonet.

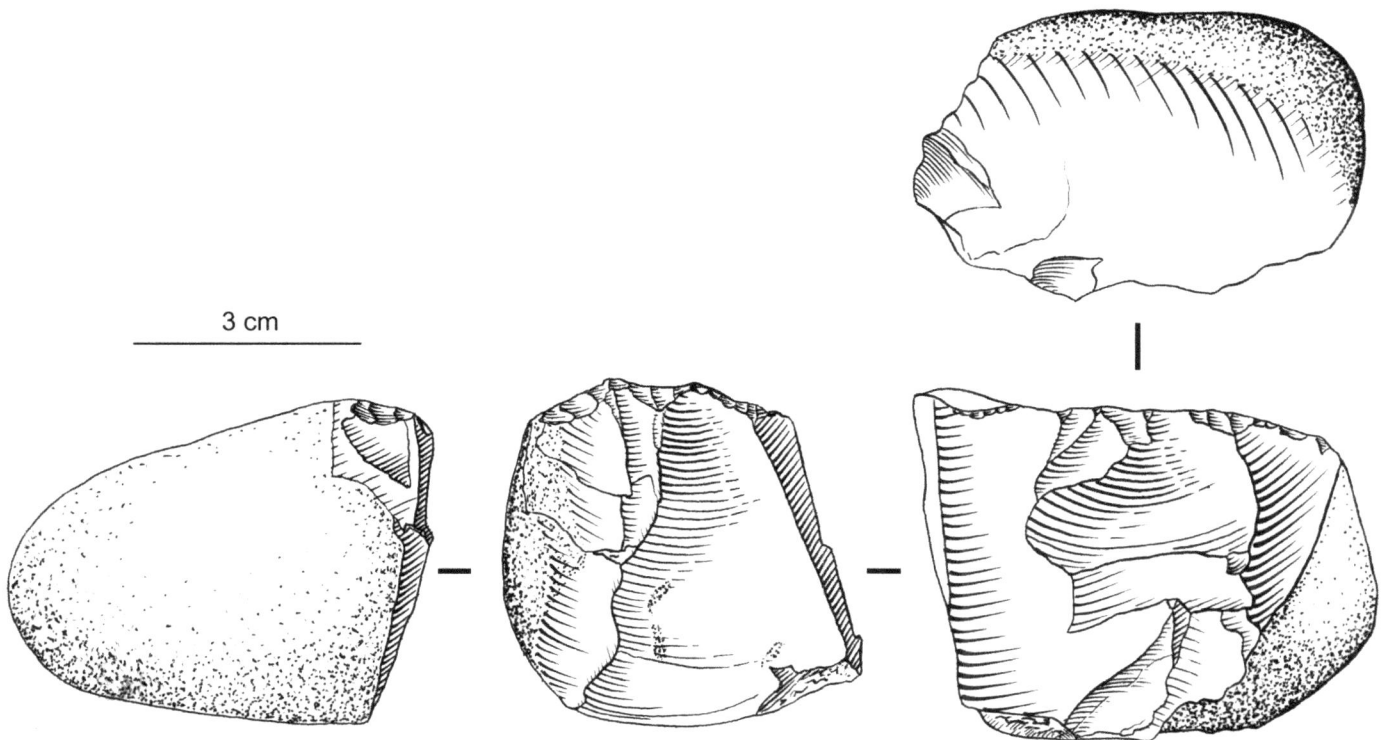

Figure 64 : nucléus à éclats 7527112-1916-842. Collection Passemard, niveau F3, M.A.N. Matériau : Flysch type calcaire de Bidache. Aucun débitage de produits laminaires n'a précédé le débitage d'éclats. Dessin A. Simonet.

VI.2. Les nucléus à éclats

En fin d'exploitation, les nucléus laminaires ne représentent qu'un échantillon restreint de l'ensemble de la série. Les nucléus à éclats, peu soignés, sont bien plus nombreux. En ce qui concerne le niveau inférieur (F3), ceux-ci sont au nombre de 62. La plupart sont des nucléus informes en fin d'exploitation et ont pu fournir des supports laminaires réguliers dans un stade antérieur (42 exemplaires possibles).

Les 20 nucléus restant sont des nucléus à éclats qui n'ont jamais servi à l'extraction de produits laminaires réguliers (utilisation de petits galets, traces de cortex supérieurs à 60%, traces importantes de surface inférieure pour les éclats). Ceux-ci attestent d'une recherche autonome exclusive d'éclats (fig. 64).

La plupart des 42 nucléus à éclats qui ont pu fournir des supports laminaires réguliers dans une première étape ne possèdent pas de plans de frappe particuliers et sont de forme globuleuse. Cependant, quatorze exemplaires possèdent un débitage assez orienté (éclats détachés dans la même direction) associé à un plan de frappe oblique à partir duquel ont très bien pu être détachés des produits laminaires réguliers dans une première étape (fig. 65). Ces nucléus pourraient indiquer une exploitation dégressive avec un débitage d'éclats qui conserverait la structure volumétrique antérieure du nucléus à lames. Mais il pourrait tout aussi bien s'agir d'une identité de

principe entre le débitage laminaire et le débitage d'éclats et d'éclats laminaires.

La moitié des nucléus à éclats à partir desquels ont pu être extraits des produits réguliers dans une phase antérieure (une vingtaine d'exemplaires) sont totalement épuisés (longueur de la table comprise entre trois et quatre cm). Le diamètre maximal de ces nucléus à éclats se distribue de manière homogène entre trois et six cm, quatre cm étant la hauteur moyenne.

La moitié restante (une quinzaine), sont des nucléus de dimension légèrement plus importante (entre cinq et six cm) et dont le silex est le plus souvent impropre au débitage (silex chaillé, fissuré, diaclasé, trop sec, cassant ou possédant des vacuoles,...). Ces nucléus sont de forme plus globuleuse, informe. La majorité d'entre eux possèdent de nombreux réfléchissements successifs, des arêtes écrasées reflétant l'insistance du tailleur voire l'acharnement. Notons également que des stigmates de l'utilisation d'une percussion dure sont présents (fig. 65). Ce faisceau d'indices nous oriente vers l'hypothèse d'un débitage d'apprentis (Pigeot, 1987 ; Pelegrin, 1995, Simonet, 2004, 2008). Dans l'immédiat, il nous est malheureusement difficile de préciser si ces produits irréguliers sont la conséquence d'une négligence terminale corrélative à une mauvaise qualité de la matière première (donc intentionnels) ou s'ils découlent d'un degré de compétence moins élevé.

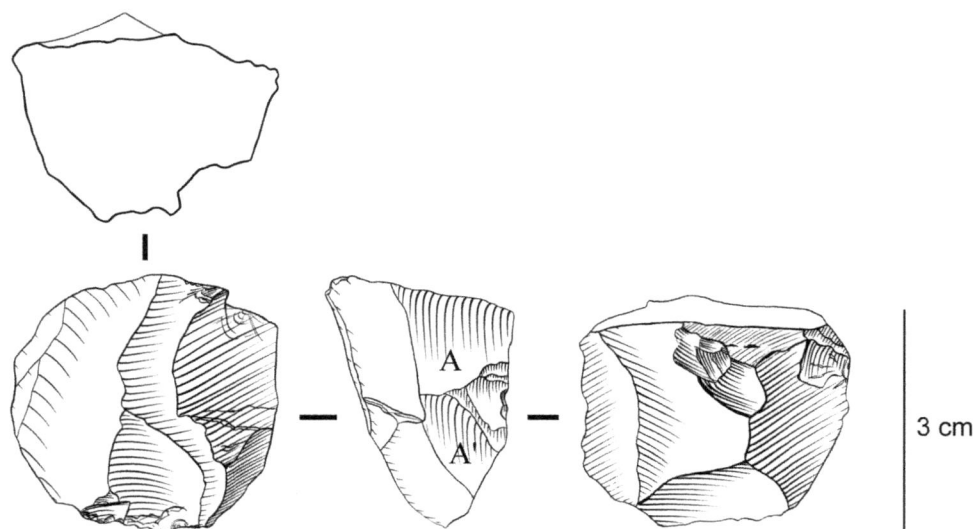

Figure 65 : nucléus à éclats 752653. Collection Passemard, niveau F3, M.A.N. Matériau : Flysch type calcaire de Bidache. A-t-il existé une extraction de produits laminaires lors d'une exploitation antérieure ? Les négatifs présents sur le flanc droit (A) pourraient en représenter des indices. La corniche présente des contre-bulbes profonds indiquant l'utilisation d'une percussion dure. Dessin A. Simonet.

Bien que les modalités opératoires du niveau supérieur soient absolument identiques à celles du niveau inférieur, le niveau C se distingue néanmoins par une proportion moins importante de nucléus à éclats (tabl. 8).

Ces derniers représentent près de 50% des nucléus du niveau inférieur et 22% du niveau supérieur (tabl. 8). La plus grande proportion de nucléus à éclats laminaires dans le niveau supérieur compense néanmoins cette diminution du nombre de nucléus à éclats au détriment du nombre de nucléus laminaires réguliers, rares dans chacun des deux niveaux.

La très grande majorité des nucléus à éclats du niveau supérieur ne présentent pas d'indices concernant l'existence d'un débitage antérieur plus régulier ce qui ne démontre pas son absence. Si certains semblent en effet n'avoir fourni aucun support régulier antérieur (cortex et/ou face inférieure supérieure à 60% de la surface totale), d'autres peuvent avoir alimenté une phase antérieure de production de bons supports. Aucun

témoignage de cette étape antérieure potentielle n'est malheureusement visible à cause des négatifs irréguliers des derniers enlèvements qui couvrent la totalité de la table laminaire.

VII. Une présence marginale de nucléus à lamelles

Quelques nucléus (20 exemplaires pour le niveau F3, huit pour le niveau C) de petits gabarits présentent des négatifs d'enlèvements lamellaires de moins de trois cm de longueur. En ce qui concerne l'exemple du niveau inférieur, neuf exemplaires attestent d'une recherche autonome de lamelles alors que les onze autres pourraient être d'anciens nucléus à produits laminaires à partir desquels auraient été extraites des lamelles en fin d'exploitation (fig. 66).

Les modalités opératoires sont une nouvelle fois similaires à celles décrites pour le débitage laminaire régulier. Les supports de certaines petites armatures à dos pourraient provenir de l'exploitation de ces nucléus.

	Passemard F3		Passemard C	
	N	%	N	%
Nucléus à produits laminaires réguliers				
Nucléus à produits laminaires réguliers	10	7,6	9	16,6
Nucléus à produits irréguliers				
Nucléus à éclats laminaires	39	29,7	25	46,2
Nucléus à éclats	62	47,3	12	22,2
Nucléus à produits lamellaires	20	15,2	8	14,8
Total Nucléus	**131**	**100%**	**54**	**100%**

Tableau 8 : décompte comparatif des types de nucléus des niveaux gravettiens F3 et C. Collection Passemard, M.A.N.

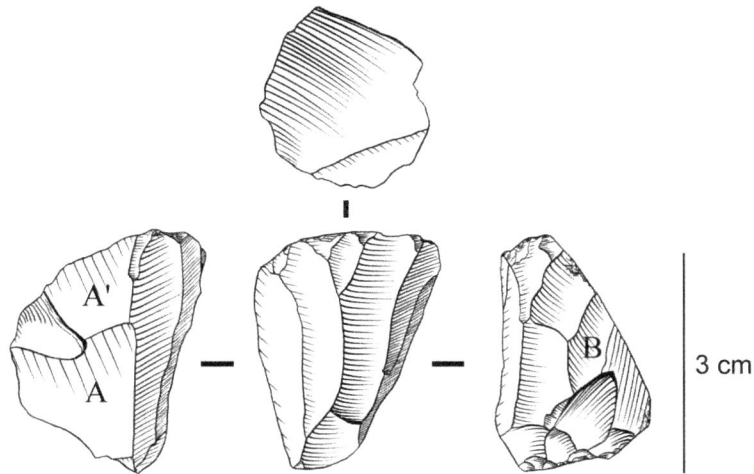

Figure 66 : nucléus à lamelles 75271-827. Collection Passemard, niveau F3, M.A.N. Matériau : Flysch type calcaire de Bidache. Le nucléus présente un négatif lamellaire attestant l'existence d'une exploitation précédente (B) avant la reprise totale du plan de frappe. Les négatifs présents sur le flanc gauche (A) sont-ils les vestiges d'un débitage laminaire antérieur avant réorientation du volume du nucléus et débitage de lamelles en continuité avec celui des lames ? Dessin A. Simonet.

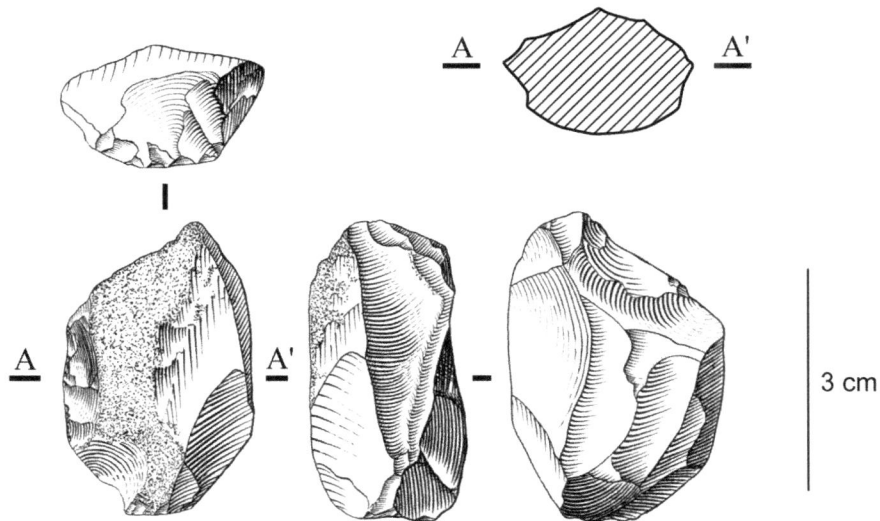

Figure 67 : nucléus à lamelle. Tamisage 1998, niveau IV. Matériau : Flysch type calcaire de Bidache. Dessin A. Simonet.

3 cm

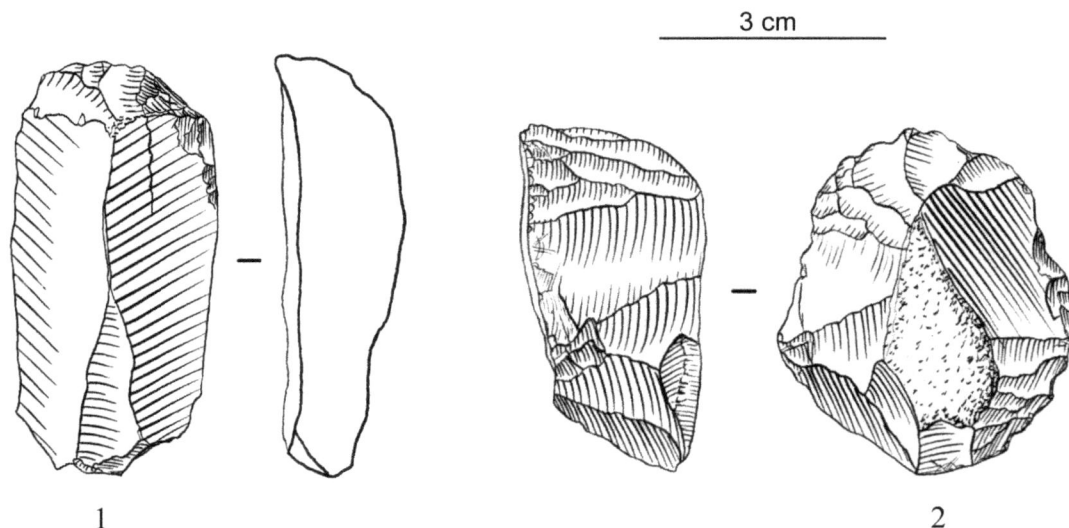

1   2

Figure 68 : grattoirs. N° 1 : grattoir sur bout de lame épaisse. Collection Saint-Périer, niveau IV, M.A.N. N° 2 : grattoir à tendance carénée. Collection Saint-Périer, niveau IV, M.A.N. Dessins A. Simonet.

L'observation de la collection Saint-Périer confirme la rareté de ces nucléus. Le tamisage des déblais en a livré quelques exemplaires, notamment la série 2004, sous la forme d'un nucléus bipolaire à grandes lamelles sur tranche d'éclat et d'un nucléus unipolaire pyramidal à petites lamelles.

Ces nucléus lamellaires sont difficiles à individualiser. Certains ne peuvent être dissociés de l'ensemble des nucléus laminaires de petites dimensions puisque tous les gabarits intermédiaires existent. D'autre part, ces nucléus ne sont généralement pas très soignés et les enlèvements peuvent n'être que très vaguement lamellaires (six nucléus). Beaucoup de nucléus à lamelles sont également très peu productifs (fig. 67). Les enlèvements sont alors unique ou très peu nombreux. Six exemplaires possèdent un ou deux négatifs de produits lamellaires débités sur un nucléus globuleux à éclats. Ces nucléus dont la production est faible et très peu normée soulève également l'hypothèse de l'intervention terminale d'apprentis.

VIII. Une production sur 'outils-nucléus' ?

Certains supports d'armatures possédant l'aspect de lamelle de burin conduisent à envisager une éventuelle production de supports lamellaires à partir d' « outils-nucléus ».

VIII.1. Les grattoirs à tendance carénée

17 grattoirs à tendance carénée sont présents dans le niveau inférieur (fig. 68 – n° 2). Les nombreux grattoirs carénés auparavant décomptés (Esparza San Juan, 1995) sont des grattoirs sur bout de lame épaisse (fig. 68 – n° 1) dont la morphologie s'explique par l'utilisation de sous-produits de débitage (néo-crête, lame à pan corticale). La plupart du temps, les retouches sont irrégulières et peu lamellaires. Au regard de l'importante série de grattoirs

sur bout de lame (plusieurs centaines), les quelques grattoirs carénés pourraient également rentrer dans la marge de variabilité entourant la norme morpho-métrique des grattoirs. Par conséquent, les grattoirs à tendance carénée représentent une option technique envisageable pour une confection très minoritaire de certaines armatures mais peu vraisemblable.

VIII.2. Les burins sur troncature

Cinq burins sur troncature pourraient être des nucléus à lamelles (un simple, trois double opposé et un double alterne) :

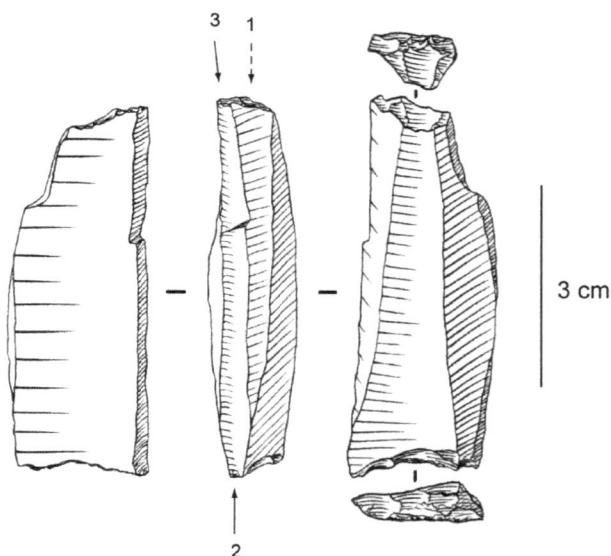

3 cm

Figure 69 : burin sur troncature. Collection Saint-Périer, niveau IV, M.A.N. Dessin A. Simonet.

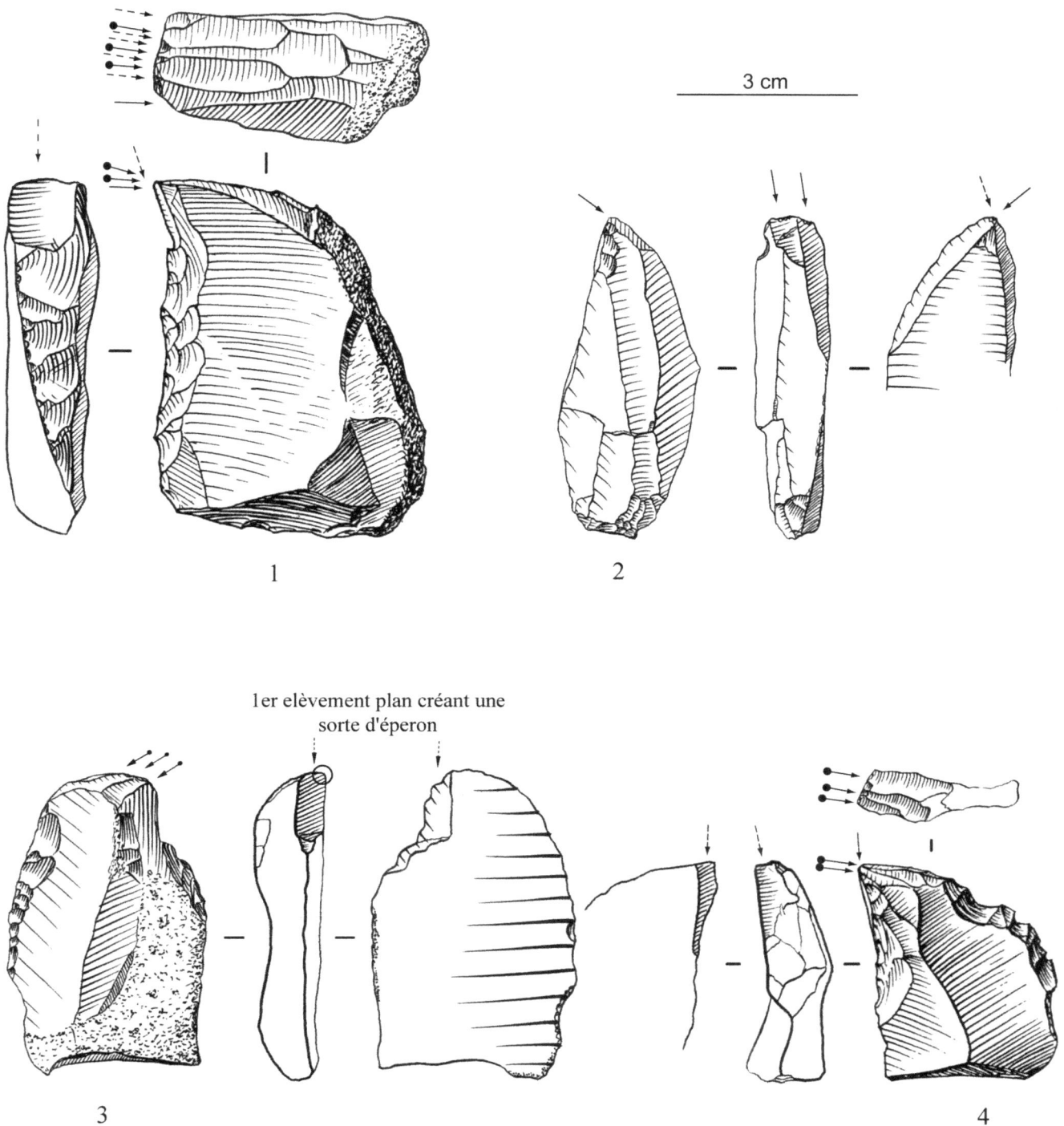

Figure 70 : burins à tendance carénée. Collection Saint-Périer, niveau IV, M.A.N. N°s 1 et 4 : d'après Saint-Périer, 1952, fig. 49 – n°s 2 et 8, modifiées. N°s 2 et 3 : dessins A. Simonet.

VIII.3. Les burins à tendance carénée

Mais ce sont les burins à tendance carénée qui représentent les « outils-nucléus » à supports lamellaires les plus probables.

31 exemplaires sont présents dans le niveau IV (collection Saint-Périer) et deux exemplaires dans le niveau C (collection Passemard). Aucun burin caréné n'ayant été découvert dans les déblais jusqu'à présent, leur quantité reste inchangée. Leur présence est donc faible mais avérée.

Les coups de burin ont tendance à être donnés de manière transversale à partir d'un premier enlèvement lui-même parallèle à l'axe de débitage du support et légèrement plan. Sur certains exemplaires, les enlèvements burinant successifs tendent à envahir la face supérieure du support (fig. 70 – n° 3). La morphologie finale se situe donc au croisement des types de burins « plans », « transversal », « caréné », « busqué » ou « dièdre d'angle ».

Ce type de burin serait un marqueur chrono-culturel du Gravettien de la Plaine russe ou « Kostienkien » (com. pers. S. Lev). À l'instar du couteau de Kostienki (Klaric, 2000), cet outil met en avant de nouvelles réflexions, à la fois sur le rôle de nucléus envisageable pour un certain nombre de ces pièces et sur la notion de marqueur spécifique caractérisant des groupes régionaux.

12 exemplaires sont typologiquement des burins carénés (fig. 70 – n°s 1 et 3). Les supports sont très majoritairement des éclats (neuf exemplaires) mais aussi des produits laminaires irréguliers (trois exemplaires). Dans leur état d'abandon, ces burins possèdent au moins quatre ou cinq enlèvements visibles et représentent, par conséquent, des nucléus à lamelles potentiels. La moitié de ces burins possède le schéma volumétrique décrit précédemment.

19 exemplaires sont des burins carénés atypiques. Ils présentent des enlèvement moins nombreux et dans l'ensemble moins réguliers (fig. 70 – n°s 2 et 4).

Des pistes de recherche sont envisageables en ce qui concerne la confection de lamelles à retouche marginale ainsi que certaines lamelles à dos retrouvées au sein des déblais (étude précise des lamelles de burin).

IX. Des techniques de percussion variées : l'exemple du niveau IV/F3

Les techniques de percussion ont été identifiées en se basant sur les travaux de J. Pelegrin (1991, 1995, 2000). Le diagnostic des techniques de percussion est fondé sur l'étude de 84 produits laminaires issus du niveau F3 ayant conservé leur partie proximale (sur 121 produits laminaires présents au total dans la série Passemard, niveau F3). Nous avons relevé le classement suivant :

- 18 cas de percussion organique probable.
- 27 cas de percussion organique possible.
- 9 cas de percussion tendre sans précision.
- 23 cas de percussion tendre minérale possible.
- 8 cas de percussion tendre minérale probable.
- 1 cas de percussion dure.

Les deux composantes (percussion tendre organique et percussion tendre minérale) semblent se rencontrer à part égale mais les exemples certains de percussion tendre minérale sont rares.

Un examen rapide de quelques produits laminaires issus de la collection Saint-Périer atteste cependant d'une utilisation de la percussion tendre minérale plus prononcée. Ces données vont dans le sens de la prise en considération des cas de percussion minérale sans précision (correspondant à la marge de recouvrement), comme cas de percussion tendre minérale possible.

Par conséquent, il ne semble pas exister de composante majoritaire mais plus probablement l'emploi conjoint de percuteurs minéraux et organiques (fig. 71).

Il est difficile de préciser une éventuelle corrélation entre les types de produits recherchés et les percuteurs utilisés. Il semble toutefois que les plus grands produits laminaires (plus de sept cm) soient majoritairement débités par percussion organique. Cette dernière diminuant progressivement en faveur de l'augmentation de l'utilisation de la percussion tendre minérale au fur et à mesure de la diminution des gabarits des supports débités.

Sur 38 produits de longueur supérieure à sept cm, 21 ont été débités au percuteur tendre organique (cas probables et possibles), deux seulement au percuteur tendre minéral. Les produits restants correspondent à la marge de recouvrement entre les deux types de percussion. Nous pouvons également noter que les produits débités par percussion tendre minérale montrent une homogénéité des longueurs (± six cm) correspondant à la dimension moyenne d'un support de pointe à dos. Les longueurs des produits débités au percuteur organique sont, quant à eux, beaucoup plus hétérogènes. Celles-ci se distribuent entre quatre et onze cm.

Pour vérifier si cette diminution progressive de l'utilisation du percuteur organique accompagnant celle des longueurs des produits débités n'est pas une construction de l'esprit, nous avons effectué un petit test sur la collection Saint-Périer :

Deux lots de produits laminaires ont été sélectionnés de manière arbitraire. Le premier contient des produits de grandes dimensions, dont les longueurs sont situées entre neuf et douze cm (lot n° 1), le second des produits de dimensions moyennes, dont les longueurs sont situées entre six et sept cm (lot n° 2). Voici les résultats :

Lot n° 1 : sur 14 produits observables :
- percussion tendre minérale probable : 1
- percussion tendre organique probable : 12
- percussion tendre sans précision : 1

Lot n° 2 : sur 56 produits observables :
- percussion tendre minérale probable : 17
- percussion tendre organique probable : 17
- percussion tendre sans précision : 22

Ces données convergent vers l'hypothèse d'une utilisation différentielle des percuteurs selon les longueurs des produits recherchés.

Notons enfin la présence de nombreux contre-bulbes profonds présents sur les nucléus à éclats et à produits lamino-lamellaires irréguliers indiquant l'utilisation d'une percussion dure dans les derniers temps du débitage, corrélée à la baisse de soin terminale.

A : la composante à la percussion tendre organique.

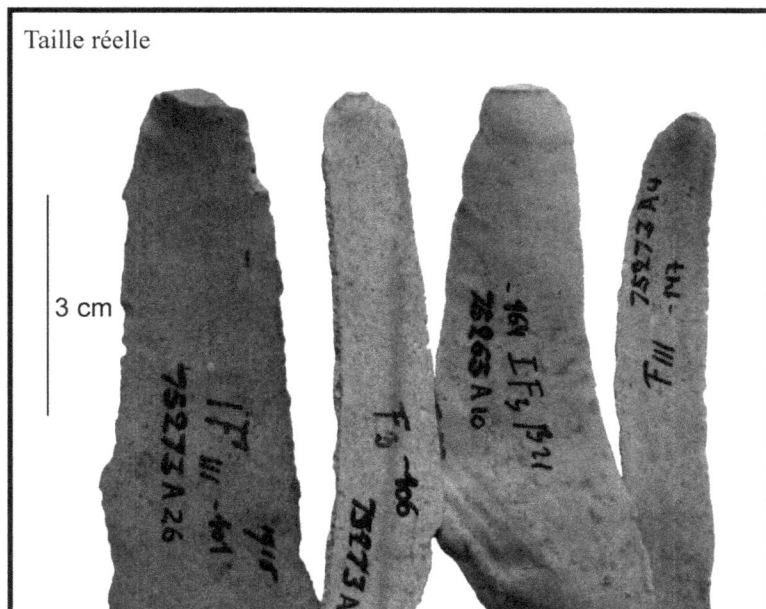

Taille réelle

3 cm

Quatre cas archéologiques
de produits laminaires bruts
détachés à l'aide d'une
percussion tendre organique.
Isturitz, collection Passemard,
niveau F3, M.A.N.

B : la composante à la percussion tendre minérale

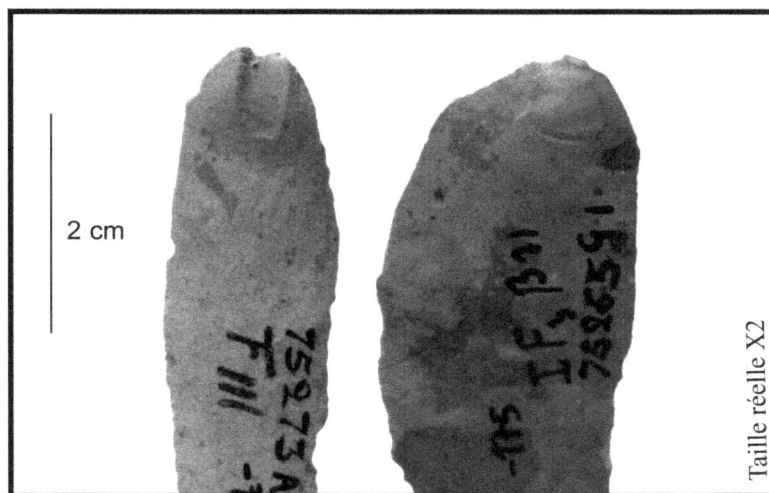

2 cm

Taille réelle X2

Deux cas archéologiques
de produits laminaires bruts
détachés à l'aide d'une
percussion tendre minérale.
Isturitz, collection Passemard,
niveau F3, M.A.N.

La percussion tendre minérale est caractérisée par :
- Une abrasion insistante du point de contact prévu.
- Un talon qui peut être très mince et linéaire, infra-millimétrique, ou punctiforme.
- Un point d'impact discret mais bien visible lié au grain incisif de la pierre tendre.
- Une ligne postérieure du talon moins régulière, moins propre que par percussion tendre organique.
- La présence d'un " esquillement du bulbe" ou d'un "esquillement du talon".
- Une présence de rides fines et serrées sur plusieurs cm ou la totalité de la face inférieure.

La percussion tendre organique est caractérisée par :
- Une limite postérieure du talon régulière.
- L'absence de marque d'impact sur le talon.
- Une épaisseur ainsi qu'une lèvre régulière d'autant plus nettes que l'angle de bord est plus aigu.
- Un bulbe peu proéminent voire absent.

Figure 71 : les modalités de détachement des supports laminaires d'Isturitz (IV/F3). Photographies A. Simonet.

3 cm

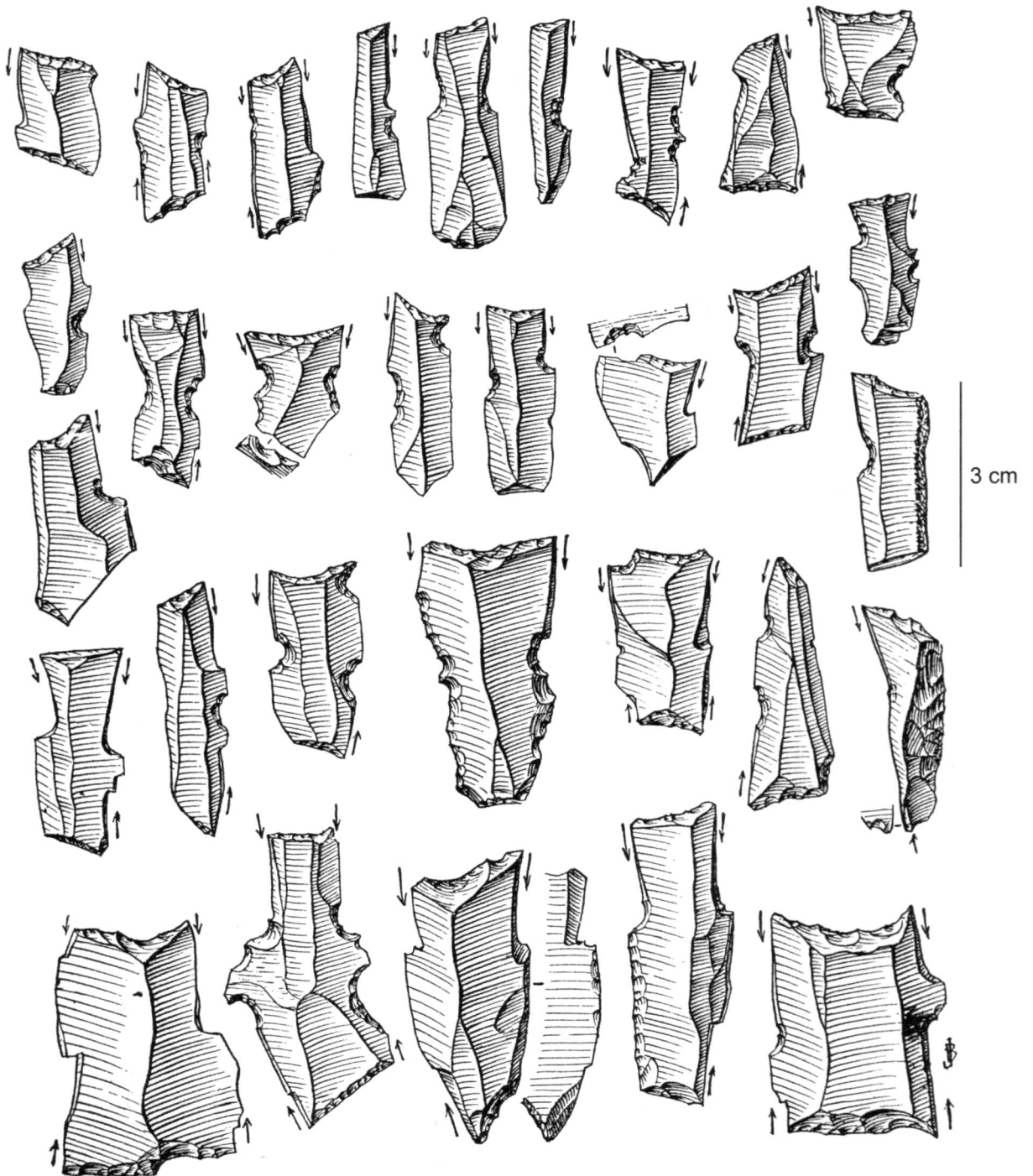

Figure 72 : burins d'angle et de Noailles d'Isturitz. Collection Saint-Périer, niveau IV, M.A.N. D'après Saint-Périer, 1952, fig. 46.

3 cm

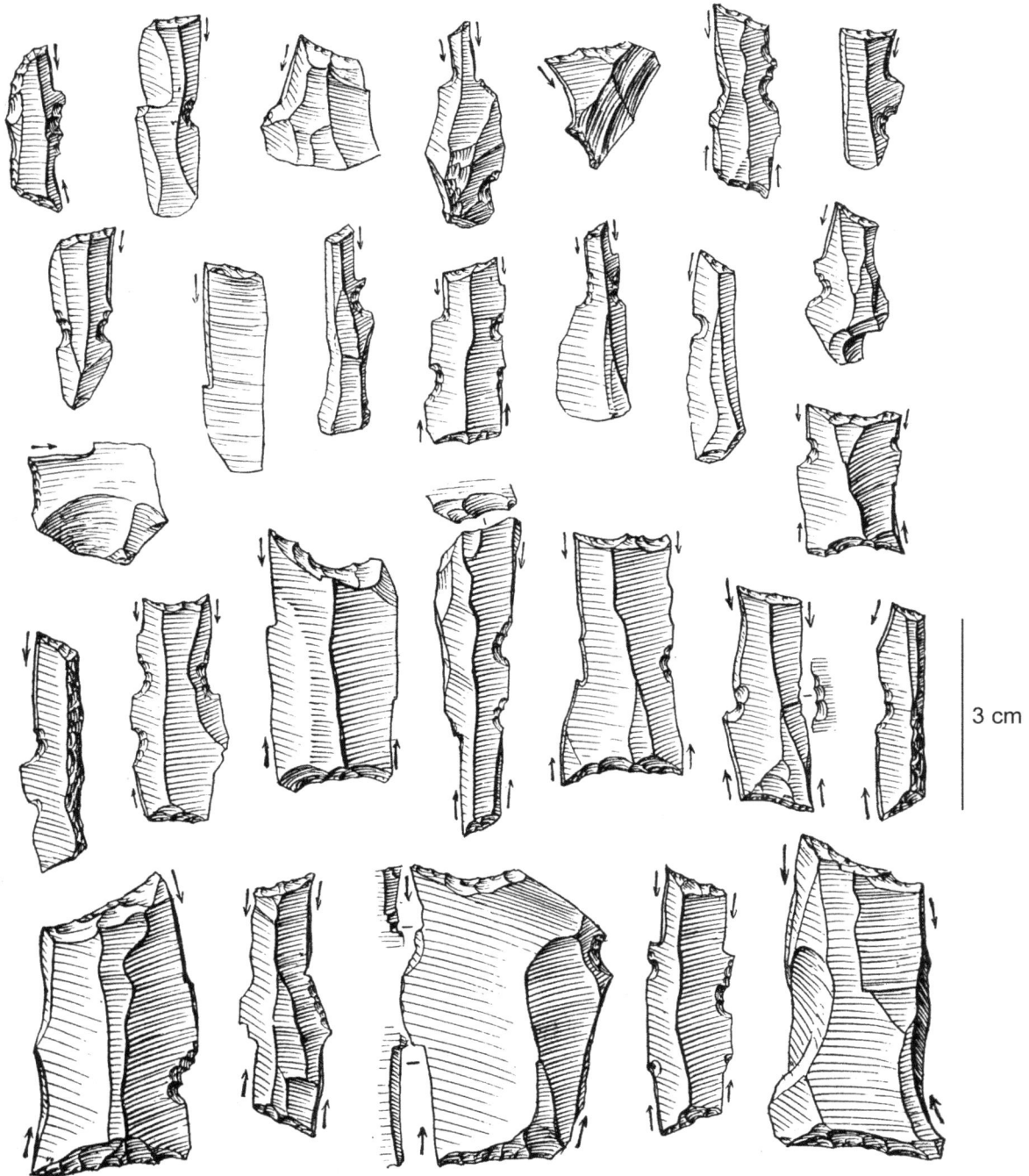

Figure 73 : burins d'angle et de Noailles d'Isturitz. Collection Saint-Périer, niveau IV, M.A.N. D'après Saint-Périer, 1952, fig. 47.

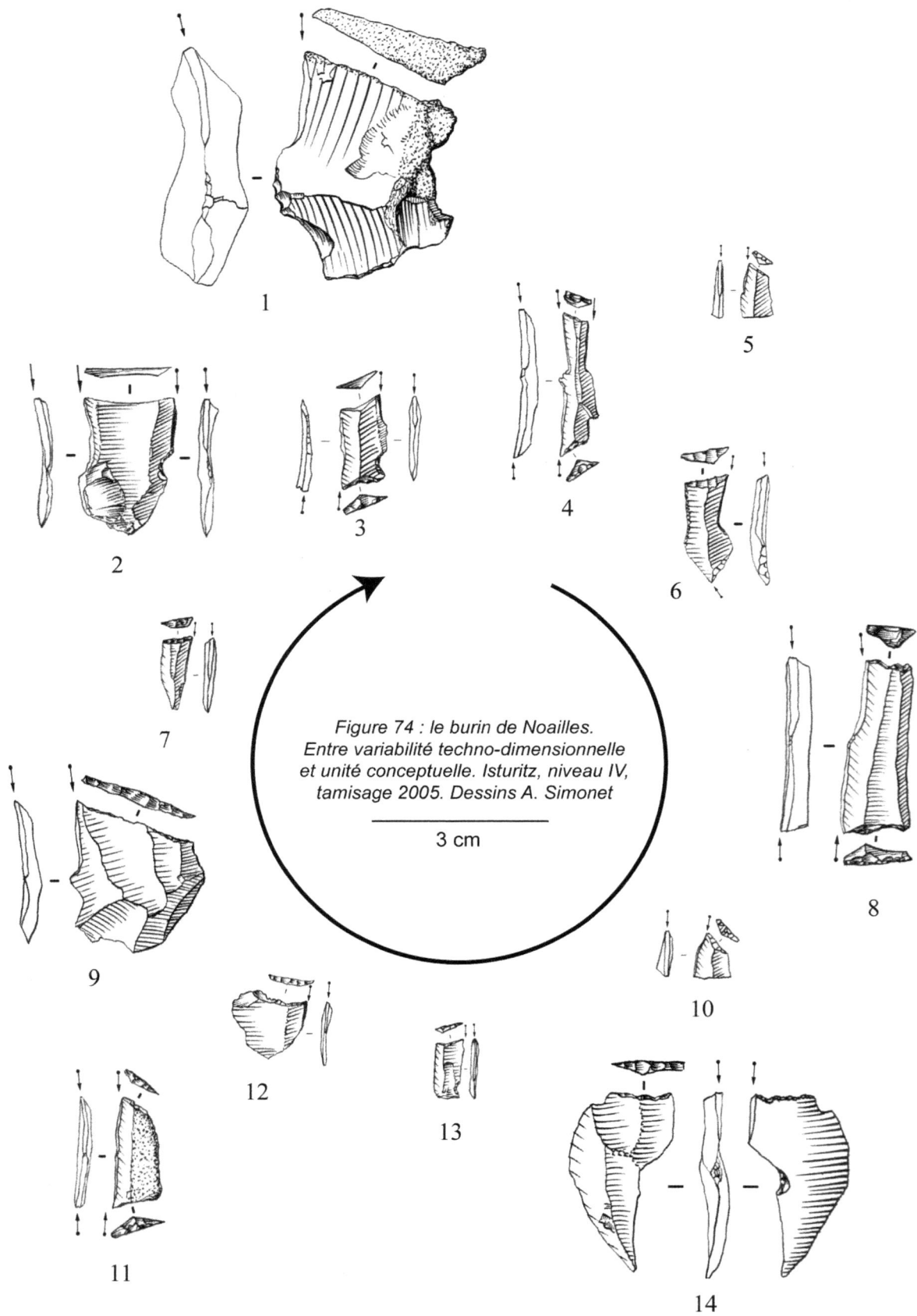

Figure 74 : le burin de Noailles.
Entre variabilité techno-dimensionnelle
et unité conceptuelle. Isturitz, niveau IV,
tamisage 2005. Dessins A. Simonet

3 cm

X. Une imbrication de schémas opératoires

À un débitage soigné de produits laminaires réguliers où la percussion tendre organique semble largement employée succède une production de supports de plus petit gabarit où intervient l'utilisation d'une percussion tendre minérale. La diminution du gabarit des supports s'accompagne d'une baisse de soin. Le débitage se fait plus rapide. Cette rapidité s'intensifie jusqu'à l'utilisation finale d'une percussion dure pour la recherche d'éclats laminaires et d'éclats lorsque les nucléus sont presque épuisés. Ces supports seront notamment transformés en burins de Noailles (fig. 72, 73 et 74).

Dans chacun des deux niveaux, la présence de nucléus épuisés utilisés en percuteur dur associés à de nombreux nucléus irréguliers, possédant plusieurs réfléchissements successifs et/ou un bord de plan de frappe écrasé, évoque un concassage des nucléus entre eux, en fin d'exploitation, effectué dans la grotte.

La diminution très nette du nombre de burins de Noailles dans le niveau supérieur pourrait être corrélée à celle des nucléus à éclats. L'assemblage du niveau C de la collection Passemard ne contient pas de burin de Noailles tandis que celui du niveau F3 en offre huit. Les assemblages sont évidemment trop restreints pour trancher en faveur de l'hypothèse de l'absence de burins de Noailles au sein du Gravettien du niveau supérieur.

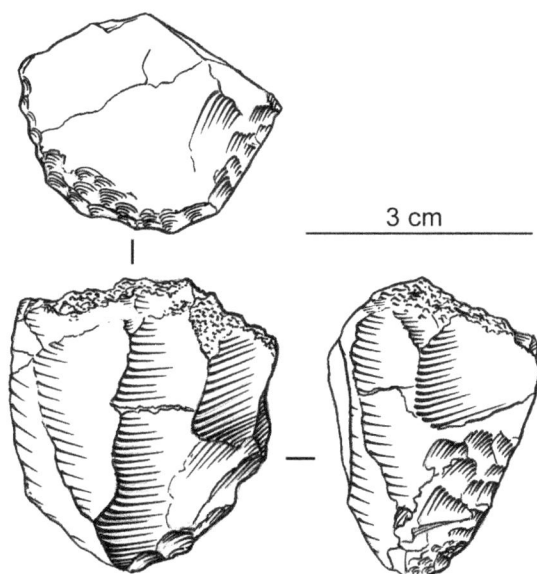

Figure 75 : nucléus à petits produits laminaires réutilisé en percuteur. Collection Saint-Périer, niveau III, M.A.N. Dessin A. Simonet.

Néanmoins, il est très probable que le nombre de burins de Noailles au sein du niveau III (collection Saint-Périer) soit majoré par des contaminations du niveau inférieur IV.

Dans chacun des deux niveaux existerait un double

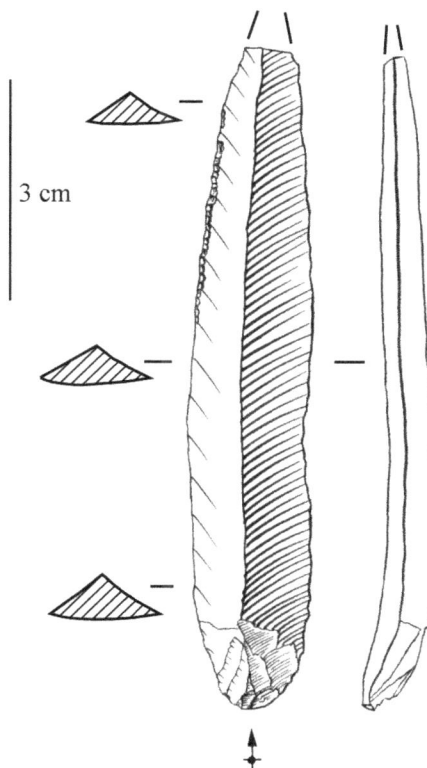

Figure 76 : exemple de support laminaire retouché, très régulier, détaché à la percussion tendre organique. Collection Saint-Périer, niveau IV, M.A.N. Dessin A. Simonet.

continuum : d'une part, dans la fabrication de supports soignés (lames) et peu ou pas soignés (éclats, éclats laminaires, éclats lamellaires) et, d'autre part, de supports de dimensions progressivement plus réduites (fig. 77).

Concernant les modalités opératoires du débitage, la seule différence entre les deux niveaux est davantage d'ordre quantitative que qualitative : la baisse de soin corrélée à la recherche de produits moins normés est ainsi plus insistante dans le niveau inférieur. En revanche, les modalités opératoires mises en œuvre dans le débitage de lames, de produits laminaires irréguliers et de lamelles sont identiques (utilisation de plans sécants avec un ou deux plans de frappe).

Dans le Gravettien d'Isturitz, la séparation entre lames, lamelles et petites lamelles est pour l'instant arbitraire. D'où notre choix de ne pas séparer les produits laminaires des produits lamellaires mais plutôt de parler de produits lamino-lamellaires.

La régularité et la distribution des longueurs des 162 supports bruts et légèrement retouchés de la collection Passemard (niveau F3) appuient cette idée d'absence de seuils métriques clairs (fig. 76 et 78). Ceux-ci sont de morphologie régulière à très régulière (rectitude du support ainsi que des nervures centrales, parallélisme des bords) et témoignent de l'existence d'un débitage soigné qui fut effectué dans la grotte (fig. 77).

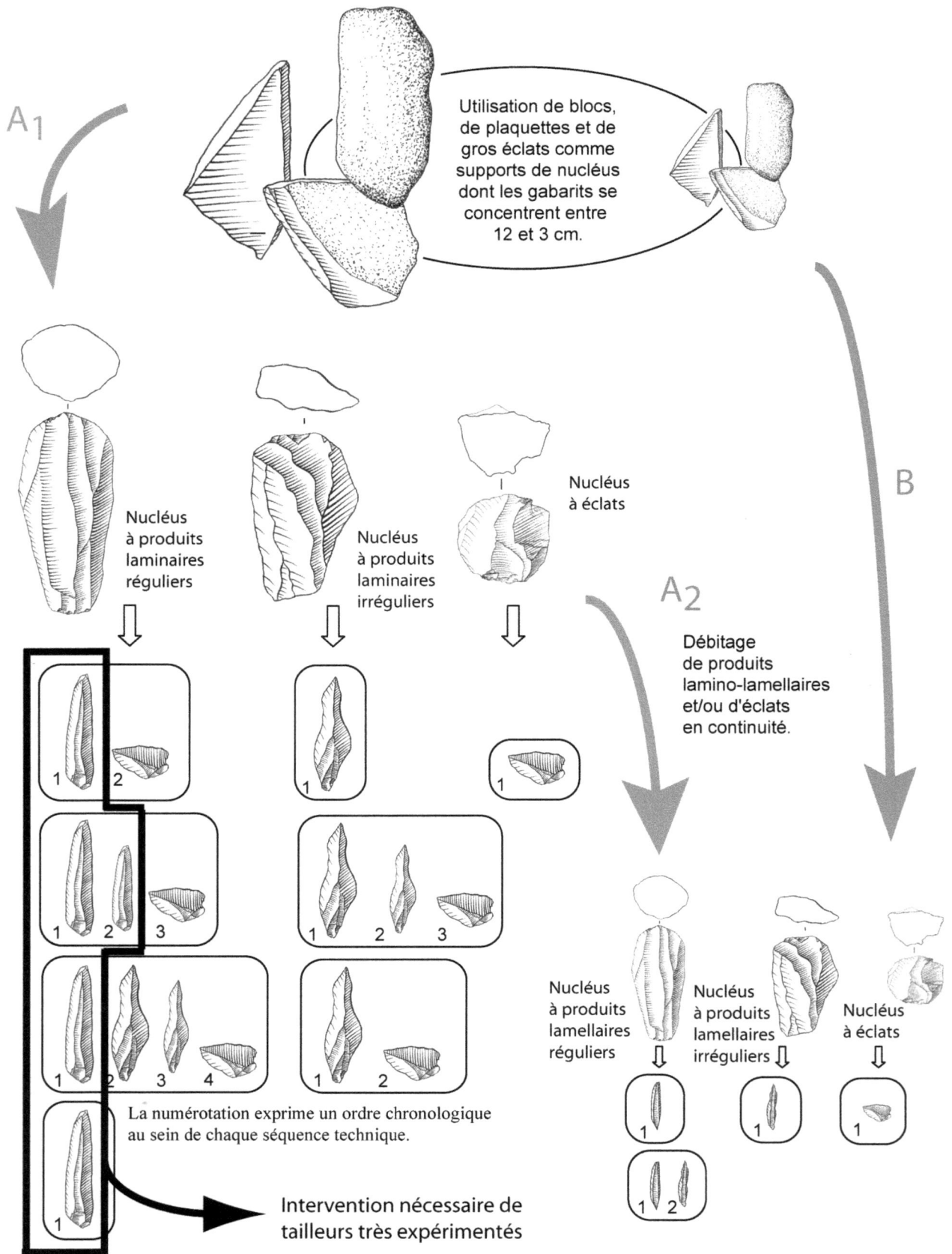

Figure 77 : un système combinatif de modalités opératoires en continuité qualitative et dimensionnelle.

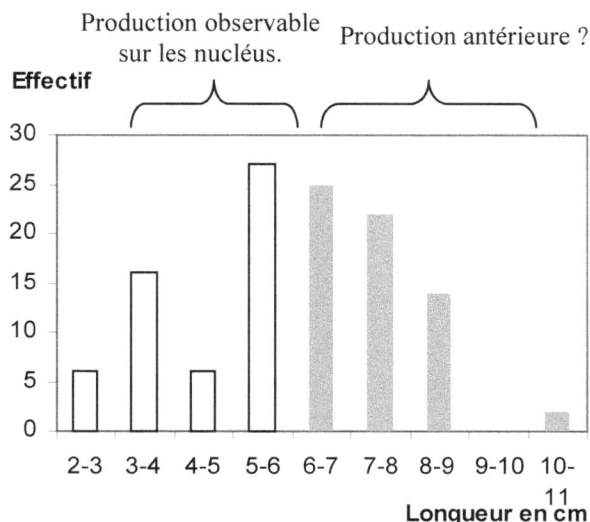

Figure 78 : longueur en cm des 128 produits lamino-lamellaires bruts, entiers ou presque entiers, de la collection Passemard, niveau F3, M.A.N.

Si les longueurs des tables laminaires dévoilent des négatifs d'enlèvements laminaires oscillant majoritairement entre cinq et six cm, les produits laminaires attestent l'existence d'une production de supports mesurant entre sept et neuf cm, quantitativement aussi importante bien que ces derniers ne représentent qu'une image en creux de la vie économique puisque ce sont des supports non utilisés (fig. 78).

En parallèle à cette production qualitativement et dimensionnellement dégressive coexistent des schémas opératoires autonomes d'éclats, d'éclats laminaires et de lamelles qui semblent attester l'existence d'un apport complémentaire. L'interprétation s'avère particulièrement délicate : s'agit-il d'une recherche intentionnelle de produits peu normés (notion de négligence terminale) et/ou d'une reprise des nucléus réguliers par des apprentis ?

XI. Des modalités opératoires souples pour des armatures diverses et variables

En guise de synthèse intermédiaire, recentrons-nous sur le niveau inférieur (IV/F3) mieux documenté :

À la grande variété morphotechniques des supports d'armatures intra ou inter-types (grandes lames à dos/pointe des Vachons/microvachons/petite pièce à dos) répond un continuum au sein du débitage (grande lame/petite lame/grande lamelle/petite lamelle). La souplesse du débitage rend malaisée l'individualisation de chaînes opératoires particulières (fig. 77). D'autre part, le caractère inextricable de cet écheveau de chaînes opératoires est amplifié par la coexistence de besoins différents (débitage rapide et/ou d'apprentis) sans doute liés à l'économie de la matière première en contexte d'habitat.

L'existence d'une chaîne opératoire autonome de lamelles sur « outils-nucléus » (grattoirs carénés, burins carénés) est guère plausible étant donné la faible proportion de ces objets. En revanche, la rareté des nucléus ayant pu fournir des supports de pointes des Vachons en fin d'exploitation soulève des questions.

Deux alternatives sont alors envisageables : soit les armatures de petites dimensions (et les éclats) ont été confectionnées en continuité avec les pointes des Vachons ce qui laisse supposer que les armatures microlithiques et les pointes des Vachons correspondent à une seule occupation donc à un faciès unique. L'investissement le plus important serait alors appliqué dans les premiers temps du débitage afin d'obtenir des supports à pointes des Vachons de très bonne qualité.

Dans la deuxième hypothèse, seuls les éclats et les éclats laminaires dédiés à la confection d'outils domestiques et/ou quelques armatures microlithiques auraient été confectionnés en continuité avec les pointes des Vachons. Une certaine proportion d'armatures microlithiques ne seraient donc pas associées aux pointes des Vachons. Dans cette hypothèse, nous serions face à des occupations (chronoculturelles ?) différentes.

En l'état actuel de l'étude, la première hypothèse paraît plus crédible étant donné l'homogénéité technique des séries sans pour autant exclure la seconde hypothèse qui peut être partiellement invoquée.

Ainsi, la réduction dimensionnelle progressive des supports, sans seuil particulier délimitant des gabarits, semble répondre à la diversité dimensionnelle intra et inter types des armatures.

Le même constat s'applique à la diversité morphotechnique des supports d'armatures qui coïncide avec celle des tables laminaires plus ou moins cintrées. Seules les supports des lamelles à retouche marginale plus minces que ceux des micro-armatures à dos peuvent facilement s'individualiser. Dans leur état d'abandon, les nucléus présentés fig. 50, 57, 55, 59, avec leur table laminaire plus plate, correspondraient bien à une recherche de supports lamellaires destinés à être aménagés par retouche marginale.

Enfin, si cette homogénéité technique n'exclut pas l'hypothèse de multiples occupations gravettiennes à Isturitz, elle s'oppose, en revanche, à l'idée d'une forte évolution des systèmes techniques au cours du temps.

Chapitre 5

Les matières premières

La caractérisation des matières premières n'aurait pas été possible sans l'aide de F. Bon (2002a et b), de C. Normand (2002) et d'A. Tarriño (2001 et 2006). Le cortège des variétés de silex représentées à Isturitz nous entraîne vers la quasi-totalité des secteurs gîtologiques du côté nord des Pyrénées-Atlantiques (basse-vallée de l'Adour) et de Chalosse. Deux variétés caractéristiques du versant espagnol sont également représentées avec le silex d'Urbasa et le silex de Treviño. Les principales variétés individualisées, de la plus courte à la plus longue distance des gîtes de matière première, sont les suivantes (fig. 79) :

I. Descriptions des différentes variétés de silex utilisées par les gravettiens

I.1. Le silex de la basse vallée de l'Adour (entre 10 et 40 km à vol d'oiseau) :

Il est très majoritairement représenté par les silex des Flyschs, le matériau le plus commun de la partie atlantique des Pyrénées et qui présente une zone d'affleurement potentielle assez vaste. Aucune distinction de variété n'a été réalisée au sein de ce type de silex pour ne pas rendre le classement fastidieux. Notons simplement que l'exploitation de la « variété de Bidache » domine quasi-exclusivement. Cette variété s'observe fréquemment sous forme de plaques dont l'épaisseur est le plus souvent inférieure à 10 cm. Il s'agit d'un silex à grain moyennement fin, souvent opaque et de couleur grise, avec de fréquents litages parallèles à l'axe des plaquettes et signalés par une multitude de micro-ponctuations. Parmi les silex des Flyschs, la « variété d'Iholdy » a également été exploitée. C'est un silex opaque dont la couleur varie du gris au noir. Enfin, le silex du Campanien provenant de Salies-de-Béarn, au Nord-Est d'Isturitz a également été utilisé. Il s'agit d'un silex à grain fin, gris à noir avec des marbrures souvent régulières et plus claires (allant parfois jusqu'au gris-beige), opaque. Les silex du Flysch sont les plus répandus, les plus proches de la grotte d'Isturitz (à partir d'une dizaine de km) mais généralement d'assez mauvaise qualité et de faible module (généralement inférieur à 15 cm, souvent à 10 cm).

I.2. Le silex de Chalosse (entre 50 et 70 km à vol d'oiseau) :

Plus au Nord, la Chalosse offre plusieurs variétés de silex issues de formations appartenant à l'étage du Maestrichtien. Les deux variétés les plus fréquentes sont le « silex de l'anticlinal d'Audignon » et le « silex du dôme diapir de Bastennes-Gaujacq » (silex provenant notamment du château de Gaujacq, de Sensacq). Enfin, plus à l'ouest, on trouve à Tercis, dans un secteur plus localisé, un silex de très bonne qualité, le « silex de type Tercis » qui se décline sous trois variétés. Deux ont été particulièrement utilisées par les gravettiens. La première variété (a) est un silex gris à noir, translucide et à grain fin, montrant de rares recristallisations et des taches rouge-orangé caractéristiques. La deuxième variété utilisé (c) est un silex gris opaque avec des zonages plus foncés

et parallèles au cortex, souvent très mince. Les silex de Chalosse (excepté la variété c de Tercis) possèdent une texture plus fine que celle des silex du Flysch. Ce sont des silex de très bonne qualité, bien qu'ils possèdent une forte densité d'impuretés, homogènes et translucides.

I.3. Le silex du versant Sud des Pyrénées (entre 100 et 150 km à vol d'oiseau) :

Deux variétés plus lointaines du versant Sud des Pyrénées sont également présentes dans les collections gravettiennes sous la forme du « silex de Treviño » et du « silex d'Urbasa ». Daté du Thanétien moyen, le silex d'Urbasa, opaque et au grain fin, se présente sous forme de rognons pouvant atteindre 30 cm. De teinte gris-marron, souvent foncé, il contient de nombreux foraminifères (discocyclines, nummulites…) et quelques restes d'échinodermes. Le silex de Treviño est un silex fin et assez homogène. Sa couleur adopte différentes nuances du marron-brun, du clair au foncé. Patiné, ce silex prend un aspect qui l'a fait désigner comme « silex chocolat ».

1.4. Le silex du nord de l'Adour (entre 200 et 230 km à vol d'oiseau) :

Deux variétés de silex du nord de l'Aquitaine sont présents avec le « silex du Bergeracois » issu de formations appartenant à l'étage géologique du Maestrichtien et du « silex du Fumelois » issu de formations appartenant à l'étage géologique du Turonien.

II. La distribution des matières premières au sein des nucléus des niveaux inférieur IV et supérieur C du Gravettien d'Isturitz

L'étude de la distribution des matières premières au sein des nucléus du niveau IV d'Isturitz (collection Saint-Périer) montre que 73% du silex utilisé est issu du sud de l'Adour (tabl. 9). Parmi le silex du Flysch, aucun sous-types n'a pour l'instant été individualisé afin de ne pas alourdir inutilement la présentation.

Une large proportion de silex provient de régions plus lointaines, principalement de Chalosse (20% dont 4% de Tercis). La proportion de silex de Tercis est minorée à cause de la convergence de son aspect avec celui des autres silex de Chalosse lorsque le silex est patiné. D'autre part, les proportions relatives de « silex de l'anticlinal d'Audignon » et de « silex du dôme diapir de Bastennes-Gaujacq » peuvent être sensiblement différentes suite au nombre de pièces indéterminées correspondant encore une fois à une zone de convergence.

Du silex de très bonne qualité provenant du versant sud des Pyrénées, plus précisément de Treviño et du plateau d'Urbasa, a également été exploité (environ 1%).

Enfin, la présence d'un produit laminaire brut en silex du Fumélois au sein des déblais ainsi que celle d'éventuels nucléus en silex du Bergeracois illustrent la possibilité

	Niveau inférieur Collection Saint-Périer IV		Niveau supérieur Collection Passemard C	
	N	**%**	**N**	**%**
Silex du sud de l'Adour (Flysch)	259	**72**	39	**72**
Flysch type calcaire de Bidache ou Chalosse ?	5	1	5	9
Chalosse type Audignon et Sensacq	57	**16**	8	**15**
Silex noir de Tercis	16	4	0	0
Silex noir de Tercis ?	4	1	1	2
Silex d'Urbasa ?	3	0,8	0	0
Silex de Treviño	2	0,6	0	0
Silex du Bergeracois ?	3	1	0	0
Silex indéterminé	9	3	1	2
Total	**358**	100%	**54**	100%

Tableau 9 : distribution des matières premières au sein des nucléus du niveau inférieur (collection Saint-Périer, niveau IV) et du niveau supérieur (collection Passemard, niveau C) d'Isturitz.

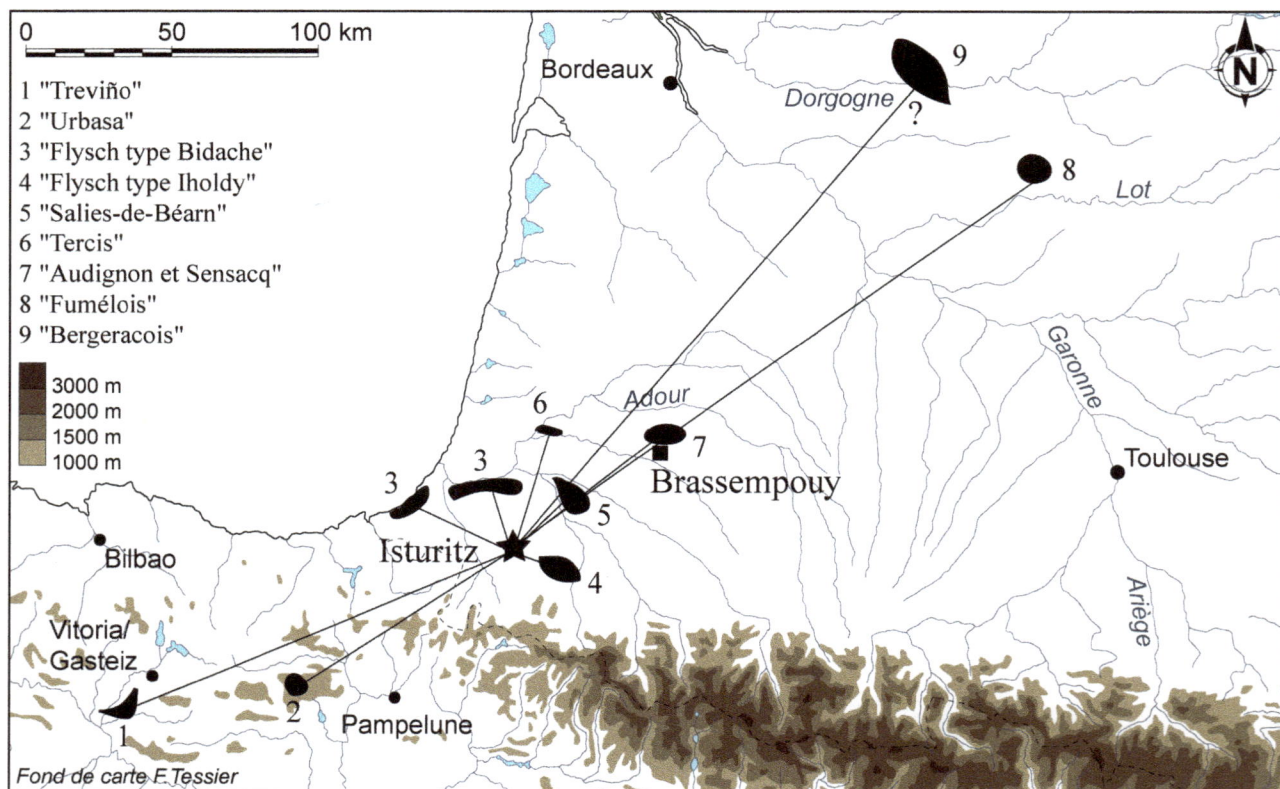

Figure 79 : carte de répartition des sources d'approvisionnement en silex dans le Gravettien d'Isturitz. Carte A. Simonet d'après Bon, 2002b, Normand, 2002 et Tarriño, 2001.

		Silex de la basse vallée de l'Adour	Silex de Chalosse	Silex du versant Sud des Pyrénées	Indéterminé	Total
Tamisages 2004 , 2005 et collection ancienne des Saint-Périers (M.A.N.)	Pointe des Vachons	139	**95**	14	20	**268**
	Micro-pointe à dos (minoration)	21	10	0	3	**34**
	Lamelle à dos (majoration)	14	5	0	7	**26**
	Lamelle à dos tronquée (minoration)	9	9	0	1	**19**
	Lamelle à retouche marginale	**56**	3	0	12	**71**
	Total armatures	**239**	**122**	**14**	**43**	**418**

Tableau 10 : distribution des matières premières (par grande zone géographique) au sein des principaux types d'armatures gravettiennes du niveau inférieur IV du Gravettien d'Isturitz.

d'un contact avec des régions septentrionales plus éloignées (fig. 79).

Le niveau supérieur montre une distribution des matières premières au sein des nucléus strictement identique avec une composante majoritaire de silex du sud de l'Adour (73%) et une composante minoritaire de Chalosse (15%). L'absence des matériaux plus rares est probablement la conséquence du faible corpus (tabl. 9).

Cette répartition des variétés de silex au sein des nucléus montre l'importance d'un mouvement Nord-Sud dans l'approvisionnement en matière première lithique (fig. 79). Les relations avec le Nord de l'Adour, bien qu'avérées de manière certaine pour l'Aurignacien, sont très rares pour le niveau Gravettien. Enfin, la faiblesse du mouvement Ouest-Est peut être dû à une carence dans les recherches ou dans les connaissances gîtologiques actuelles.

III. Une utilisation sélective et différentielle des variétés de silex selon les types d'armatures

Une sélection de matière première a été opérée pour confectionner les armatures. En ce qui concerne le niveau inférieur, le silex de Chalosse a été particulièrement retenu (29% du silex utilisé) au détriment du silex de la basse vallée de l'Adour (57% du silex utilisé) pourtant plus proche. Ce dernier voit sa proportion diminuer au sein des armatures par rapport à celle observée sur les nucléus (tabl. 10).

L'étude de la répartition des matières premières selon les grands types d'armatures montre l'importance du silex de Tercis et du silex plus lointain du sud des Pyrénées au sein des pointes des Vachons (tabl. 10). Parmi les 268 pointes des Vachons prises en compte pour l'étude, 12

sont en silex de Tercis soit 4,5% des pointes et 14 sont confectionnées dans du silex du Sud des Pyrénées soit plus de 5%.

D'autre part, le silex de Chalosse est particulièrement présent au sein de l'ensemble des types d'armatures à dos regroupant les pointes des Vachons, les micropointes à dos, les lamelles à dos tronquées et bitronquées et les lamelles à dos. Les proportions des lamelles à dos sont majorées car elles regroupent probablement des fragments mésiaux de micropointes à dos et de lamelles à dos tronquées et bitronquées (tabl. 10).

Inversement, les lamelles à retouche marginale sont quasi-exclusivement confectionnées dans du silex local issu des calcaires de Bidache (tabl. 10). Parmi les trois lamelles à retouche marginale en silex de Chalosse figure la lamelle à retouche marginale possédant certaines caractéristiques des lamelles de la Picardie (fig. 41 – n° 1).

Cette distribution différentielle de la matière première selon les deux grands groupes d'armatures (armatures à dos/armatures à retouche marginale) est particulièrement intéressante car elle contraste avec l'homogénéité apparente des modalités opératoires lamino-lamellaire. L'utilisation préférentielle du silex de Chalosse pour la confection des armatures à dos peut s'expliquer par sa texture plus fine et par conséquent plus appropriée que celle du Flysch.

Enfin, un silex translucide à grain très fin est présent dans les indéterminés. Il concerne cinq lamelles à retouche marginale et une lamelle à dos. Ce silex pourrait provenir du nord de l'Espagne (silex évaporitique de la vallée de l'Ebre) et soutenir l'importance des relations avec cette zone géographique.

	Silex de la basse vallée de l'Adour	Silex de Chalosse	Silex du versant Sud des Pyrénées	Indéterminé	Total
Pointe à dos	15	4	2	2	23
Grande lame à dos		3			3
Micro-pointe/Lamelle à dos ?	1			1	2
Lamelle à dos (fragment mésial)	1				1
Lamelle à retouche marginale	1				1
Total armatures	18	7	2	3	30

Tableau 11 : distribution des matières premières (par grande zone géographique) au sein des principaux types d'armatures gravettiennes du niveau supérieur C du Gravettien d'Isturitz.

Enfin, la présence de nucléus en silex lointain (Treviño, Tercis) dans la grotte est intéressante. Elle indique qu'une partie au moins des armatures confectionnées dans ces matériaux lointains aurait pu être fabriquée dans la grotte d'Isturitz (et non sur l'atelier de taille), après importation ou échange des blocs de silex.

L'étude des matières premières au sein des types d'armatures du niveau supérieur (collection Passemard uniquement) montre la même utilisation préférentielle du silex de Chalosse (tabl. 11). Sa proportion parmi les armatures (23%) est largement supérieure à celle

observée dans les nucléus au détriment de celle du silex provenant de la basse vallée de l'Adour (60%).

Le silex de Treviño, qui est pourtant absent du corpus de nucléus, apparaît au sein de la population de pointes à dos. À l'instar du niveau inférieur IV, le silex local (Flysch type calcaire de Bidache) se retrouve pour la confection de l'unique lamelle à retouche marginale présente dans l'assemblage du niveau C. Enfin, les grandes lames à dos sont exclusivement confectionnées dans du silex de Chalosse (tabl. 11).

Conclusion

La grotte d'Isturitz, par sa richesse extraordinaire, ses fouilles de grande ampleur et la conservation et l'homogénéité des déblais (tout du moins pour le Gravettien au sens large), nous a permis d'élaborer une typologie des armatures lithiques gravettiennes dans une démarche taxonomique qui englobe la technologie et l'étude des matières premières. Cette grotte offre le meilleur contexte archéologique actuellement disponible pour mettre en place un socle documentaire de référence sur le Gravettien de la chaîne pyrénéenne et de sa prolongation Cantabrique.

I. Unité, diversité et variabilité des armatures gravettiennes d'Isturitz

L'étude de l'industrie lithique gravettienne d'Isturitz permet de rehausser l'importance des armatures lithiques qui étaient rares dans les collections anciennes. Celles-ci n'atteignent cependant pas des proportions importantes eu égard, par exemple, à celle du burin de Noailles.

I.1. Diversité des armatures lithiques gravettiennes

La typologie des armatures gravettiennes est ainsi très diversifiée dans cette grotte pyrénéenne. Une dizaine de types d'armatures est présente dans l'ensemble des collections anciennes et des déblais. Il s'agit notamment des grandes lames à dos, des pointes des Vachons, des pointes de Corbiac, des microvachons, des micro-pointes à dos, des lamelles à dos, des lamelles à dos tronquées à une troncature, les lamelles à dos bitronquées, des lamelles à retouche marginale directe, des lamelles à retouche marginale inverse et des lamelles à retouche marginale alterne. La poursuite du tamisage des déblais permettra probablement d'identifier de nouveaux types jusqu'à présent passés inaperçus.

II.2. Représentativité des armatures

En s'appuyant sur les données des premières séries de tamisage et en partant du postulat que la densité en matériel y est constante, les armatures pourraient représenter près de 10 % de l'outillage. La proportion des pointes à dos, qui sont l'outil emblématique du Gravettien, ne dépasserait pas 1 % des outils. En revanche, la fraction microlithique a été largement sous-estimée jusqu'à présent. D'après la seule étude de moins d'1,5 m^3 de sédiments tamisés, les lamelles à retouche marginale semblent représenter l'armature gravettienne la plus abondante de la grotte d'Isturitz.

Certaines armatures possèdent une morphologie qui implique davantage un emmanchement axial comme les (micro)pointes des Vachons. Les armatures strictement latérales comme les tronçons de lamelles à dos sont particulièrement rares. Demeure la question de l'emmanchement des lamelles à retouche marginale. Quoi qu'il en soit, la quantité extraordinaire de burins de Noailles au sein des déblais, corrélée à la rareté des armatures en os et en bois animal, à la rareté des armatures macrolithiques et la présence modérée des armatures microlithiques incite à envisager l'hypothèse

de l'utilisation du burin de Noailles pour la confection d'armatures en bois végétal dont certaines ne seraient pas nécessairement combinées à des éléments lithiques ou osseux.

III.3. Variabilité dimensionnelle des armatures lithiques

Seules les dimensions des fragments mésiaux de lamelles à dos paraissent homogènes. En revanche, les lamelles à retouche marginale, les lamelles à dos (bi)tronquées et les pointes des Vachons possèdent, comme dénominateur commun, une grande variabilité dimensionnelle malgré la forte unité conceptuelle qui dicte leur confection. De cette dualité entre l'existence d'une variabilité morphotechnique, notamment des longueurs des armatures et l'omniprésence d'une norme forte, réside peut-être la possibilité, à l'avenir, de distinguer des sous-types au sein des grands types identifiés.

À l'observation d'un continuum dans la variabilité dimensionnelle des différents types d'armatures répond un continuum dans la dimension des produits débités. Les schémas opératoires autonomes de fabrication de lamelles sont rares en comparaison du nombre majoritaire de nucléus qui pourraient avoir fourni des supports laminaires destinés à la confection de pointes des Vachons antérieurement au débitage de lamelles.

I.4. Valeur des armatures lithiques

Il est difficile de préciser l'importance et la nature de l'impact des armatures dans la conception des schémas opératoires laminaires. Une étroite interaction semble exister entre les types d'armatures développées et le système de production lithique sans qu'il soit permis, pour l'instant, de préciser le sens du déterminisme.

Les premières données lithologiques apportent néanmoins d'importantes précisions avec, notamment, l'observation d'une nette dichotomie entre les armatures à dos et les armatures à retouche marginale dans le choix des silex employés. Les armatures à retouche marginale sont ainsi quasi-exclusivement confectionnées dans du silex local, c'est-à-dire dans du silex du Flysch des calcaires de Bidache tandis que les armatures à dos révèlent une diversification des sources d'approvisionnement avec une intégration de silex lointains du nord de l'Espagne dans le cortège des matières sélectionnées. Cette distribution différentielle de la matière première selon les deux grands groupes d'armatures (armatures à dos/armatures à retouche marginale) contraste avec l'homogénéité apparente des modalités opératoires lamino-lamellaires.

Cet effort dans la recherche de silex lointain exprime une importance particulière conférée à leurs armatures à dos par les gravettiens et appuie l'idée d'une forte valeur culturelle concentrée dans ces types d'objets. Des conclusions similaires ressortent de l'étude des modalités opératoires unifiées par la recherche de tables cintrées et rectilignes parfaitement appropriées à la production de

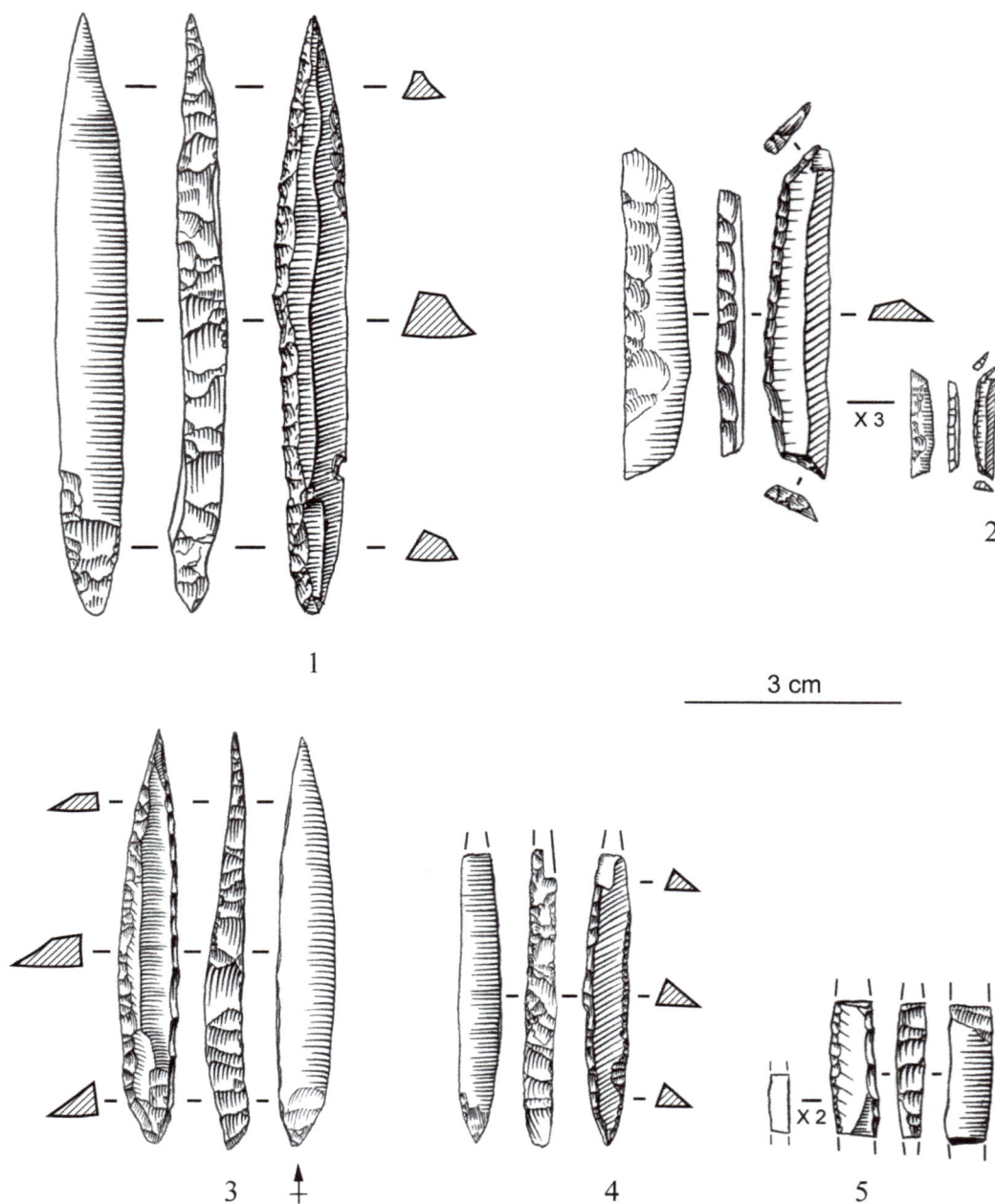

Figure 80 : les retouches inverses rasantes sont un raffinement technique qui fédère les différents types d'armatures lithiques à dos du Gravettien d'Isturitz. N°ˢ 1 et 3 : pointes des Vachons. N° 2 : lamelle à dos bitronquée. N° 4 : microvachons. N° 5 : fragment mésial de lamelle à dos. N° 1 : collection Saint-Périer, niveau IV, M.A.N. N° 3 : collection Passemard, niveau C, M.A.N. N°ˢ 2 et 5 : tamisage 2005, niveau IV. N° 4 : tamisage 2004, niveau IV. Dessins A. Simonet.

supports d'armatures. L'effort est concentré dans les premiers temps du débitage d'où sont issus les supports des pointes des Vachons puis diminue progressivement au cours de l'exploitation. L'esprit et le soin du débitage des plus grands produits laminaires conservent une résonance dans la suite des opérations de taille sans pour autant être maintenus dans leur exigence initiale.

Par une sélection de matières premières plus importante et l'utilisation de modalités opératoires plus soignées qui impriment les grandes règles du débitage, les pointes à

dos représentent clairement les armatures les plus investies. Or, elles sont également parmi les armatures les moins nombreuses. Loin d'être contradictoires, ces deux caractéristiques (investissement et rareté) pourraient s'expliquer mutuellement.

I.5. La pointe des Vachons

L'enquête menée sur la pointe des Vachons a conduit à une nouvelle définition (Simonet, soumis). Jusqu'à présent, ce type de pointe à dos était caractérisé par la présence d'une retouche inverse rasante à l'une ou aux deux extrémités (Sonneville-Bordes et Perrot, 1956). Notre étude montre que la pointe des Vachons se caractérise plus volontiers par la recherche d'un canon particulier répondant à une morphologie générale symétrique selon l'axe vertical joignant les deux extrémités, lancéolée avec la largeur maximale de l'armature située environ au tiers inférieur de la hauteur, et une épaisseur importante proportionnellement à la largeur. La présence d'une retouche inverse rasante n'est pas nécessaire pour diagnostiquer une pointe des Vachons. En définitive, la pointe des Vachons est une armature à la fois robuste et élégante. Ces données seront confrontées à celles d'autres sites afin de donner une juste place typologique aux pointes des Vachons en tenant compte, non plus seulement de la présence d'une retouche inverse rasante, mais de celle des caractères que nous venons d'exposer à l'aide de l'étude des exemplaires de la grotte d'Isturitz.

I.6. Unité stylistique des armatures lithiques : la retouche inverse rasante

Si cette retouche inverse rasante n'est pas intrinsèquement diagnostique, elle participe néanmoins à l'élaboration d'un canon particulier davantage qu'à l'amincissement du support. La présence de retouches inverses rasantes sur d'autres types d'armatures notamment microlithiques, aménagées sur des supports lamellaires rectilignes et soignés, corroborent cette hypothèse. Il s'agit d'un trait technique raffiné fédérant plusieurs types d'armatures comme les (micro)pointes des Vachons, les micro-pointes à dos, les lamelles à dos et les lamelles à dos bitronquées. Mais si ce raffinement technique est hautement caractéristique du Gravettien à Noailles d'Isturitz, il n'est pas systématique (fig. 80).

II. Réflexion sur la richesse des occupations gravettiennes de la grotte d'Isturitz

Le Gravettien de la grotte d'Isturitz, et notamment celui du niveau IV/F3, représente un des assemblages les plus riches du Paléolithique supérieur d'Europe occidentale. Le volume des déblais des fouilles Saint-Périer est estimé entre 600 et 800 m³. Or, et pour ne prendre que deux exemples, on trouve en moyenne 300 burins de Noailles et 15 lamelles à dos dans ½ m³ de déblais tamisé. Par conséquent, en s'appuyant sur les données des premières séries de tamisage et en partant du postulat que le reste des déblais contient une quantité identique d'outils, on peut s'attendre à trouver entre 360 000 et 480 000 burins de Noailles et entre 18 000 et 24 000 lamelles à dos soit approximativement 400 000 burins de Noailles et 20 000 lamelles à dos. De manière générale, une moyenne approximative de 500/600 000 outils est encore présente dans les déblais.

La richesse et la diversité de la culture matérielle présente dans les niveaux gravettiens (grandes collections de retouchoirs, de flûtes, de poinçons, de pointes d'Isturitz, de pointes des Vachons, de burins de Noailles, de ciseaux et de coins, d'hameçons droits, de dents perforées, d'os et de côtes encochés, d'os portant de fines incisions, de restes de faune, etc.), la distribution stratigraphique homogène de ces éléments matériels, si l'on suit les descriptions analogues des Saint-Périer et de Passemard relatant l'existence d'une couche puissante, sans aucune zone stérile et contenant de très nombreux foyers (Saint-Périer, 1952), et la grande homogénéité technique de l'assemblage lithique comme notre travail tend à le montrer d'après le point de vue de l'étude des armatures, converge vers l'idée d'un site qui a pu être occupé par une large communauté.

III. Premières singularités chrono-stratigraphiques

Difficile en effet d'argumenter l'hypothèse d'un amalgame de plusieurs occupations réunies au sein des fouilles anciennes dans le puissant niveau IV. Seules certaines différences techniques et typologiques entre les deux niveaux distingués lors des fouilles anciennes permet, en revanche, de proposer l'hypothèse d'une évolution diachronique des industries gravettiennes.

Premièrement, l'absence de burin de Noailles dans la petite collection Passemard du niveau supérieur C nous met en garde contre une attribution trop rapide de l'assemblage au Gravettien à burins de Noailles. De fait, les burins de Noailles présents au sein du niveau III des Saint-Périer pourraient provenir d'une erreur d'attribution stratigraphique lors des fouilles.

L'étude récente de l'industrie osseuse par N. Goutas s'est concentrée sur les niveaux inférieurs car le niveau supérieur III (fouilles Saint-Périer) attestait de contaminations importantes. Dans le cadre de cette révision des séries d'industrie osseuse gravettienne, cette auteure donne néanmoins un indice permettant d'affiner la caractérisation culturelle du niveau supérieur (Goutas, 2004). Il s'agit de longues double-pointes incisées qui sont présentes dans le niveau supérieur III et se retrouvent dans le Gravettien récent de l'Abri Pataud (couche 3, Bricker dir., 1995) et dans le Gravettien récent et final de Laugerie-Haute (Goutas, 2004). Elles pourraient caractériser une phase récente du Gravettien.

Les époux de Saint-Périer ainsi que Passemard ont quant à eux relevé un indice laminaire plus important dans le niveau supérieur associé à un outillage de meilleure facture. Une rapide observation confirme leurs précisions puisque les grattoirs sur bout de lame ainsi que les burins de la collection Passemard (niveau C) sont confectionnés sur des produits laminaires plus minces et plus réguliers par rapport aux mêmes outils du niveau inférieur. Les nucléus à éclats sont également beaucoup moins nombreux au sein du niveau supérieur. Si le problème de l'existence du burin de Noailles dans le niveau supérieur n'est pas résolu, nous observons une quasi-identité des assemblages et des modalités opératoires des deux niveaux. Seul le degré d'investissement permet de les différencier.

L'étude des armatures apporte de nouveaux indices plus diagnostiques (fig. 81). Premièrement, une pointe à dos

Phase récente du Gravettien d'Isturitz.

Lamelle à dos (bi)tronquée ?
Lamelle à dos ?
Lamelle à retouche marginale ?

Lamelle
à retouche
marginale

Micro-pointe à dos/
Lamelle à dos

Pointe de Corbiac

Pointe des Vachons

Grande lame à dos

Phase ancienne du Gravettien d'Isturitz.

Lamelle à retouche marginale
directe du bord droit

Lamelle à retouche
marginale alterne

Lamelle à dos

Pointe des Vachons

Microvachons

Lame/Lamelle à dos (bi)tronquée

3 cm

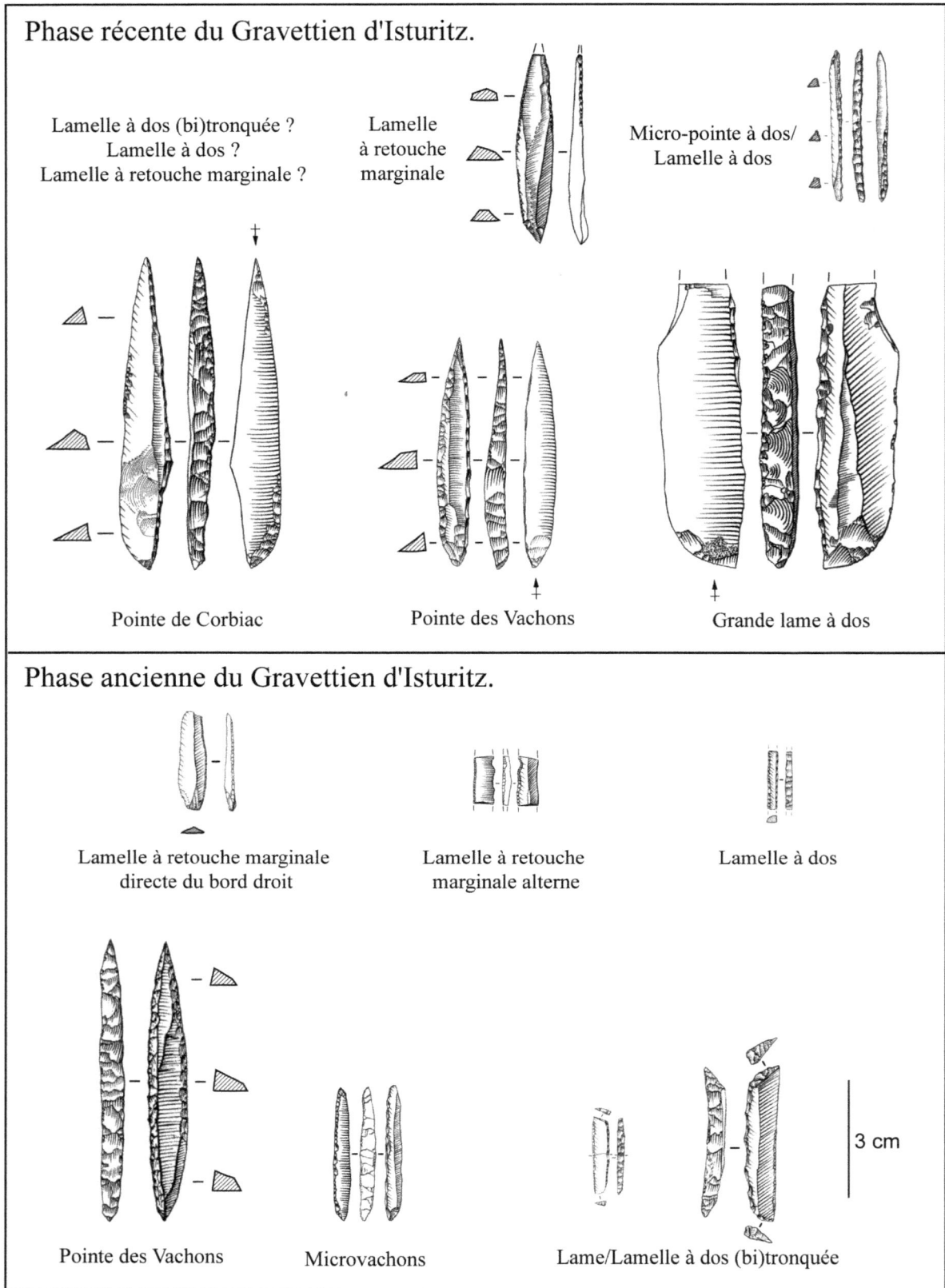

Figure 81 : diversité des armatures lithiques gravettiennes d'Isturitz. Les différences chronologiques.

d'une morphologie nouvelle apparaît au sein du niveau supérieur. Son identité morphologique troublante avec certaines pointes à dos de Corbiac apporterait un deuxième indice, avec la présence des double-pointes incisées en bois de renne, vers une possible attribution à une phase récente du Gravettien.

La deuxième caractéristique du niveau supérieur est la présence de grandes lames à dos en silex de Chalosse. Jusqu'à présent, les pointes à dos de ce gabarit caractérisaient le Gravettien ancien de la Gravette (Lacorre, 1960).

Les exemplaires du niveau supérieur d'Isturitz possèdent une parenté morphologique avec les pointes des Vachons (épaisseur importante, base aménagée à l'aide d'une retouche inverse rasante) et surtout avec les pointes de Corbiac (base aménagée par troncature oblique convexe, dos rectiligne ou légèrement anguleux). Une future typologie plus fine des pointes à dos gravettiennes permettra probablement, par comparaison régionale, de préciser l'attribution chronologique de ces grandes lames à dos.

Bibliographie

Barandiarán I., 1967 - *El Paleomesolítico del Pirineo occidental.* Zaragoza, 443 p., ill.

Barandiarán I., 1980 – Auriñaciense y Perigordiense en el País Vasco. Estado actual. *Munibe*, tome 32, p. 325-333.

Barandiarán I., Beneitz P., Cava A., Millán M. A., 2007 – El taller gravetiense de Mugarduia sur (Navarra) : identificación y cronología. *Zephyrus*, 60, p. 85-96.

Barandiarán I. & Cava A., 2001 – El Paleolítico superior de la cueva de Zatoya (Navarra) : actualización de los datos en 1997. *Trabajos de Arqueología Navarra*, 15, p. 5-99.

Barandiarán I. & Cava A., 2008 – Identificaciones del Graveтiense en las estribaciones occidentales del Pirineo : modelos de ocupaciôn y uso. *Trabajos de prehistoria*, vol. 65, n° 1, p. 13-28.

Barandiarán J. M., 1953 - *El Hombre Prehistórico en el País Vasco.* Édit. Vasca Ekin, Buenos Aires, 267 p., ill..

Barthélémy de Saizieu B., 1981 - *L'outillage des couches de l'Aurignacien typique et moyen d'Isturitz : caractéristiques et évolution des burins.* Mémoire de Maîtrise de l'Université de Paris I, Panthéon-Sorbonne, 122 p., ill.

Beaufort F. de et Jullien R., 1973 - Les mammifères d'Isturitz de la collection Passemard. *Bulletin du Muséum d'Histoire naturelle de Marseille,* 33, p. 135-142.

Beaune S. A. de, 1987 – Lampes et godets au Paléolithique. *XXIIIe supplément à Gallia Préhistoire*, Paris, Éditions du Centre National de la Recherche Scientifique, 278 p.

Beaune S. A. de, 1997 – Les galets utilisés au Paléolithique supérieur. Approche archéologique et expérimentale. *XXXIIe supplément à Gallia Préhistoire*, Paris, Éditions du Centre National de la Recherche Scientifique, 298 p.

Beaune S. A. de et Buisson D., 1996 - Différenciation spacio-chronologique de l'utilisation des galets au cours du paléolithique supérieur pyrénéen : les cas d'Isturitz (Pyrénées-Atlantiques) et de "La Vache" (Ariège). In : *Pyrénées Préhistoriques ; arts et sociétés.* C.T.H.S. Actes du 118e congrès national des Sociétés Savantes, Pau 1993, p. 129-142.

Bellier C., Cattelain P., Otte M. dir., 2000 – *La chasse dans la Préhistoire / Hunting in Prehistory.* actes du colloque international de Treignes, 3-7 octobre 1990, Bruxelles, Société royale belge d'Anthropologie et de Préhistoire (Anthropologie et Préhistoire, 111), Université de Liège - Service de Préhistoire, ERAUL 51, CEDARC (Artefacts, 8), 418 p.

Bernaldo de Quirós F., 1982a – *Los inicios del Paleolítico superior cantábrico.* Madrid, Centro de Investigación y Museo de Altamira, Monografias n° 8, 347 p.

Bernaldo de Quirós F., 1982b – The early upper Palaeolithic in Cantabrian Spain (Asturias-Santander). *In: Aurignacien et gravettien en Europe*, Actes des réunions de la 10ème commission de l'U.I.S.P.P., fascicule II, ERAUL 13, Liège, p. 65-78.

Bicard-See O. et Moncel M.-H., 1984 - *Analyse typologique et comparative du niveau aurignacien moyen de la Salle Saint-Martin SII, Isturitz (Pyrénées-Atlantiques).* Mémoire de Maîtrise de l'Université de Paris I, Panthéon-Sorbonne, 2 vol., 384 p. et 180 fig.

Bicard-See O. et Moncel M.-H., 1985 - Analyse d'une série lithique : ses limites et ses résultats, application au niveau aurignacien moyen de la Salle Saint-Martin d'Isturitz (coll. Saint-Périer). *Cahier du C.R.P.*, n° 10, p. 33-61.

Bleed P., 1986 – The optimal design of hunting weapons : maintainability or reliability. *American Antiquity*, vol. 51, No. 4, p. 737-747.

Bon F., 2002a – *L'Aurignacien entre Mer et Océan. Réflexion sur l'unité des phases anciennes de l'Aurignacien dans le sud de la France.* Mémoire de la Société Préhistorique Française, tome 24, 243 p.

Bon F., 2002b – Les ressources en silex de la Chalosse centrale : gîtes et ateliers du dôme diapir de Bastennes – Gaujacq et de l'anticlinal d'Audignon. *In : PCR comportements techniques et économiques des sociétés du Paléolithique supérieur dans le contexte pyrénéen.* Service Régional de l'archéologie Midi-Pyrénées, p.47-64.

Bon F., 2005 – Little Big Tool. Enquête autour du succès de la lamelle. *In* Le Brun-Ricalens, F. (ed.), Bordes, J.-G., Bon, F. (coord.). *Productions lamellaires attribuées à l'Aurignacien : Chaînes opératoires et perspectives techno-culturelles.* Actes de la table-ronde organisée dans le cadre du XIVème congrès de l'UISPP, Liège, 2001. *Archéologiques*, vol. 1, Luxembourg, p. 479-484.

Bouchud J., 1951 - Étude paléontologique de la faune d'Isturitz. *Mammalia*, n° 15, p. 184-203.

Bouchud J., 1952 - Les oiseaux d'Isturitz. *Bulletin de la Société Préhistorique Française,* tome 49, p. 450-459.

Bouyssonie J., 1948 – Le gisement aurignacien et périgordien des Vachons (Charente). *L'Anthropologie,* tome 52, p. 1-42, 15 fig.

Breuil H. et Cheynier A., 1958 – Les fouilles de Breuil et Cartailhac dans la grotte de Gargas en 1911 et 1913. *Bulletin de la Société méridionale de Spéléologie et de Préhistoire,* tome V, 1954-1955, p. 341-382 (extrait du *Bulletin de la Société d'Histoire Naturelle de Toulouse,* 93).

Bricker H. M. dir., 1995 - *Le Paléolithique supérieur de l'Abri Pataud (Dordogne) : les fouilles de H. L. Movius Jr. ; suivi d'un inventaire analytique des sites aurignaciens et périgordiens de Dordogne.* Paris : Maison des sciences de l'Homme, DAF, n° 50, 328 p.

Buisson D., 1990 - Les flûtes paléolithiques d'Isturitz (Pyrénées-Atlantiques). *Bulletin de la Société Préhistorique Française,* tome 87, n° 10-12, p. 420-433.

Buisson D. et Delporte H., 1989 - Périgordien supérieur et Solutréen dans les Pyrénées françaises. *In* Mohen J.-P. (éd.) *Le Temps de la Préhistoire*, Éditions de la Société préhistorique française, Archéologia, tome 1, p. 290-293.

Buisson D., Fritz C., Kandel D., Pinçon G., Sauvet G. et Tosello G., 1996 - Les contours découpés de têtes de chevaux et leur contribution à la connaissance du Magdalénien moyen. *Antiquités Nationales,* n° 28, p. 99-128.

Chauchat Cl., 1990 - Le Solutréen en Pays Basque. In : *Les industries à pointes foliacées du Paléolithique supérieur européen.* Krakow 1989. ERAUL, n° 42, Liège, p. 363-376.

Clottes J., 1976 – Les civilisations du Paléolithique supérieur dans les Pyrénées. *In* Lumley H. de (dir.), *La Préhistoire française*, Paris, CNRS, tome 2, p. 1212-1231.

David N.C., 1985 – *Excavations of the abri Pataud, Les Eyzies (Dordogne): The Noaillien (level 4) assemblages and the Noaillien culture in Western Europe.* Peabody Museum, Harvard University, American School of Prehistoric Research, 37, 355 p., 69 fig., 88 tabl.

Delporte H., 1974 - Le Moustérien d'Isturitz d'après la Collection Passemard (Musée des Antiquités Nationales). *Zephyrus,* tome XXV, p. 17-42.

Delporte H., 1981 – La collection Saint-Périer et le Paléolithique d'Isturitz : une acquisition prestigieuse. *Antiquités nationales,* 1980-1881, 12-13, p. 20-26, 7 fig.

Digan M., 2006 – Le gisement gravettien de La Vigne-Brun (Loire, France). Etude de l'industrie lithique de l'unité KL19. Oxford, BAR Publishing, *B.A.R. International Series 1473*, 228 p.

Djindjian F., Koslowski J., Otte M., 1999 – *Le paléolithique supérieur en Europe.* Paris, Armand Colin, 474 p.

Esparza San Juan X., 1990 – *El Paleolítico superior de la cueva de Isturitz en la Baja Navarra (Francia).* Tésis Doctoral inédita, UNED, Madrid, 1088 p.

Esparza San Juan X., 1995 - *La cueva de Isturitz ; su yacimiento y sus relaciones con la cornisa cantabrica durante el Paleolítico superior.* Madrid, UNED, 309 p., ill.

Esparza San Juan X., Mújika Alustiza J.A., 1996 – El Perigordiense superior en el Pais Vasco. *In* Delporte H. et Clottes J. dir. *Pyrénées Préhistoriques – Arts et Sociétés*, actes du 118e congrès national des sociétés historiques et scientifiques, Pau, 1993, Editions du CTHS, p. 61-71, 1 fig.

Fisher A., Vemming H. P., Rasmussen P., 1984 – Macro and microwear traces on lithic projectile points : experimental results and prehistoric examples. *Journal of Danish Archeology*, 3, p. 19-46.

Foucher P., 2004 – *Les industries lithiques du complexe gravettien-Solutréen dans les Pyrénées. Techno-typologie et circulation des matières siliceuses de part et d'autre de l'axe Pyrénées-Cantabres.* Thèse de doctorat de l'université de Toulouse II - Le Mirail, 2 tomes, 334 p., 245 fig.

Foucher P., Normand C., 2004 - Étude de l'industrie lithique des niveaux solutréens de la grotte d'Isturitz (Isturitz/Saint-Martin-d'Arberoue, Pyrénées-atlantiques). *Antiquités nationales*, vol. 36, p. 69-103.

Foucher P., San Juan-Foucher C., Rumeau Y., 2007 – *La grotte de Gargas. Un siècle de découvertes.* Édition Communauté de communes du canton de Saint-Laurent-de-Neste, 128 p.

Gambier D., 1990/1991 - Les vestiges humains du gisement d'Isturitz (Pyrénées-Atlantiques). Étude anthropique et analyse des traces d'action humaine intentionnelle. *Antiquités Nationales,* n° 22/23, p. 9-26.

G.E.E.M., 1969 – Epipaléolithique-Mésolithique, les microlithes géométriques. *Bulletin de la Société Préhistorique Française*, Etudes et Travaux, tome 66, p. 355-366.

G.E.E.M., 1972 – Epipaléolithique-Mésolithique, les armatures non géométriques – 1. *Bulletin de la Société Préhistorique Française*, tome 69, p. 364-375.

Geneste J.M. et Plisson H., 1989 - Analyse technologique des pointes à cran solutréennes du Placard (Charente), du Fourneau du diable, du Pech de la Boissière et de Combe Saunière (Dordogne). *Paleo* n° 1, p. 65-106.

Goutas N., 2004 – *Caractérisation et évolution du Gravettien en France par l'approche techno-économique des industries en matière dure animale.* Thèse de doctorat, Université de Paris I-Panthéon-Sorbonne, 680 p.

Goutas N., 2008 – Les pointes d'Isturitz sont-elles toutes des pointes de projectile ?. *Gallia Préhistoire*, 50, p. 45-101.

Goutas N., sous presse – Nouvelles données sur l'industrie osseuse du Gravettien des grottes d'Arcy-sur-Cure (Yonne, France) : vers l'identification de nouveaux marqueurs techniques et culturels du Gravettien moyen. *In* Bodu et al.*, Le Paléolithique supérieur ancien de l'Europe du Nord-ouest (35000-15000 BP) Réflexions et synthèses à partir d'un projet collectif de recherche sur le Paléolithique supérieur ancien du Bassin parisien,* Colloque Européen (Allemagne-Belgique-France-Luxembourg- Royaume-Uni -Suisse), 15-18 avril 2009 Musée d'Archéologie de Sens (Yonne), Arcy-sur-Cure (Yonne), 19 p.

Goutas N., Lacarrière J., Normand C., Schwab C., Simonet A., sous presse – Vers une redéfinition des occupations gravettiennes de la grotte d'Isturitz (Pyrénées-Atlantiques) : révision critique des collections « anciennes » par l'approche intégrée des données lithiques, fauniques et d'industrie osseuse, *In* D. Pesesse, N. Goutas, L. Klaric et P. Guillermin dir., *À la recherche des identités gravettiennes : actualités, questionnements et perspectives, Actes de la table ronde d'Aix-en-Provence, 6, 7 et 8 octobre 2008*, Mémoire de la Société Préhistorique Française.

Guillermin P., 2004 – *Réflexions sur l'interprétation des industries gravettiennes à partir de l'étude typo-technologique d'une occupation spécialisée : la couche E du gisement des Fieux (Miers, Lot).* Mémoire de DEA d'Anthropologie, Université de Toulouse II – Le Mirail, 100 p.

Guillermin P., en cours - *La fin du Gravettien dans le Sud-Ouest de la France. Eléments de réflexion sur les modalités de subsistance des groupes paléolithiques avant le maximum glaciaire.* Université de Toulouse II – Le Mirail.

Hugot H.-J., 1957 – Essai sur les armatures de pointes de flèches du Sahara. *Libyca*, Tome V, p. 89-236.

Huguet Y., 1999 – *Etude technologique de la parure en matières dures animales du Périgordien supérieur du Sud et Sud-Ouest de la France (Laugerie-Haute, Pair-non-Pair, Isturitz).* Mémoire de D.E.A., Université de Paris X, 86 p.

Julien M., 1982 - Les harpons magdaléniens. *XVIIe supplément à Gallia Préhistoire.* Éditions du Centre National de la Recherche Scientifique, 291 p., 121 fig., 8 pl.

Klaric L., 2000 – Note sur la présence de lames aménagées par technique de Kostienki dans les couches gravettiennes du Blot (Cerzat, Haute-Loire). *Bulletin de la Société Préhistorique Française*, tome 97, n° 4, p. 625-636.

Klaric L., 2003 – *L'unité technique des industries à burins du raysse dans leur contexte diachronique. Réflexions sur la diversité culturelle au gravettien à partir des données de la Picardie, d'Arcy-sur-Cure, de Brassempouy et du Cirque de la Patrie.* Thèse de doctorat, Université de Paris I – Panthéon-Sorbonne, 426 p.

Klaric L., 2007 – Regional groups in the European Middle Gravettian : a reconsideration of the Rayssian technology. *Antiquity 81*, p. 176-190.

Knecht H. dir., 1997 – *Projectile technology*. New York, Plenum Press, Interdisciplinary contributions to archaeology, 408 p.

Lacarrière J., 2008 – *Etude archeozoologique des occupations gravettiennes d'Isturitz (St-Martin de l'Arberoue, Pyrénées-Atlantiques)*. Mémoire de Master 2, Université de Toulouse II-Le Mirail, 64 p.

Lacarrière J., en cours - *Modalités d'exploitation des territoires de chasse au Gravettien dans le Bassin Aquitain : une approche archéozoologique*. Thèse de Doctorat, Université de Toulouse II – Le Mirail.

Lacorre F., 1960 – *La Gravette, le Gravétien et le Bayacien*. Laval, imp. Barnéoud, 360 p.

Langlais M., 2007 – *Dynamiques culturelles des sociétés magdaléniennes dans leurs cadres environnementaux. Enquête sur 7000 ans d'évolution de leurs industries lithiques entre Rhône et Èbre*. Thèse de doctorat en co-tutelle avec les universités de Toulouse II - Le Mirail et Barcelone, 550 p.

Laplace G., 1966 - *Recherches sur l'origine et l'évolution des complexes leptolithiques*. Mélanges d'Archéologie et d'Histoire de l'Ecole Française de Rome, suppl. 4, Paris.

Larribeau J.D. et Prudhomme S., 1983 – La grotte ornée d'Erberua (Pyrénées-Atlantiques) : note préliminaire. *Bulletin de la Société préhistorique française*, tome 80, fascicule 9, p. 280-285.

Lemonnier P., 1987 – Le sens des flèches. Culture matérielle et identité ethnique chez les Anga de Nouvelle-Guiné. *In : De la voûte céleste au terroir, du jardin au foyer*. Edition de l'Ecole des Hautes Etudes en Sciences Sociales, p. 573-595.

Leroi-Gourhan Arl., 1959 - Résultats de l'analyse pollinique de la grotte d'Isturitz. *Bulletin de la Société Préhistorique Française,* tome 56, p. 619-624.

Leroy-Prost C., 1974 - L'industrie osseuse aurignacienne de la collection Passemard d'Isturitz (Basses-Pyrénées). *L'Anthropologie*, tome 78, p. 283-298.

Leroy-Prost C., 1978 - Les bases fendues d'Isturitz (Pyrénées-Atlantiques). Morphologie et traces d'utilisation. *Bulletin de la Société Préhistorique Française,* tome 75, p. 116-120.

Lucas G., 2000 – *Les industries lithiques du Flageolet I (Dordogne) : approche économique, technologique, fonctionnelle et analyse spatiale*. Thèse de Doctorat de Préhistoire et de Géologie du Quaternaire de l'Université de Bordeaux I, vol. I : texte 307 p., vol. II : illustrations, 307 ill. et 49 pl.

Marsan G., 1977 - Les industries du Tardiglaciaire des Pyrénées-Atlantiques et du Guipuzcoa. In : *La fin des temps glaciaires en Europe*. Colloques internationaux du CNRS n° 271, Talence 1977, Paris, Editions du CNRS, p. 667-692, ill.

McCollough M.C., 1971 – *Perigordian facies in the Upper Palaeolithic of Cantabria*. Ph. D. Thesis, University of Pennsylvania, Michigan, 547 p.

Mons L., 1986 - Les statuettes animalières en grès de la grotte d'Isturitz (Pyrénées-Atlantiques) : observations et hypothèses de fragmentation volontaire. *L'Anthropologie,* tome 90, p. 701-711.

Mons L., 1986/1987 - Les figurations de bison dans l'art mobilier de la grotte d'Isturitz (Pyrénées-Atlantiques) : observations et hypothèses de fragmentation volontaire. *Antiquités Nationales,* tome 18/19, p. 91-99.

Movius H.L., 1973 – Quelques commentaires supplémentaires sur les sagaies d'Isturitz : données de l'abri Pataud, Les Eyzies (Dordogne). *Bulletin de la Société Préhistorique Française*, C.R.S.M., tome 70, p. 85-89.

Mujika J. A., 1991 - *La industria ósea del Paleolítico superior i Epipaleolítico del Pirineo occidental*. Tesis doctoral, Universidad de Deusto, Bilbao, 1351 p.

Nespoulet R., 1996 – *Le Périgordien VI de l'abri Pataud, les Eyzies-de-Tayac, Dordogne. Etude technologique et typologique de l'industrie lithique de la couche 3*. Thèse de doctorat du Museum National d'Histoire Naturelle, 260 p.

Normand C., 1987 – Le gisement paléolithique de plein air du Vignès à Tercis (Landes). *Bulletin de la Société d'Anthropologie du Sud-Ouest*, tome XXII, n°2, p. 71-80.

Normand C., 1993 – Un atelier de taille de pièces à dos à Tercis (Landes). *Archéologie des Pyrénées occidentales et des Landes*, 1992/1993, tome 12, p. 27-51, 6 fig.

Normand C., 2002 – Les ressources en matières premières siliceuses dans la basse vallée de l'Adour et de ses affluents. Quelques données sur leur utilisation au paléolithique supérieur. *In :* Cazals N. (dir.) *comportements techniques et économiques des sociétés du Paléolithique supérieur dans le contexte pyrénéen*. Projet Collectif de recherche, p. 26-47.

Normand C., 2005-2006 – Les occupations aurignaciennes de la grotte d'Isturitz (Saint-Martin-d'Arberoue ; Pyrénées-Atlantiques ; France). *In* Homenaje al Prof. Jesús Altuna. *Munibe*, vol. 57, t. II *Arqueología*, p. 119-129.

Normand C. dir., sous presse – Les recherches archéologiques dans les grottes d'Isturitz et d'Oxocelhaya de 1912 à nos jours : synthèse des résultats. Actes de la table-ronde d'Hasparren, 14 et 15 novembre 2003. *Paleo*, hors-série.

Normand C., A. de Beaune S, Chavigneaud M., Costamagno S., Diot M.-F., Douat M., Goutas N., Henry-Gambier D., Labarge A., Laroulandie V., Lauga M., Lenoble A., O'Farrell M., Pétillon J.-M., Rendu W., Rios Garaizar J., Schwab C., Simonet A., Szmidt C., Tarriño Vinagre A., Texier J.-P., White R., 2007 – Saint-Martin-d'Arberoue. Grotte d'Isturitz. *Bilan scientifique 2005*. SRA Aquitaine, 136 p. et 18 études compl.

Normand C., Costamagno S., Goutas N., Rendu W., Tarriño Vinagre A., White R., 2005 – Saint-Martin-d'Arberoue. Grotte d'Isturitz. *Bilan scientifique 2003*. SRA Aquitaine, 115 p.

Normand C. O'Farrell M. Rios Garaizar J., 2008 - Quelle(s) utilisation(s) pour les lamelles retouchées de l'Aurignacien archaïque ? L'exemple de la grotte d'Isturitz. *In* Petillon J.M., Dias-Meirinho M.H., Cattelain P., Honegger M., Normand C., Valdeyron N. (dir.), *Recherches sur les armatures de projectile du Paléolithique supérieur au Néolithique*, actes du colloque 83, XVe congrès de l'UISPP, Lisbonne, 4-9 septembre 2006. *Palethnologie*, vol. 1, p. 7-46.

Normand C., Turq A., 2006 – L'Aurignacien de la grotte d'Isturitz (France) : la production lamellaire dans la séquence de la salle Saint-Martin. *In* Le Brun-Ricalens, F. (dir.), Bordes, J.-G., Bon, F. (coord.). *Productions lamellaires attribuées à l'Aurignacien : Chaînes opératoires et perspectives techno-culturelles*. Actes de la table-ronde organisée dans le cadre du XIVème congrès de l'UISPP, Liège, 2-8 septembre 2001. *Archéologiques*, vol. 1, Luxembourg, p. 375-394.

Odell G.H., Cowan F., 1986 – Experiments with spears and arrows on animal targets. *Journal of Field Archaeology*, t. 13, p. 197-212.

O'Farrell M., 1996 – *Approche technologique et fonctionnelle des pointes de la Gravette : une analyse archéologique et expérimentale appliquée à la collection de Corbiac*. Mémoire du DEA d'anthropologie option préhistoire, Université de Bordeaux I, 97 p.

O'Farrell M., 2000 – Les pointes de La Gravette de Corbiac (Dordogne) et considérations sur la chasse au Paléolithique supérieur ancien. *Approches fonctionnelles en Préhistoire*, XXVe Congrès Préhistorique de France, Nanterre 24-26 novembre 2000, p. 121-138.

Passemard E., 1913 – Fouilles à Isturitz (Basses-Pyrénées). *Bulletin de la Société Préhistorique Française*, tome 10, p. 647-649.

Passemard E., 1922 - La caverne d'Isturitz (Basses-Pyrénées). *Revue Archéologique*, tome 15, Paris, p. 1-45.

Passemard E., 1924 - *Les Stations Paléolithiques du Pays Basque et leurs relations avec les Terrasses d'alluvions*. Bayonne, Imp. Bodiou, 218 p., 127 fig., 8 pl.

Passemard E., 1944 - *La caverne d'Isturitz en Pays Basque*. Préhistoire t. IX, Paris, Presses Universitaires de France, 95 p., 63 fig., 64 pl.

Pelegrin J., 1991 – Sur une recherche expérimentale des techniques de débitage laminaire. *In* : Collectif, *Archéologie expérimentale, Tome 2 : La Terre*, Actes du Colloque de Beaune « Expérimentations en Archéologie : bilan et perspectives », 6-9 avril 1988, Paris, Errance, p. 118-128.

Pelegrin J., 1995 – Technologie lithique : le Châtelperronien de Roc-de-Combe (Lot) et de La Côte (Dordogne). *Cahiers du Quaternaire*, n°20, C.N.R.S., 297 p.

Pelegrin J., 2000 - Les techniques de débitage laminaire au Tardiglaciaire : critère de diagnose et quelques réflexions. *In* : Valentin B., BODU P. et Christensen M. (dir.) *L'Europe centrale et septentrionale au Tardiglaciaire*, Actes de la Table ronde internationale de Nemours, 13-16 mai 1997. Mémoires du Musée de Préhistoire d'Ile de France, 7, éd. A.P.R.A.I.F., Nemours, p. 73-86.

Pesesse D., 2008 – *Les premières sociétés gravettiennes : analyse comparée des systèmes lithiques de la fin de l'Aurignacien aux débuts du Gravettien*. Thèse de doctorat de l'Université d'Aix Marseille 1, 2 vol., 276 p. et 179 f. de pl.

Pétillon J.-M., 2004a - *Des Magdaléniens en armes. Technologie des armatures de projectiles en bois de cervidé du Magdalénien supérieur de la grotte d'Isturitz (Pyrénées-Atlantiques)*. Thèse de Doctorat, Université de Paris I - Panthéon-Sorbonne, ex. multigraph.

Pétillon J.-M., 2004b - Lecture critique de la stratigraphie magdalénienne de la Grande Salle d'Isturitz (Pyrénées-Atlantiques). *Antiquités Nationales*, 36, p. 105-131.

Pétillon J.-M., 2006 – Des Magdaléniens en armes. Technologie des armatures de projectile en bois de cervidé du Magdalénien Supérieur de la grotte d'Isturitz (Pyrénées-Atlantiques). *Artefacts 10*, Editions du Centre d'études et de documentation archéologiques, Treignes, Belgique, 302 p.

Pétillon J.-M., Dias-Meirinho M.-H., Cattelain P., Honegger M., Normand C., Valdeyron N., coord., 2008 - Recherches sur les armatures de projectiles du Paléolithique supérieur au Néolithique (actes du colloque C83, XVe congrès de l'UISPP, Lisbonne, 4-9 septembre 2006). *Palethnologie*, 1.

Pétillon J.M., Letourneux C., Laroulandie V., sous presse - Archéozoologie des collections anciennes : le cas de la faune du Magdalénien supérieur d'Isturitz. *In : Les recherches archéologiques dans les grottes d'Isturitz et d'Oxocelhaya de 1912 à nos jours : une synthèse des résultats,* actes de la table ronde du cinquantenaire du classement comme Monument Historique des grottes d'Isturitz et d'Oxocelhaya, Hasparren, 14-15 novembre 2003, NORMAND (C.) dir., *Paléo* hors-série.

Petrequin A.M. et Petrequin P., 1990 - Flèches de chasse, flèches de guerre, le cas des Danis d'Irian Jaya (Indonésie). *Bulletin de la Société préhistorique française,* tome 87, p. 484-511.

Pigeot N., 1987 – Magdaléniens d'Etiolles : économie de débitage et organisation sociale (l'unité d'habitation U5). *XXVe supplément à Gallia Préhistoire*. Paris, Éditions du Centre National de la Recherche Scientifique.

Pope S.T., 1918 – Yahi archery. *American archaeology and ethnology*, vol. 13, n° 3, University of California Press, Berkeley, California, p. 103-152, plates 21-37.

Pope S. T., 1923 – A study of bows and arrows. *American archaeology and ethnology*, vol. 13, n° 9, University of California Press, Berkeley, California, p. 329-414, plates 45-64.

Pottier C., 2005 – *Le Gravettien moyen de l'abri Pataud (Dordogne, France), le niveau 4 et l'éboulis ¾ : étude technologique et typologique de l'industrie lithique.* Thèse de doctorat, Paris, Muséum national d'Histoire Naturelle, 393 p.

Rozoy J.-G., 1978 – Les derniers chasseurs. L'Epipaléolithique en France et en Belgique, essai de synthèse. *Bulletin de la Société Archéologique Champenoise,* N° spécial, 3 tomes, 1256 p.

Ruiz Idarraga R., 1990 – El complejo Auriñaco-Perigordiense en el País Vasco. *Munibe*, 42, p. 23-32, 3 fig.

Saint-Périer R. de, 1920 - A propos des gravures en spirales de la grotte d'Isturitz. *Bulletin de la Société Préhistorique Française,* tome 17, p. 154.

Saint-Périer R. de, 1929 - Les baguettes sculptées dans l'Art Paléolithique. *L'Anthropologie,* tome 39, p. 43-63, ill.

Saint-Périer R. de, 1930 - La Grotte d'Isturitz. I : le Magdalénien de la Salle de Saint-Martin. *Archives de l'I.P.H.*, Paris, Masson Ed., 124 p., 101 fig., 12 pl.

Saint-Périer R. de, 1932 - Deux oeuvres d'art de la Grotte d'Isturitz. *L'Anthropologie,* tome 42, p. 19-251, ill.

Saint-Périer R. de, 1934a - Les fouilles de la Grotte d'Isturitz. *L'Anthropologie,* tome 44, p. 440-441, ill.

Saint-Périer R. de, 1934b - Gravures anthropomorphes de la Grotte d'Isturitz. *L'anthropologie,* tome 44, p 21-31, ill.

Saint-Périer R. de, 1935 - Quelques oeuvres d'Art de la Grotte d'Isturitz. *Bulletin de la Société Préhistorique Française,* tome 32, p. 64-77, ill.

Saint-Périer R. de, 1936 - La Grotte d'Isturitz. II : le Magdalénien de la Grande Salle. *Archives de l'I.P.H.,* Paris, Masson Ed., 139 p., 75 fig., 12 pl.

Saint-Périer R. de, 1947 - Les derniers objets magdaléniens d'Isturitz. *L'Anthropologie,* tome 51, p. 393-415, ill.

Saint-Périer R. et S. de, 1952 - La Grotte d'Isturitz. III : les Solutréens, les Aurignaciens et les Moustériens. *Archives de l'I.P.H.*, Paris, Masson Ed., 124 p., 101 fig., 12 pl.

San-Juan Foucher C., Vercoutère C., 2005 – Les « sagaies d'Isturitz » des niveaux gravettiens de Gargas (Hautes-Pyrénées) et de Pataud (Dordogne). Un exemple d'approche pluridisciplinaire et complémentaire de l'industrie osseuse. *Préhistoire Anthropologie Méditerranéennes*, tome 12, p. 75-94.

Simonet A., 2004 - *L'atelier de taille gravettien de Tercis (Landes). Approche technologique, économique et sociologique : Etude de l'industrie lithique de deux concentrations dites « à pièces à dos » et « à grandes lames ».* Mémoire de Maîtrise, Université de Toulouse II – Le Mirail, 203 p., 93 planches.

Simonet A., 2008 - L'atelier de taille gravettien de Tercis (Landes) : un cas probable d'apprentissage de la confection d'armatures lithiques. In : J.-M. Pétillon, M.-H. Dias-Meirinho, P. Cattelain, M. Honegger, C. Normand, N. Valdeyron (coord.), Recherches sur les armatures de projectiles du Paléolithique supérieur au Néolithique (actes du colloque C83, XVe congrès de l'UISPP, Lisbonne, 4-9 septembre 2006) / A gravettian knapping workshop at Tercis (Landes) : a probable case of apprenticeship in the fabication of lithic weapon tips. In : J.-M. Pétillon, M.-H. Dias-Meirinho, P. Cattelain, M. Honegger, C. Normand, N. Valdeyron (coord.), Projectile weapon elements from the Upper Palaeolithic to the Neolithic (Proceedings of session C83, XVth World Congress UISPP, Lisbon, September 4-9, *Palethnologie*, 1, p. 184 - 211. Document en ligne : www.palethnologie.org

Simonet A., 2009 – *Les gravettiens des Pyrénées. Des armes aux sociétés.* Thèse de doctorat, Université de Toulouse II – Le Mirail, 391 p.

Simonet A., soumis – La pointe des Vachons : un fossile directeur mésestimé du Gravettien. *Paleo.*

Smith P. E. L., 1966 - *Le Solutréen en France.* Bordeaux, Institut de Préhistoire de l'Université de Bordeaux, Imp. Delmas, 449 p., 83 fig., 3 pl., 5 tab.

Sonneville-Bordes D. de, 1971 – Un fossile directeur osseux du Périgordien supérieur à burins de Noailles. *Bulletin de la Société Préhistorique Française*, C.R.S.M., Tome 68, p. 44-45.

Sonneville-Bordes D. de, 1972a – A propos des pointes osseuses à extrémités striées du Périgordien à Burins de Noailles. *Bulletin de la Société Préhistorique Française*, C.R.S.M., tome 69, fascicule 2, p. 37-38.

Sonneville-Bordes D. de, 1972b – A propos des sagaies d'Isturitz. *Bulletin de la Société Préhistorique Française*, C.R.S.M., tome 69, fascicule 4, p. 100-101.

Sonneville-Bordes D. et Perrot J., 1956 – Lexique typologique du Paléolithique Supérieur. *Bulletin de la Société Préhistorique française*, tome 53, fascicule 9, p. 547-560.

Strauss L. G., 1976 - Le solutréen d'Isturitz et du Pays Basque : outillage lithique. *Congrès Préhistorique de France*, XXe session, Provence, 1974, p. 595-604, 1 fig.

Taborin Y., 1993 - La parure en coquillage au Paléolithique. *XXIXe supplément à Gallia Préhistoire*, Paris, Éditions du Centre National de la Recherche Scientifique, 536 p.

Tarriño A., 2001 – *El sílex en la Cuenca Vascocantábrica y Pirineo navarro : caracterización y su aprovechamiento en la Prehistoria.* Tesis Doctoral ; Facultad de Ciencas, Universidad del País Vasco, Leioa.

Tarriño A., 2006 - *El sílex en la Cuenca Vascocantábrica y Pirineo navarro : caracterización y su aprovechamiento en la Prehistoria.* Museo Nacional y centro de Investigación de Altamira, Monografías n° 21. Ministerio de Cultura, Madrid.

Valentin B., 2008 - *Jalons pour une paléohistoire des derniers chasseurs : XIVe-VIe millénaire avant J.-C.* Paris, Publications de la Sorbonne, Cahiers archéologiques de Paris, 325 p.

Table des matières

Chapitre 3

LES ARMATURES LITHIQUES

Liste des figures

Figure 14 : os portant de fines incisions. Gravettien, collection Saint-Périer, niveau IV, M.A.N. D'après Saint-Périer, 1952, fig. 77.

Figure 15 : flûte à quatre trous décorées d'incisions. Ce raccord entre deux fragments issus des couches gravettiennes F3 et III forme le plus long exemplaire connu du Paléolithique. D'après Buisson, 1990, fig. 2.

Figure 16 : éléments rainurés ou perforés. N° 1 : dent d'Hyène. N° 2 : galet gravé d'une silhouette humaine. N° 3 : perle de jais. N°s 4 et 7 : crayons d'ocre. N° 5 : canine d'Ursus spelaeus. N° 6 : galet encoché et perforé. Gravettien, collection Saint-Périer, niveau IV, M.A.N. D'après Saint-Périer, 1952, fig. 71.

Figure 17 : art mobilier. N° 1 : pièce en ivoire quadrillée. N° 2 : phallus et testicules gravés sur pierre. N° 3 : femelle gravide gravée sur pierre. N° 4 : protomé de Cheval gravé sur pierre. N° 5 : probable vulve gravée sur grès. Gravettien, collection Saint-Périer, niveau IV, M.A.N. D'après Saint-Périer, 1952, fig. 80, fig. 81 – n° 2, fig. 83 – n° 1 et fig. 86 – n° 2.

Figure 18 : industrie lithique non taillée. N° 1 : galet avec traces d'utilisation. N° 2 : deux fragments brisés d'une cuvette confectionnée dans du grès local et qui a pu servir de lampe. Gravettien, collection Saint-Périer, niveau IV, M.A.N. D'après Saint-Périer, 1952, fig. 51 – n°s 5 et fig. 53 – n° 2.

Figure 19 : pointes des Vachons d'Isturitz. Niveau IV, tamisage 2005. Dessins A. Simonet.

Figure 20 : pointes des Vachons d'Isturitz. Collection Saint-Périer, niveau IV, M.A.N. N°s 1, 2 et 4 : d'après Saint-Périer, 1952, fig. 40 - n° 5 et fig. 42 – n°s 8 et 1, modifiés. N° 3 : dessin A. Simonet.

Figure 21 : pointes des Vachons d'Isturitz. Collection Saint-Périer, niveau IV, M.A.N. D'après Saint-Périer, 1952, fig. 42.

Figure 22 : pointes des Vachons d'Isturitz. Collection Saint-Périer, niveau IV, M.A.N. D'après Saint-Périer, 1952, fig. 43.

Figure 23 : remontage de deux pointes des Vachons d'Isturitz. Collection Saint-Périer, niveau IV, M.A.N. N°s 1 et 2 : d'après Saint-Périer, 1952, fig. 43 - n° 10 et fig. 42 - n° 10, modifiés. N° 3 : dessin A. Simonet.

Figure 24 : grandes lames à dos du niveau supérieur du Gravettien d'Isturitz. N° 1 : collection Saint-Périer, niveau III, d'après Saint-Périer, 1952, fig. 16 - n° 7. N° 3 : collection Saint-Périer, niveau IV, contamination du niveau III ?, d'après Saint-Périer, 1952, fig. 39 - n°10. N°s 2 et 4 : collection Passemard, niveau C, dessins A. Simonet.

Figure 25 : six gabarits de (micro)pointes des Vachons illustrant l'ampleur de la variabilité dimensionnelle. Une grande partie des pointes macrolithiques (gabarits C à F) tend néanmoins vers le gabarit D. La proportion et l'articulation de la composante microlithique par rapport à la composante macrolithique est encore imprécise. Collection Saint-Périer, niveau IV, M.A.N. A, B et C : dessins A. Simonet. D, E et F : d'après Saint-Périer, 1952, fig. 41 – n° 11, fig. 21 – n° 8 et fig. 22 – n° 11.

Figure 26 : répartition des longueurs des 99 pointes à dos entières du niveau inférieur (collection Saint-Périer, IV) et des 11 pointes à dos entières du niveau supérieur (collection Passemard, C).

Figure 27 : répartition des largeurs des 99 pointes à dos entières du niveau inférieur (collection Saint-Périer, IV) et des 18 pointes entières et fragmentées du niveau supérieur (collection Passemard, C).

Figure 28 : répartition des épaisseurs des 99 pointes à dos entières du niveau inférieur (collection Saint-Périer, IV) et des 18 pointes entières et fragmentées du niveau supérieur (collection Passemard, C).

Figure 29 : répartition des poids des 99 pointes à dos entières du niveau inférieur (collection Saint-Périer, IV).

Figure 30 : correction de la base d'une pointe à dos gravettienne du niveau supérieur C par retouche inverse rasante partielle. Collection Passemard, M.A.N., pointe 77151P7237.164. Dessin et photographie : A. Simonet.

Figure 31 : correction de la base d'une pointe des Vachons gravettienne du niveau inférieur IV par retouche inverse rasante totale. Collection Saint-Périer, M.A.N., pointe 1942-83889H11654. Dessin et photographie : A. Simonet.

Figure 32 : corrélation entre l'envahissement de la retouche inverse rasante et la morphologie de l'extrémité. N° 1 : la correction de la morphologie de la base moins élancée induit une fréquence plus prononcée d'une retouche inverse rasante totale. N° 2 : à l'inverse, l'extrémité apicale acérée induit d'autant plus une correction légère à partir d'un seul bord que le support laminaire est naturellement mince et effilée : la retouche inverse rasante est davantage partielle. Dessins A. Simonet.

Figure 33 : quelques exemples de pointes des Vachons déviantes. Isturitz, niveau IV. N°s 1 à 4 : collection Saint-Périer. M.A.N. D'après Saint-Périer, 1952, fig. 41 - n° 4, 14, 17, 20. N°s 5 et 6 : tamisage 2005. Hasparren. Dessins A. Simonet.

Figure 34 : pointes à dos anguleux et base en troncature oblique convexe du niveau supérieur du Gravettien de la grotte d'Isturitz. N°s 1, 3 et 4 : collection Passemard, niveau C, M.A.N. N° 2 : collection Saint-Périer, niveau III, M.A.N. Dessins A. Simonet.

Figure 35 : deux pointes des Vachons gravettiennes d'Isturitz portant une fracture complexe et une pointe des Vachons aménagée sur support laminaire courbe. N° 1 : collection Saint-Périer, niveau V, M.A.N. D'après Saint-Périer, 1952, fig. 106 – n° 2. N° 2 : tamisage 2008, niveau IV. Dessin A. Simonet. N° 3 : collection Passemard, niveau F3, M.A.N. Dessin A. Simonet.

Figure 36 : ébauches probables de pointes des Vachons du niveau inférieur gravettien de la grotte d'Isturitz. N° 1 : collection Passemard, niveau F3, M.A.N. N°s 2 et 3 : collection Saint-Périer, niveau IV, M.A.N. N° 2 : d'après Saint-Périer, 1952, fig. 41 – n° 18. N°s 1 et 3 : dessins A. Simonet.

Figure 37 : pointe des Vachons et ébauche de pointe des Vachons du niveau supérieur III/C. N° 1 : collection Passemard, niveau C, M.A.N. N° 2 : collection Saint-Périer, niveau III, M.A.N. Dessins A. Simonet.

Figure 38 : lamelles à retouche marginale issues des collections anciennes du Gravettien de la grotte d'Isturitz. N°s 1 à 3 : collection Saint-Périer, niveau IV, M.A.N. N° 4 : collection Passemard, niveau F3, M.A.N. N° 5 : collection Passemard, niveau C, M.A.N. Dessins A. Simonet.

Figure 39 : rapport largeur/épaisseur des pointes des Vachons (collection Saint-Périer, niveau IV), des microvachons (collection Saint-Périer, niveau IV, tamisage 2004 et 2005) et des lamelles à retouche marginale (tamisage 2004 et 2005).

Figure 40 : lamelles rectilignes à retouche marginale directe, Isturitz, niveau IV. N°s 1 à 3 : tamisage 2004. N°s 5 à 22 : tamisage 2005. N° 19 : raccord des lamelles 10 et 12, tamisage 2005. Dessins A. Simonet.

Figure 41 : lamelles courbes et/ou torses à retouche marginale directe, Isturitz, niveau IV. N°s 1 à 4 : tamisage 2004. N°s 5 à 11 : tamisage 2005. Dessins A. Simonet.

Figure 42 : lamelles rectilignes à retouche marginale, inverse ou alterne, Isturitz, niveau IV. N°s 1 à 5 : tamisage 2005. N° 6 : tamisage 2004. Noter la lamelle n° 5 dont la retouche alterne, très légère et de délinéation identique sur les deux bords, peut être la conséquence de l'emmanchement axial d'un support lamellaire brut. Dessins A. Simonet.

Figure 43 : lamelles à dos, Isturitz, niveau IV. N°s 1 à 7 et 11 à 13 : tamisage 2004. N°s 8 à 10 et 14 à 16 : tamisage 2005. Dessins A. Simonet.

Figure 44 : micro-pointes à dos, Isturitz, niveau IV. N° 1 : collection Passemard, niveau F3. N°s 2 et 3 : collection Saint-Périer, niveau IV. N° 4 : tamisage 2004, niveau IV. N°s 5, 6 et 8 à 10 : tamisage 2005, niveau IV. N° 7 : collection Passemard, niveau C. N° 11 : tamisage 2008, niveau IV. Dessins A. Simonet.

Figure 45 : lamelles à dos (bi)tronquées, Isturitz, niveau IV. N°s 1, 2, 3, 4 : collection Saint-Périer, niveau IV, M.A.N. N°s 6, 7, 8 : tamisage 2004, niveau IV. N°s 5, 9, 10 : tamisage 2005, niveau IV. Dessins A. Simonet.

Figure 46 : variabilité dimensionnelle des armatures à dos bitronquées. Isturitz, niveau IV. N° 1 : tamisage 2005. N°s 2 et 3 : tamisage 2008. N° 4 : collection Saint-Périer, niveau IV, M.A.N. Dessins A. Simonet.

Figure 47 : autres armatures, Isturitz, niveau IV/F3, M.A.N. N° 1 : possible Fléchette, collection Saint-Périer, niveau IV. N°s 2 à 4 : pointes à dos marginal. N°s 2 et 3 : collection Saint-Périer, niveau IV. N° 4 : collection Passemard, niveau F3. Dessins A. Simonet.

Figure 48 : les armatures lithiques gravettiennes d'Isturitz. Niveau inférieur IV/F3. On observe, d'une part, une diversité des groupes typologiques et, d'autre part, une grande variabilité dimensionnelle au sein de chaque type d'armature.

Figure 49 : nucléus 83889-10553 R-1942. Collection Saint-Périer, niveau IV, M.A.N. Matériau : Flysch type calcaire de Bidache. Dessin A. Simonet.

Figure 50 : page de gauche : nucléus 83889R11843. Collection Saint-Périer, niveau IV, M.A.N. Matériau : Treviño. Dessins A. Simonet. Page de droite : Remontage virtuel d'après la présence de négatifs laminaires au dos du nucléus en fin d'exploitation dévoilant l'existence d'une exploitation antérieure (étape 1) de produits laminaires de gabarits plus important.

Figure 51 : nucléus 83888R1853-1932. Collection Saint-Périer, niveau III, M.A.N. Matériau : Flysch type calcaire de Bidache. Photographies A. Simonet.

Figure 52 : nucléus 10338. Collection Saint-Périer, niveau IV, M.A.N. Matériau : Treviño. La présence de négatifs de grands enlèvements laminaires au dos du nucléus (A) indique la réorientation du volume. La pièce a subi l'action du feu. Dessin A. Simonet.

Figure 53 : deux pointes des Vachons en Treviño qui ont pu être confectionnées à partir de supports extraits sur le nucléus présenté sur la figure précédente. Il existe en effet une dizaine de pointes des Vachons en Treviño pour seulement deux nucléus de la même matière. Collection Saint-Périer, niveau IV, M.A.N. N° 1 : d'après Saint-Périer, 1952, fig. 42 – n° 9, modifiée. N° 2 : dessin A. Simonet.

Figure 54 : nucléus 12012 R-1942 à tables opposées-décalées. Collection Saint-Périer, niveau IV, M.A.N. Matériau : Flysch type calcaire de Bidache. Dessin A. Simonet.

Figure 55 : nucléus 83889 6012R-1942 à tables opposées-alternes. Collection Saint-Périer, niveau IV, M.A.N. Matériau : Chalosse type Audignon/Sensacq ? Dessin A. Simonet.

Figure 56 : nucléus 83889- ??13R-1942 à tables chevauchantes. Collection Saint-Périer, niveau IV, M.A.N. Matériau : Chalosse type Audignon/Sensacq. Dessin A. Simonet.

Figure 57 : nucléus 75259. Collection Passemard, niveau F3, M.A.N. Matériau : Flysch type calcaire de Bidache. Dessin A. Simonet.

Figure 58 : nucléus ICß22-77150F38618. Collection Passemard, niveau C, M.A.N. Matériau : Flysch type calcaire de Bidache. Photographie A. Simonet.

Figure 59 : nucléus 83 829-1942. Collection Saint-Périer, niveau IV, M.A.N. Matériau : Flysch type calcaire de Bidache. Dessin A. Simonet.

Figure 60 : nucléus 12009R. Collection Saint-Périer, niveau IV, M.A.N. Matériau : Flysch type calcaire de Bidache. Dessin A. Simonet.

Figure 61 : schéma d'une réimplantation croisée d'une table laminaire. Dessin A. Simonet.

Figure 62 : nucléus 83889-R6006-1942. Collection Saint-Périer, niveau IV, M.A.N. Matériau : Flysch type calcaire de Bidache. Les nombreux réfléchissements successifs dévoilent une insistance et une rapidité du débitage qui ont conduit à une détérioration irréversible de la corniche. Mais s'agit-il d'un acharnement intentionnel ou d'un manque de compétence ? Photographie A. Simonet.

Figure 63 : nucléus 83889R ?341-1941-1942?. Collection Saint-Périer, niveau IV, M.A.N. Matériau : Flysch type calcaire de Bidache. Une insistance a conduit à une détérioration irréversible de la corniche. S'agit-il une nouvelle fois d'un acharnement intentionnel ou d'un manque de compétence ? Photographie A. Simonet.

Figure 64 : nucléus à éclats 7527112-1916-842. Collection Passemard, niveau F3, M.A.N. Matériau : Flysch type calcaire de Bidache. Aucun débitage de produits laminaires n'a précédé le débitage d'éclats. Dessin A. Simonet.

Figure 65 : nucléus à éclats 752653. Collection Passemard, niveau F3, M.A.N. Matériau : Flysch type calcaire de Bidache. A-t-il existé une extraction de produits laminaires lors d'une exploitation antérieure ? Les négatifs présents sur le flanc droit (A) pourraient en représenter des indices. La corniche présente des contre-bulbes profonds indiquant l'utilisation d'une percussion dure. Dessin A. Simonet.

Figure 66 : nucléus à lamelles 75271-827. Collection Passemard, niveau F3, M.A.N. Matériau : Flysch type calcaire de Bidache. Le nucléus présente un négatif lamellaire attestant l'existence d'une exploitation précédente (B) avant la reprise totale du plan de frappe. Les négatifs présents sur le flanc gauche (A) sont-ils les vestiges d'un débitage laminaire antérieur avant réorientation du volume du nucléus et débitage de

lamelles en continuité avec celui des lames ? Dessin A. Simonet.

Figure 67 : nucléus à lamelle. Tamisage 1998, niveau IV. Matériau : Flysch type calcaire de Bidache. Dessin A. Simonet.

Figure 68 : grattoirs. N° 1 : grattoir sur bout de lame épaisse. Collection Saint-Périer, niveau IV, M.A.N. N° 2 : grattoir à tendance carénée. Collection Saint-Périer, niveau IV, M.A.N. Dessins A. Simonet.

Figure 69 : burin sur troncature. Collection Saint-Périer, niveau IV, M.A.N. Dessin A. Simonet.

Figure 70 : burins à tendance carénée. Collection Saint-Périer, niveau IV, M.A.N. Nos 1 et 4 : d'après Saint-Périer, 1952, fig. 49 – nos 2 et 8, modifiées. Nos 2 et 3 : dessins A. Simonet.

Figure 71 : les modalités de détachement des supports laminaires d'Isturitz (IV/F3). Photographies A. Simonet.

Figure 72 : burins d'angle et de Noailles d'Isturitz. Collection Saint-Périer, niveau IV, M.A.N. D'après Saint-Périer, 1952, fig. 46.

Figure 73 : burins d'angle et de Noailles d'Isturitz. Collection Saint-Périer, niveau IV, M.A.N. D'après Saint-Périer, 1952, fig. 47.

Figure 74 : le burin de Noailles. Entre variabilité techno-dimensionnelle et unité conceptuelle. Isturitz, niveau IV, tamisage 2005. Dessins A. Simonet.

Figure 75 : nucléus à petits produits laminaires réutilisé en percuteur. Collection Saint-Périer, niveau III, M.A.N. Dessin A. Simonet.

Figure 76 : exemple de support laminaire retouché, très régulier, détaché à la percussion tendre organique. Collection Saint-Périer, niveau IV, M.A.N. Dessin A. Simonet.

Figure 77 : un système combinatif de modalités opératoires en continuité qualitative et dimensionnelle.

Figure 78 : longueur en cm des 128 produits lamino-lamellaires bruts, entiers ou presque entiers, de la collection Passemard, niveau F3, M.A.N.

Figure 79 : carte de répartition des sources d'approvisionnement en silex dans le Gravettien d'Isturitz. Carte A. Simonet d'après Bon, 2002b, Normand, 2002 et Tarriño, 2001.

Figure 80 : les retouches inverses rasantes sont un raffinement technique qui fédèrent les différents types d'armatures lithiques à dos du Gravettien d'Isturitz. Nos 1 et 3 : pointes des Vachons. N° 2 : lamelle à dos bitronquée. N° 4 : microvachons. N° 5 : fragment mésial de lamelle à dos. N° 1 : collection Saint-Périer, niveau

IV, M.A.N. N° 3 : collection Passemard, niveau C, M.A.N. N°s 2 et 5 : tamisage 2005, niveau IV. N° 4 : tamisage 2004, niveau IV. Dessins A. Simonet.

Figure 81 : diversité des armatures lithiques gravettiennes d'Isturitz. Les différences chronologiques.

Liste des tableaux

Tableau 1 : spectre faunique du niveau IV. D'après Lacarrière, 2008.

Tableau 2 : présentation synthétique comparée des corpus des fouilles anciennes des deux niveaux. D'après Esparza San Juan, 1995.

Tableau 3 : décompte comparatif synthétique de l'industrie lithique gravettienne d'Isturitz, entre les fouilles anciennes (niveaux IV/F3) et la reprise des déblais des fouilles Saint-Périer (niveau IV) sous la direction de C. Normand.

Tableau 4 : décompte comparatif détaillé de l'industrie lithique recueillie dans les séries de tamisage 1998-2004-2005 des déblais des fouilles Saint-Périer effectuées sous la direction de C. Normand.

Tableau 5 : décompte 2008 des armatures des fouilles anciennes du niveau inférieur IV/F3 du Gravettien d'Isturitz et du tamisage d'1,5 m^3 des déblais des fouilles Saint-Périer sous la direction de C. Normand.

Tableau 6 : décompte 2008 des armatures des fouilles anciennes d'Isturitz. Collections Saint-Périer et Passemard, niveaux supérieurs III/C, M.A.N.

Tableau 7 : distribution des pointes des Vachons d'Isturitz. Collection Saint-Périer, niveau IV, M.A.N.

Tableau 8 : décompte comparatif des types de nucléus des niveaux gravettiens F3 et C. Collection Passemard, M.A.N.

Tableau 9 : distribution des matières premières au sein des nucléus du niveau inférieur (collection Saint-Périer, niveau IV) et du niveau supérieur (collection Passemard, niveau C) d'Isturitz.

Tableau 10 : distribution des matières premières (par grande zone géographique) au sein des principaux types d'armatures gravettiennes du niveau inférieur IV du Gravettien d'Isturitz.

Tableau 11 : distribution des matières premières (par grande zone géographique) au sein des principaux types d'armatures gravettiennes du niveau supérieur C du Gravettien d'Isturitz.

www.ingramcontent.com/pod-product-compliance
Lightning Source LLC
Chambersburg PA
CBHW061001030426
42334CB00033B/3318